APPLICATIONS OF
DOUBLE HELIX
METHODOLOGY
IN THINK TANKS

智库双螺旋法应用

潘教峰◎主编

2

中国言实出版社

图书在版编目（CIP）数据

智库双螺旋法应用 . 2 / 潘教峰主编 . -- 北京：
中国言实出版社，2022.8
　　ISBN 978-7-5171-4014-6

　　Ⅰ . ①智… Ⅱ . ①潘… Ⅲ . ①咨询机构—中国—文集
Ⅳ . ① C932.82-53

　　中国版本图书馆 CIP 数据核字（2022）第 128679 号

智库双螺旋法应用2

责任编辑：张国旗
责任校对：宫媛媛

出版发行：中国言实出版社
　　　　　地　　址：北京市朝阳区北苑路180号加利大厦5号楼105室
　　　　　邮　　编：100101
　　　　　编辑部：北京市海淀区花园路6号院B座6层
　　　　　邮　　编：100088
　　　　　电　　话：010-64924853（总编室）　　010-64924716（发行部）
　　　　　网　　址：www.zgyscbs.cn　　电子邮箱：zgyscbs@263.net

经　　销：新华书店
印　　刷：徐州绪权印刷有限公司
版　　次：2022年8月第1版　　2022年8月第1次印刷
规　　格：710毫米×1000毫米　　1/16　　18.75印张
字　　数：258千字

定　　价：188.00元
书　　号：ISBN 978-7-5171-4014-6

本书编委会

主　　编：潘教峰

执行主编：宋大伟　张　凤

编　　委：（按姓氏笔画排序）

王　颖　王　毅　刘应杰　刘春杰

池　宏　李欣欣　肖立业　陈　丹

陈文开　赵　路　樊　杰　穆荣平

工作组：杨国梁　陈　安　冷伏海　吴　静

鲁　晓　万劲波　朱　涛　杨柳春

刘怡君　李颖明　林　慧　赵　璐

李书舒　刘慧晖　杨　斌　薛俊波

序 言

党的十八大以来，以习近平同志为核心的党中央立足党和国家事业发展全局，作出建设中国特色新型智库的重大决策，提出重点建设一批具有较大影响和国际影响力的高端智库。2015 年 11 月，中共中央宣传部印发《国家高端智库建设试点工作方案》，明确中国科学院为首批国家高端智库建设试点单位之一，提出要率先建成具有国际影响力的高水平科技智库，重点建设中国科学院科技战略咨询研究院（以下简称"战略咨询院"）。中国科学院高度重视国家高端智库建设试点工作，立足科技特色，整合优势力量，深入推进战略咨询院建设。战略咨询院自组建以来，充分发挥综合集成平台作用，在服务宏观决策、引领创新方向、发展理论方法方面取得丰硕成果，决策影响力、学术影响力、社会影响力、国际影响力显著提升，得到国家高端智库理事会、中国科学院党组、国内外智库同行和社会公众的高度认同。

在智库建设实践中，我深深感到智库研究面对的往往是跨学科、跨领域的复杂问题，亟须通过理论方法创新提高智库研究的科学化水平，运用系统思维、系统观念、系统方法解决复杂性、综合性问题。结合近年来国家高端智库建设实践和长期从事科技战略研究与重大规划研究的心得，我在 2017 年首次提出"智库 DIIS 理论方法"，总结了智库研究的一般性思路。2018 年，我进一步从理论层面思考了智库研究应该遵循的逻辑体系，与鲁晓研究员合作发表《关于智库研究逻辑体系的系统思考》一文。2019 年，《智库 DIIS 理论方法》一书出版，该书立足智库研究全局，是对智库研究理论方法体系的系统思考。国家高端智库理事会在对中国科学院国家高端智库建设试点的综合评估意见中，肯定"积极探索智库研究规律，形成 DIIS 理论方法"取得的成效，认为对中国特色新型智库建设具有指导意义。2020 年，基于对智库研究范式进行的持续深入思考和实践探索，我提出智库研究双螺旋结构，即智库双螺旋法，形成内循环和外循环的整体逻辑，从研究环节和研究逻辑角度建构了循环迭代、螺旋上升的认知框架和方法体系，将科学性和系统性贯穿于研究导向、研究哲学、研究过程和研究逻辑中，是贯通认识论、方法论、实践论的思维方法、指导方法和操作方法。

智库双螺旋法是源于实践的理论创造，也是指导实践的理论先导。面对智库研究中普遍存在着思想成果高度依赖个人经验，研究议题相对零散，研究路径大多随机选取，研究视角多局限于静态现实时间点，研究主体和方法往往偏学术性，研究的学术基础多是单学科等问题，需要以科学的理论方法为指导，推动智库研究从经验式向科学化转变，从零散式向系统性转变，从随机式向规范性转变，从偏学术型向学术实践型转变，从静态向稳态转变，从学科单一向融合贯通转变。为了进一步加强智库双螺旋法的可操作性，更好地驾驭各类智库问题，我和我的研究团队从智库研究所面临的共性问题、未来趋势、发展方向出发，凝练提出运用智库双螺旋法需要把握的"十个关键问题"，即智库问题解析、智库问题牵引下的情景分析、智库问题研究的不确定性分析、智库问题研究的政策模拟分析、智库研究的循环迭代、DIIS 与 MIPS 的耦合关系、人机结合的智库问题研究支持系统、客观分析与主观判断的结合、智库研究的专家组织与管理、智库产品质量管理。"十个关键问题"的提出是智库双螺旋法的又一创新、深化和发展，使得智库理论方法在实践应用中更富操作性、规范性和科学性。

智库双螺旋法在高端智库建设实践中的不断发展，标志着由智库研究范式创新转向智库理论方法创新，并走向智库科学体系创新。应当看到，智库研究本身就是一门大科学，这门科学需要我们针对智库研究问题的特点开展规律性研究，探索适合智库研究这门大学问、大学科的研究范式。基于共识性、专业性、规律性的研究范式，不断深化理论和实践探索，才能不断提高智库研究的科学化水平，最终形成经过实践证明的智库科学体系。经过两年的系统研究，通过 70 余场研讨班、研讨会的广泛深入交流，我带领战略咨询院的多名研究人员和研究生从理论方法层面对智库双螺旋法进行了集中总结，形成《智库双螺旋法理论》专著。该专著在准确把握智库研究学科交叉性、相互关联性、政策实用性、社会影响性、创新性和不确定性的"六性特征"基础上，对智库双螺旋法的外循环、内循环、关键科学问题和方法工具四个层次进行了系统论述，是聚焦经过高度凝练的科学问题开展的规律研究和系统探索，是推动智库科学化规范化发展的重要理论突破。

为了在智库建设中更好地应用智库双螺旋法指导智库研究实践，我和宋大伟特聘研究员牵头，于2022年初成立专项工作小组，启动了智库双螺旋法理论探索与实践应用总结工作，立足围绕中心、服务大局的根本出发点，把握理论指导实践、实践检验理论的基本原则，遵循认识论、方法论和实践论的科学规律，综合研判智库双螺旋法对智库研究的引领性、预见性、可行性。在总结工作过程中，我们坚持需求导向和问题导向，立足在服务国家战略需求中发挥建设性作用，认真分析并提出解决智库双螺旋法在理论和实践结合中存在问题的路径；坚持任务导向和目标导向，运用智库双螺旋法开展科技促进发展和促进科技发展的战略及政策问题研究，推广形成高质量决策咨询成果的经验。几个月以来，我们共组织20余次研讨班集中研讨，并针对具体文稿组织了近200次专题讨论，先后有700余人次参与。在此基础上，形成50篇高质量文章，汇聚推出《智库双螺旋法应用1》和《智库双螺旋法应用2》两本专著。其中，《智库双螺旋法应用1》共计文章24篇，重点探讨智库研究的逻辑体系、智库双螺旋法的科学意义和哲学思考、应用智库双螺旋法开展科技前瞻等若干重要问题研究以及国外智库经验等具有基础性、根本性、方向性特点的问题。《智库双螺旋法应用2》共计文章26篇，重点总结智库双螺旋法在指导不同领域、不同类型、不同规模智库研究中形成的规律性认识和规范化程序，提出运用智库双螺旋法提升成果质量和更好服务科学决策的系统性思路和整体性方案。

中国特色新型智库的高质量发展必须走科学化之路，这将是一个长期的"理论探索—实践应用—理论创新—实践深化"的不断迭代过程。战略咨询院自成立以来一直着力探索构建理论创新、实践应用和人才培养一体化发展的制度性安排，以系统科学思维为主线，以智库双螺旋法为指导，在开展重点领域和方向的智库研究中取得成果，在把握系统性、战略性、前瞻性思维上取得成效，在实现科学化、规范化、专业化目标上取得成绩，在提高思想理论深度、逻辑判断深度、战略研究深度、实践应用深度上取得进展，在培养交叉性、复合型、综合能力强的智库人才上取得突破。站在新的历史起点上，我们将围绕智库双螺旋法理论与应用研究重点做好四方面工作。一是推动"智库双螺旋法研讨班"品牌化发展，将其打造成开展跨领域跨学科研究的重要交流平台。二是办好年度"智库理论暨双螺旋法研讨会"，增进思想交流，促进融合发展，加强理论引导，探索实践创新。三是加快建设智库成果管理与交流平台，全方位多角度展示智库研究与服务决策的重要成果。四是组织应用智库双螺旋法开展若干科技、经济、社会和国际重大问题研究，形成未来长期持续研究的重要方向。

理实融通，汇智聚力，咨政善谋。在书稿即将付梓之际，本人谨向参与研究和提供咨询建议的全体研究人员、专家和专项工作小组成员表示诚挚的谢意。智库研究涉及诸多学科领域，内涵丰富，知识面广，具有高度复杂性，如有不足之处，敬请广大专家和读者不吝赐教。衷心希望专集的出版能为探索智库建设规律提供全新视角和学理依据，为智库理论创新提供认知框架和知识根基，为智库研究实践提供科学方法和操作工具，让我们共同为推动新时期高端智库高质量发展贡献智慧和力量！

潘教峰

2022 年 5 月

目
录

绪论：智库双螺旋法概述

潘教峰

　　智库研究作为最重要的智库产品，集中体现了智库的能力和水平，是智库发挥影响力的关键载体。智库研究既区别于以探索未知、发现规律为目标的学术研究，也区别于以服务于工商管理决策、具有显著营利性的现代咨询业研究。智库研究的对象不是单一维度的问题，而是涉及经济、社会、环境、科技、医疗、教育、安全等多学科、多领域、多维度的复杂而现实的决策问题，其影响往往广泛而深远。因此，智库研究的重要性及其研究对象的复杂性也决定了其规律、逻辑和范式的探索，研究方法和工具的开发，以及研究组织模式的创新等都至关重要。

　　著名科学哲学家库恩指出，一个研究领域确立和成熟的标志是范式的形成与相应的学术共同体的形成，而成熟的范式——一套包含了理论、原则、价值和方法的体系——既能够为研究者提供认识问题的有效方法，也能够为研究者指引探索未来研究的方向（库恩，2003）。目前，国际和国内的智库研究领域已经出现了一些成熟的智库研究方法，如德尔菲法、技术预见方法等。然而，智库研究范式还远未成形，具有系统性的方法体系依然缺乏，基于共识性范式的学术共同体尚未形成，这必然限制智库研究的科学化和专业化程度，进而影响其咨政建言的能力水平和影响力。

　　为此，基于大量长期智库研究实践经验，在对智库研究基本逻辑体系的系统思考（潘教峰和鲁晓，2018）和智库研究方法创新（潘教峰，2017，2019；潘教峰等，2017，2018a，2018b，2019）的基础上，通过反复归纳和演绎，对智库研究的范式进行深入思考和研究，潘教峰研究员提出了智库研究的双螺旋结构（又称为智库双螺旋法）（潘教峰，2020），构成对智库研究范式的实践探索。以下对智库双螺旋法的主要内容及意义进行详细阐述，并从智库研究本源出发，围绕智库双螺旋法的"十个关键问题"展开研讨。

1 智库双螺旋法的主要内容

智库双螺旋法在智库研究的问题导向、证据导向和科学导向的内在要求下，包含"过程融合法"和"逻辑层次法"两个循环迭代的螺旋结构，该双螺旋均始于研究问题，终于解决方案，形成外循环和内循环的整体体系（图1）。其中，外循环是指从整体角度分析智库研究的"解析—融合—还原"过程，以及智库研究的知识层根基；内循环包括基于"收集数据—揭示信息—综合研判—形成方案"（DIIS）的过程融合法和基于"机理分析—影响分析—政策分析—形成方案"（MIPS）的逻辑层次法，由此构成"双螺旋"，分别从研究环节和研究逻辑角度描述智库研究的循环迭代、螺旋上升过程。

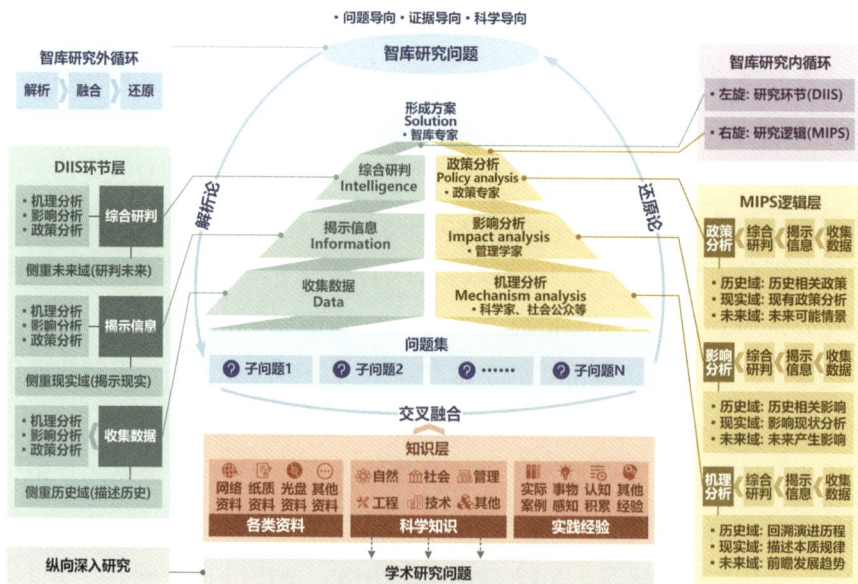

图 1　智库研究的双螺旋结构

1.1 智库双螺旋法的外循环

面对复杂而影响重大的智库问题，如何开展智库研究，以及把握智库研究的整体逻辑显得尤为重要。智库研究的整体开展实际上遵循"解析—融合—还原"的过程逻辑，我们将其称作智库研究双螺旋结构的外循环。智库研究需要体现出对真知的追寻和对实践的指导，要在学术界和实务界（如政界、商业界、媒体等）之间承担沟通、转译、反馈的作用，才能为政策制定提供切实可行的咨询建议。为实现这一目标，需要坚持"问题导向、证据导向、科学导向"，需要从"解析—融合—还原"的过程对智库问题进行解析，将其分解为一系列子问题，然后结合各类知识对子问题进行融合研究，最后进行综合还原，提出解决问题的方案，这是智库研究的整体逻辑，构成智库双螺旋法的外循环。

（1）解析问题。在开展智库研究时，使用解析论和现有知识将复杂的智库问题分解为一组清晰、可操作的子问题集。在解析问题阶段，问题分解越具体、细致、科学，之后研究工作的开展越能有的放矢。

（2）融合研究。基于子问题，组织不同学科背景的专业研究人员综合多种研究方法开展数据收集、调查研究、模型计算，从而揭示内在联系、机制机理、趋势方向等。在融合研究阶段，研究问题、知识信息、研究方法、研究团队都体现出交叉融合的特征。其中，现有知识构成了智库研究的知识层，也是整个研究的根基，包括：①基于自然科学、社会科学、管理科学、工程科学、技术科学等各类结构化的科学知识；②基于案例资料、默会知识、认知经验等实践经验；③基于网络媒体、文献资料、数据信息等统计资料。值得指出的是，知识层中科学知识的纵向深入研究可视为具体学科知识的研究，也就是一般意义上的学术研究。

（3）还原问题。在融合研究的基础上，需要利用还原论将问题集中的一系列子问题回归到智库问题本身，通过循环迭代、集成升华后形成解决问题的方案。

从智库双螺旋法的外循环可以看出，针对智库问题的研究具有完整的"解析—融合—还原"过程阶段，但对于如何实现外循环的3个阶段，以及如何解决智库问题并形成相应的方案，则需要依据智库研究双螺旋结构的内循环开展研究，即侧重研究环节的 DIIS 过程融合法和侧重研究逻辑的 MIPS 逻辑层次法。

1.2 智库双螺旋法的内循环——DIIS 过程融合法

潘教峰研究员基于长期的科技战略研究和重大规划研究经验，系统归纳智库研究问题的一般性思路，从研究环节角度提出了智库 DIIS 理论方法。实际上，DIIS 理论方法起源于对智库研究全过程的思考与概括，为智库研究提供了综合性的研究思路和一般性的研究流程，形成了一种多层面、综合性的研究方法。因此，DIIS 理论方法也可称为"过程融合法"，即对于一个完整的智库研究过程，首先要围绕所研究的问题全面收集各类相关数据（Data）；然后进行专业化的挖掘、整理、分析，形成客观的认知（Information）；再引入相关专家学者的智慧对这些认知进行综合研判（Intelligence），得到新认识、新框架、新思路；最后在问题导向、证据导向和科学导向下提出解决方案或政策建议（Solution）。

DIIS 过程融合法主要是从研究环节角度出发，将智库研究分解为收集数据、揭示信息、综合研判、形成方案4个环节，体现了一种既具有流程规范又需要循环迭代的研究过程，即内循环的左旋。

（1）收集数据。根据智库问题分解形成的子问题集，全面收集相关数据。这里的数据是广义的数据，包含了数据资料、科学知识、实践经验多种类型的知识。例如，网络数据、统计数据、图像、概念、公式、定理、案例、认知等都可以视为数据。

（2）揭示信息。对收集的数据进行专业化的数据挖掘、整理、分析，形成对事物的客观认知和知识，实际上是一个价值发现过程。

（3）综合研判。引入相关专家学者的智慧对客观认知进行趋势预测预判，综合集成专家的判断，最大限度地凝练共识，得到新认识、新框架和新思路。

（4）形成方案。根据上述研究形成符合实际发展要求的解决方案或政策建议，最终为宏观决策提供高质量、有建设性的智库研究报告。

1.3 智库双螺旋法的内循环——MIPS逻辑层次法

智库研究是对研究问题进行系统认知和预见、预判的分析过程：从研究内容和逻辑角度来看，既需要认知现象及其规律，又需要对具体现象的影响进行分析和测度；既需要对已有政策进行研究，又需要提出未来可使用的政策工具和解决方案。这样多层次、多维度的系统性研究包含机理分析、影响分析、政策分析、形成方案4个必要的逻辑层次和研究内容。首先是机理分析（Mechanism analysis），认识事物本体及其自身规律；其次是影响分析（Impact analysis），厘清事物本体和外部的相互关系，分析事物对其他方面产生的影响；再次是政策分析（Policy analysis），探讨对事物进行人为干预或政策调节后产生的政策效果；最后在上述分析的基础上，形成智库问题的解决方案或政策建议（Solution）。这一研究思路可以概括为智库研究的MIPS逻辑层次法，MIPS将智库研究基本逻辑体系中智库研究"怎样做"的问题进一步深化和结构化，为智库研究提供更富实践性和操作性的思路。

MIPS逻辑层次法主要是从研究逻辑角度出发，将智库研究分解为机理分析、影响分析、政策分析、形成方案4个层次，体现了一种既符合认知逻辑又需要循环迭代的研究过程，即内循环的右旋。

（1）机理分析。围绕对智库问题分解形成的子问题集，全面收集相关数据（在解析原则指导下问题集中的子问题已经具体到各学科领域），由此对问题或相应事物进行追根溯源、挖掘规律、预判趋势，即开展机理分析。主要包括：①对事物的演进与发展进行历史回溯，查找问题产生的根本原因；②对问题所关联的各类资料、科学知识、实践经验进行交叉融合研究，挖掘事物的本质规律，给出客观判断；③引入专家的经验知识，对问题的发展趋势和方向进行前瞻预判。在机理分析中，自然、社会、管理、工程、技术等方面的科学家及社会公众等都可以参与并发挥作用。

（2）影响分析。在机理分析的基础上，系统性地观察世界的发展变化，分析问题或相应事物可能产生的影响，包括经济、科技、社会、安全等多重影响，即开展影响分析。主要包括：①对相关问题或事物以往产生的影响进行归纳分析；②对事物与周围其他事物之间的相互影响关系进行现状分析，如分析一项生物技术应用之后在当下可能产生的正、负效应；③前瞻预判事物与周围其他事物之间未来的相互影响关系，如预测一项生物技术应用之后未来可能会对产业带来多大规模的影响。在影响分析中，主要是管理学专家参与并发挥作用，由其运用相关方法或结合实际需要改进、创新方法进行影响分析。

（3）政策分析。在清晰认识事物产生的影响后，需要基于这些影响进行政策分析和判断，即开展政策分析。主要包括：①对相关问题或事物以往的政策进行归纳分析；②在现有政策层面上对问题或事物的政策干预效果进行分析；③预测未来不同情景下对问题或事物加入不同的政策变量可能产生的政策效果。在政策分析中，主要是政策专家参与并发挥作用，由政策专家运用专业的知识对政策干预产生的效果进行分析。

（4）形成方案。在上述分析的基础上，针对智库问题形成相应的解决方案。解决方案中既要包括对未来发展方向和发展重点的建议，也要包括在政策上针对智库问题应采取的措施建议。在形成方案中，主要是具有前瞻性、洞察力、多学科背景、综合能力强的复合型智库专家参与并发挥作用，由其提出战略性、建设性的政策建议。

1.4 DIIS 与 MIPS 的内部耦合关系

在智库双螺旋法中，不仅外循环的"解析—融合—还原"遵循智库研究的"问题导向、证据导向、科学导向"，其内循环的 DIIS 和 MIPS 也以智库研究的 3 个导向为重要指引。DIIS 的第一环节层（收集数据）和 MIPS 的第一逻辑层（机理分析）都需要从智库问题分解形成的子问题集出发，全面收集相关资料、科学知识、经验等数据——充分体现了智库研究的问题导向。在 DIIS 和 MIPS 形成方案的过程中，要保证数据真实、信息客观、研判专业以及解决方案的严谨可靠，能提供有说服力的客观事实、科学证据和数据支撑——充分体现了智库研究的证据导向。在基于 DIIS 的 4 个环节层和 MIPS 的 4 个逻辑层的具体研究中，不仅每一环节层或逻辑层的研究都要采用科学的研究方法和工具，而且在整个研究中都要结合收集的资料、科学知识、实践经验开展交叉融合研究——充分体现了智库研究的科学导向。

在智库双螺旋法中，过程融合法是基于研究过程对智库研究进行划分，侧重于研究环节；而逻辑层次法是基于研究内涵对智库研究进行划分，侧重于研究逻辑。然而，过程融合法和逻辑层次法并不是相互割裂、独立的，而是具有紧密的耦合关系，相互融合、叠加、循环、迭代，从而形成智库研究的高度交叉融合特征。

（1）从 DIIS 环节层出发。分析智库双螺旋法的内部耦合关系，过程融合法和逻辑层次法的内部耦合关系体现在：①"收集数据"环节层，为机理分析、影响分析、政策分析 3 个逻辑层提供研究支撑，即在收集数据环节得到的各类资料、科学知识、实践经验作为 3 个逻辑层的输入，为开展 3 个逻辑层的分析提供基础；②"揭示信息"环节层，包括机理分析、影响分析、政策分析 3 个要素，即在揭示信息环节需要同时开展客观规律描述、影响现状分析、现有政策评估分析的研究，更加侧重问题或事物的客观性、现实性；③"综合研判"环节层，包括机理分析、影响分析、政策分析 3 个要素，即在综合研判环节需要同时开展发展趋势预测、未来可能影响、未来政策情景的研究，更加侧重问题或事物的趋势性、未来性、前瞻性。

（2）从 MIPS 逻辑层出发。分析智库双螺旋法的内部耦合关系，过程融合法和逻辑层次法的内部耦合关系体现在：①"机理分析"逻辑层，通过收集数据、揭示信息、综合研判环节不断循环迭代后得出机理分析的结论，即在机理分析中需要基于各类资料、科学知识、实践经验依次进行演进历程的回溯、客观规律的描述、发展趋势的前瞻，由此形成机理分析的结论；②"影响分析"逻辑层，通过收集数据、揭示信息、综合研判环节不断循环迭代后得出影响分析的结论，即在影响分析中需要基于各类资料、科学知识、实践经验依次分析以往相关事件的影响、当下产生的影响、未来可能产生的影响，由此形成影响分析的结论；③"政策分析"逻辑层，通过收集数据、揭示信息、综合研判环节不断循环迭代后得出政策分析的结论，即在政策分析中需要基于各类资料、科学知识、实践经验依次进行以往相关政策、现有政策、未来政策情景的分析，由此形成政策分析的结论。

1.5 智库双螺旋法的时空域概念

智库研究问题的提出往往是基于把握现实、预测未来，从而服务决策的目标，而在这一过程中，基于历史视角的分析必不可少。智库研究与学术研究的区别之一在于学术研究是基于现象和规律的探索，而智库研究是为了解决实际问题，这就更加需要立足历史、把握现实、预测未来，这也构成了智库研究贯通历史、现实和未来的时空域的概念。如何把握现实情况和规律，以及对未来进行预测预判，从而形成决策建议，是智库研究的重要工作。

从 DIIS 过程融合法来看，收集数据、揭示信息和综合研判分别侧重于对历史域、现实域和未来域的作用，而形成方案是在收集数据、揭示信息和综合研判的共同作用下，提出面向未来的解决方案，预设在未来不同情境下，提出政策、措施建议，分析政策实施效果。①在历史域中，DIIS 中的收集数据着眼于描述历史，针对智库问题收集已有的各类资料、科学知识和实践经验。②在现实域中，DIIS 中的揭示信息着眼于揭示现实，强调事物的客观性和现实性，反映事物所呈现的现象特征和客观规律。③在未来域中，DIIS 中的综合研判着眼于研判未来，强调事物发展的趋势性，对未来发展方向进行预测、预见、预判。

从 MIPS 逻辑层次法来看，机理分析、影响分析、政策分析对历史域、现实域和未来域均有所作用，而形成方案是在机理分析、影响分析、政策分析的共同作用下，提出面向未来的解决方案，因此形成方案主要侧重于对未来域的作用。①在历史域中，MIPS 中机理分析、影响分析、政策分析对历史域的作用分别体现为：在机理分析时，对事物的演进与发展进行历史回溯，查找问题产生的根本原因；在影响分析时，对相关问题或事物以往产生的影响进行归纳分析；在政策分析时，对相关问题或事物以往的政策进行归纳分析。②在现实域中，MIPS 中机理分析、影响分析、政策分析对现实域的作用分别体现为：在机理分析时，对问题所关联的现有知识进行交叉融合研究，挖掘事物本质规律；在影响分析时，对事物与周围其他事物之间的相互影响关系进行现状分析；在政策分析时，在现有政策层面上对问题或事物的政策干预效果进行分析。③在未来域中，MIPS 中机理分析、影响分析、政策分析对未来域的作用分别体现为：在机理分析时，对问题的发展趋势和方向进行前瞻预判；在影响分析时，前瞻预判事物与周围其他事物之间未来的相互影响关系；在政策分析时，预测未来不同情景下对问题或事物加入不同的政策变量可能产生的政策效果。

2 智库双螺旋法的价值意义

国内外很多智库机构及其研究成果高度依赖个人的智慧与经验。不少国外先进智库学者拥有优秀的学术背景，其中不少学者曾服务于政府部门和私人企业；他们既有极高的学术声望，同时也在政界有显著影响力。这些高素质且具有实践经验的学者能够产生高质量的思想产品，又能够促进思想研究与政策实践之间的有效转换，从而奠定了其成为全球领先智库的基础和声誉。同时，以个人智慧为主要优势的智库在其研究上也会受到一定的制约。囿于个人的智慧能力、知识结构、实践经验的有限性和局限性，国内外的很多智库研究仍然多是经验式、零散式、随机式、静态、偏学术性、学科单一的。思想成果高度依赖于个人的经验，研究议题相对零散分散，研究方法路径大多随机选取，研究视角多局限于静态的现实时间点，研究主体和方法往往偏学术性，研究的学术基础多是扎根于研究者所接受训练的或者所熟悉的单一学科。随着政策领域面临的问题愈加复杂而交汇，政策产生的影响更加广泛而深远，这样的研究现状逐渐不能满足科学决策的需要。

从全球来看，典型的综合性智库十分重视方法创新，以方法、技术、工具的研发为解决公共政策和战略问题提供有力支撑，这也代表着智库科学化发展的趋势；但总体而言，这样的综合性智库仍然较少。智库研究需要从经验式向科学化转变，从零散式向系统性转变，从随机式向规范性转变，从偏学术型向学术实践型转变，从静态向稳态转变，从学科单一向融合贯通转变。智库双螺旋法为促进智库研究实现上述"六个转变"提供了一种有效的理论、方法、路径和解答（潘教峰等，2021）。以下将通过分析智库研究的现状和问题，阐述智库研究"六个转变"的内涵，从理论上分析智库双螺旋法对促进智库研究"六个转变"的意义价值和具体路径。

2.1 促进智库研究从经验式向科学化转变

受智库的组织特征和根本属性的影响，现有的智库研究往往高度依赖研究者和专家的个人经验，未能有效运用已有的知识体系，科学性不够强。智库双螺旋法将智库研究视为一门科学，将科学性深刻贯穿其研究导向、研究哲学、研究过程、研究逻辑之中。

（1）智库双螺旋法强调问题导向、证据导向、科学导向，是研究方法科学化的集中体现。问题导向是科学研究的本质特征，一切科学研究都需要从问题出发进行理论探索或者实证实验的验证。证据导向强调整个研究过程和研究结论的形成是一个科学循证的过程。科学导向体现在整个研究过程中是结合收集的数据、科学知识、实践经验开展交叉融合研究。这里的数据是广义的概念，包括统计数据、文献数据、语义数据、案例、资料等，这也符合数据科学驱动下新科学范式的要求。

（2）智库双螺旋法的外循环强调"解析问题 融合研究—还原问题"，这一大逻辑既体现了还原论的思想，也体现了演生论的思想，是智库双螺旋法的研究哲学和科学思想的体现。还原论（Reductionism），也称为建构论（Constructionism），是经典物理学领域主要采用的研究范式，通过探寻组成物质世界的最基本的粒子，研究粒子相互作用及遵循的规律来研究客观物质世界。智库双螺旋法强调对复杂问题的解析，问题解析得越彻底，研究就能够越深入，对整体的把握有赖于对其细分组成部分的研究，这体现着还原论的思想。随着科学的进步，科学家发现面对人类生命、人类社会这样复杂的体系，还原论范式难以完美解释。把大量的组元放在一起，形成一个系统以后，就会呈现出完全不同于组元的特征和规律。当面临着尺度、层次和复杂性这些困难时，还原论显得无能为力。由此，从20世纪中叶开始，演生论范式开始占主导，科学界开始研究大量组元聚集在一起时所呈现的性质和规律。智库研究问题更是涉及经济、社会、科技、国际关系等多个方面的复杂系统，这一系统较之科学研究所关注的客观世界更加复杂多变和难以预测。因此，智库双螺旋法特别强调研究过程的融合性，对于问题的分解需要还原论思想的指导；然而，在具体研究和方案的形成过程中并不是机械性地通过子问题的研究拼合成整体的解决方案，而需要考虑到不同层次、不同社会领域的机理、交互、反馈和影响，这也充分体现了演生论思想。因而，智库双螺旋法本身也体现了科学范式的转换和融合。

（3）智库双螺旋法的内循环充分体现了科学性。DIIS过程融合法以收集数据为基础，强调数据的基础性作用，采用定性与定量相结合的方法，重视数据信息揭示和专家智慧相结合，这些关键点进一步加强了整个研究过程的科学性。MIPS逻辑层次法强调机理、影响、政策、方案4个关键要素。其中，机理的揭示是交叉融合的科学研究过程，从机理到影响再到政策的分析过程，也是将科学研究的成果纳入政策考量的实践过程。

2.2 促进智库研究从零散式向系统性转变

长期以来，来自不同研究机构、多学科背景的学者和团队根据决策部门的需求，以承担任务的方式，开展了丰富多样的研究，为决策提供多元化的视角和方案。这样多样化、多元化的智库研究的主题相对零散分散，任务的部署交叉重复，研究力量和团队缺乏长期性和稳定性，系统性、整体性、建制化不足。智库双螺旋法本质上是一套针对智库问题的系统解决方法，旨在加强智库研究的系统性。这种系统性体现在"始于研究问题，终于解决方案"的系统性，从研究过程到研究内涵的系统性，从数据研究到专家研判的系统性，以及从机理探索到政策设计的系统性。

（1）从问题到方案的系统性。智库双螺旋法的一大特点是"始于研究问题，终于解决方案"，从问题到方案形成了解决智库问题的闭环的、系统性的方法。智库双螺旋法的外循环及内循环的 DIIS 和 MIPS 两个螺旋均从智库问题出发，从研究过程和研究内涵两个角度回归、收敛、聚合到解决方案，形成一个有系统、有结构、有组织的互相关联、融通、嵌合的方法体系。

（2）从研究过程到研究内涵的系统性。智库双螺旋法所构建的 DIIS 过程融合法和 MIPS 逻辑层次法，从研究过程和研究内涵两个视角界定了智库研究的过程要素和内涵要素，两种方法之间相互嵌合、迭代，同时收敛到解决方案，形成了从研究过程到研究内涵的系统性。

（3）从数据研究到专家研判的系统性。DIIS 过程融合法从研究过程角度强调以数据为基础，以充分的信息揭示为牵引，以专家智慧为依据，体现了定量与定性的结合，体现了客观的数据信息与主观的专家经验的结合，从而将智库研究的过程充分地结构化和系统化。

（4）从机理探索到政策设计的系统性。MIPS 逻辑层次法从研究内涵角度强调对研究问题的机理性的考察，到该问题的经济、社会、政治等多重影响维度的研究；通过影响范围和程度的分析考察这一问题进入政策视域的可能性、合理性，从而进行政策的分析和制定，形成解决方案，逻辑上层层递进，环环相扣。由此，"机理分析—影响分析—政策分析—形成方案"等要素之间形成研究内涵的系统性。

2.3 促进智库研究从随机式向规范性转变

我国智库建设走向专业化和高质量发展的过程，也是智库研究从随机式走向规范性的过程。普遍存在的高度依赖个人经验、学术力量、已有学科方法的智库研究，其问题分析、理论路径、方法选择、成果形式也必然体现出随机性的特征。智库双螺旋法为提升智库研究的过程、逻辑、要素、组织、成果等方面的规范性提供了全方位、综合性的方法和途径。这种规范性具体体现在研究方法、研究组织和研究成果等方面。

（1）智库双螺旋法提升了研究方法的规范性。DIIS过程融合法提出"收集数据—揭示信息—综合研判—形成方案"4个规范性的研究过程，MIPS逻辑层次法提出"机理分析—影响分析—政策分析—形成方案"4个规范性的内涵要素。在智库研究过程中，这些过程要素和内涵要素彼此联系，缺一不可。

（2）智库双螺旋法加强了研究组织的规范性。大规模智库研究需要更加多元化的专家队伍，更为广泛的参与群体，这使得智库研究的组织实施与学术研究具有显著差异。传统的依托学者个人或课题组的研究模式变得不再有效，而需要多学科、交叉式、复合型的团队作战。大规模综合性的智库研究亟待创新研究组织模式。智库双螺旋法从"解析问题—融合研究—还原方案"的外循环为组织智库问题研究提供了宏观框架；从内循环中的DIIS和MIPS"双法"为每一个子问题的微观研究提供了规范的方法，为组织实施大规模智库问题研究提供了规范和法则。

（3）智库双螺旋法提高了研究成果的规范性。智库研究的成果涉及国家的发展战略、规划、法规、体制机制、政策、举措等跨越宏观、中观、微观的多种内容。智库研究成果的载体包括面向决策的咨询建议、面向学术界和智库界的理论方法创新成果、面向社会公众公开发布的研究报告。智库双螺旋法能够更加明确成果的受众。例如，从MIPS逻辑层次法来看，"机理分析"的研究成果往往面向学术界，"影响分析"的研究成果更能引发利益相关者和社会公众的关注和共鸣。"政策分析""形成方案"的研究成果能够有效服务决策。由此，成果属性、成果受众的界定能够显著提高智库成果的规范性、针对性，从而显著扩大成果产生的影响和效果。

2.4 促进智库研究从偏学术型向学术实践型转变

我国的智库学者人多分布在高校、科研院所及直属于决策部门的研究型机构，尤其是高校中从事智库研究的学者通常以学科建设、人才培养、学术研究为主业，在此基础上发挥一部分的咨政作用和功能。这样的学者构成决定了我国已有的智库研究大多数偏学术型，距离决策实践还有较长的距离。2013 年，党的十八届三中全会决定"加强中国特色新型智库建设，建立健全决策咨询制度"，我国开始探索建设专业化的智库力量，服务于党和国家决策，以提高国家治理体系和治理能力现代化水平。这也意味着智库研究更需要与现实问题对接，与决策需求对接，需要不断加强实践性、操作性。智库双螺旋法通过对学术研究和智库实践关系的深刻认识，用可操作性的方法，打通学术与实践，实现从偏学术型向学术实践型的转变。

（1）学术实践型的智库研究仍然以学术为根基。智库双螺旋法的整体理念和架构体现出对学术研究基础性作用的认识。DIIS 过程融合法强调的"收集数据""揭示信息"的方法步骤，其本质也是学术研究的过程，可以说，信息揭示的结果就是以认识规律、探究原理为目标的学术研究的成果。MIPS 逻辑层次法以"机理"层为本底和基础，也是强调学术的根基作用，可以说，越是对政策产生重要且积极影响的智库成果，其内嵌的学术研究和理论理念越是能够揭示本质机理，具有超前性和深刻性。

（2）智库研究强调智库成果的实践价值和决策影响。实践价值是评价智库成果质量的重要标准。DIIS 过程融合法从偏学术型走向学术实践型的关键步骤在于引入了专家综合研判，在方法上达成客观分析与主观判断的结合，实现学术与实践的融通。MIPS 逻辑层次法从学术的"机理分析"出发，走向考察经济社会等多方面的"影响分析"，是关注实践影响的重要一步。"影响分析"的结果往往能够决定所关注的问题是不是决策应该关注的"真"问题，政策制定应该在多大程度和范围内考虑这一问题。从"影响分析"到"政策分析"有效界定了决策关注的问题域，是迈向政策实践的重要一步。

2.5 促进智库研究从静态向稳态转变

大多数智库研究服务于解决现实问题，通常局限于现实场景；然而，智库研究所支撑的政策制定会在更长的时间内产生作用。同时，政策制定也需要考虑过去的社会现实状况及以往政策的延续性。因此，智库研究需要立足历史、把握现实、预测未来，将立足于现实场景的静态研究转变为连续贯通历史、现实和未来的稳态研究。

（1）为了实现从静态向稳态转变，智库双螺旋法提出智库研究时空域的概念，界定了智库研究贯通历史、现实和未来的时空域特征。在DIIS过程融合法中，收集数据、揭示信息和综合研判分别侧重于对历史域、现实域和未来域的作用；在MIPS逻辑层次法中，机理、影响、政策分析对历史域、现实域和未来域均有所作用。形成方案的目标不仅是在现实域中解决现实问题，也需要经过系统研究和综合分析，全面考虑对未来域的影响作用，提出面向未来的解决方案。

（2）智库双螺旋法强调对未来情景的模拟和构建。在"历史—现实—未来"的时空域的贯通中开展的情景分析能够促进智库研究从静态向稳态的转变。随着世界日益复杂，在分析和预测未来发展状况时，智库研究者和决策者面临着不确定性带来的挑战。情景分析是智库双螺旋法的关键问题之一，是对未来多种可能的发展状况的描述和预测，能够在不确定、测不准的未来情景下提供多种可能的政策解决方案，形成不同情景条件约束下的方案集。

2.6 促进智库研究从学科单一向融合贯通转变

智库研究问题涉及经济、社会、科技、政治、环境、民生等多重领域，因而其所涵盖的学科领域也跨越自然科学、工程技术科学、人文社会科学等。智库研究需要突破以往单一学科领域的研究，而转变为融合贯通的研究，这既体现在学科基础和知识领域上的融合，也体现在从学术理论到决策的智库研究创新链上的贯通。

（1）智库双螺旋法构建了从学术理论研究到决策解决方案的智库研究创新链。智库研究既需要扎实的学术研究为基础，又需要面向决策实践，重视学术理论与实践需求的结合。因此，智库研究需要形成贯通从理论到实证再到政策的创新链。智库双螺旋法坚持从研究问题出发，MIPS逻辑层次法在研究内涵上打通了从学术性的机理分析到影响分析、政策分析，从而形成解决方案的创新链；DIIS过程融合法从研究过程上打通了理论研究与基于数据和专家研判的实证研究，使得定量与定性方法得到有机结合，从而形成了从理论到实证再到解决方案的创新链。

（2）智库双螺旋法为实现智库研究从学科单一向融合研究的发展提供了具体方法。智库双螺旋法需要从多学科的视角进行问题的解析，需要跨学科的团队来开展交叉融合的研究，需要多学科路径的汇聚来形成方案。DIIS和MIPS"双法"建立在现有多学科的知识体系根基之上，并在整个研究过程中贯穿着不同学科的知识和方法。智库研究的会聚性和复杂性特征使得自然科学、工程技术科学、人文社会科学等知识体系均成为智库研究的知识根基。自然科学、工程技术科学尤其与科技智库紧密相连。科技智库所关注的科技发展趋势，以及科技的外部影响等问题，都需要深刻理解自然科学各领域的发展历史、趋势规律和微观机理，需要深入把握科学、技术和工程之间的关系，才能作出面向未来的相对准确的判断。人文社会科学的知识体系不仅能够为智库研究纳入经济学、社会学、心理学、历史、哲学等不同学科的视角、理论和方法，还能够促进智库研究向着更加以人为本、社会可理解、历史可延续的方向发展。

（3）智库研究创新链需要找到与已有知识体系、学科体系的接口、联系和定位。值得注意的是，管理科学、政策科学、决策科学是与智库研究最紧密相连的知识体系，并从MIPS逻辑层次法得到各领域之间的链接。管理科学、政策科学、决策科学都为智库研究提供机理性、规律性的研究成果，支撑了"机理分析"。管理科学的微观研究能够支撑智库研究对于所关注问题产生影响的判断，支撑了"影响分析"。政策科学对于政策内涵、政策工具、政策过程的研究有利于支撑"政策分析"。决策科学关于决策原理、决策程序、决策方法的理论研究，以及关于决策者、决策过程、决策条件、决策对象等的实证研究，支撑了"形成方案"，提升了决策的科学性。可以说，管理科学、政策科学、决策科学既构成 MIPS 机理层的知识基础，又可以分别定位到 MIPS 的影响、政策、方案要素，对这些逻辑层的研究和分析起到输入知识的作用。

3 智库双螺旋法的"十个关键问题"

为了促进智库研究的科学化，加强智库双螺旋法的可操作性，更好地驾驭复杂的智库问题，潘教峰等提出智库双螺旋法的"十个关键问题"（潘教峰等，2022）。其中，关键问题一"智库问题的解析"是开启智库问题研究的第一步。面对经济社会未来发展的不确定性和复杂性，需要研究关键问题二"智库问题牵引下的情景分析"、关键问题三"智库问题研究的不确定性分析"、关键问题四"智库问题研究的政策模拟分析"。在具体研究过程中，需要循环迭代，定性定量结合，实现研究过程与研究逻辑的契合，此外，智库研究中专家的作用极其重要，同时还需要引入新的技术手段，因此需要研究关键问题五"智库研究的循环迭代"、关键问题六"DIIS 与 MIPS 的耦合关系"、关键问题七"智库研究的专家组织与管理"、关键问题八"人机结合的智库问题研究支持系统"、关键问题九"客观分析与主观判断的结合"。成果质量是智库生存的生命线，因此将"智库产品质量管理"作为关键问题十。"十个关键问题"涉及智库双螺旋法的各个环节，并具有相应的时空域特征。

3.1 关键问题一：智库问题的解析

智库问题本质上是跨学科、跨领域的多维度复杂问题。智库问题的解析是开启智库问题研究的关键起点，将智库问题化繁为简、降维分解为单维的子问题集合，同时搭建起与现有知识体系相衔接、结构化的认知框架。目前，一些智库的研究方法也重视智库问题的解析。例如，IBM 公司发明的认知计算系统 Watson[1] 在分析问题时，首先将问题分解为多个子问题分别进行解答，若未能得到某一子问题的答案，则继续分解该子问题进行解答，甚至引入新的问题，直到问题得到完全解答为止。麦肯锡公司的"七步分析法"[2] 强调对智库问题进行界定，在此基础上将智库问题分解为一系列的子问题，然后对子问题开展深入研究。

从智库双螺旋法来看，"智库问题的解析"涉及外循环的"解析""融合"环节，侧重于现实域，为智库问题研究确立研究的起始点和认知框架。重点关注：① 如何明确智库问题的内涵、目标、所要解决的关键问题及其边界条件？② 如何将智库问题分解为一组清晰、可操作的子问题集？③ 如何架构智库问题的认知框架？该认知框架包含哪些关键要素及其逻辑关系？④ 如何从已有的学术成果中找到研究各子问题的知识素材？

3.2 关键问题二：智库问题牵引下的情景分析

美国学者 Kahn 和 Wiener 在 1967 年出版的《2000 年：未来 33 年的推测框架》中提出，"情景"是对事物未来可能发展趋势的描述。智库研究是面向未来愿景下的现实方案的选择。智库问题牵引下的情景分析是思考智库问题未来可能出现的各种情景，分析这些情景发生的可能性、产生的影响及后果等，以帮助决策者做出合理决策。因此，需要在智库问题研究过程中开展情景分析，才能更好地提出面向未来的解决问题方案。

国外许多智库广泛运用情景分析开展智库问题的研究，并发展出许多情景分析的方法。例如，美国斯坦福研究院（SRI）提出了"六步情景分析法"，包括确定所要决策的重点问题、识别影响决策的关键因素、分析经济社会等方面的未来态势、构建情景框架、明确情景演化

---

[1] IBM. IBM Watson Is AI for Smarter Business. [2022-01-13]. https://www.ibm.com/Watson.
[2] McKinsey & Company. How to Master the Seven-Step Problem Solving Process. [2022-01-13]. https://www.mckinsey.com/business-functions/strategy-and-corporate-finance/our-insights/how-to-master-the-seven-step-problem-solving-process.

的逻辑、研究各种情景产生的结果 6 个步骤。此外，国外一些期刊发文中也有大量关于情景分析的学术研究。例如，利用文献情报分析方法，以"scenario analysis"为关键词对国外期刊 *Energy*、*Technological Forecasting and Social Change*、*Futures* 刊发论文的标题、摘要和关键词进行匹配，分别检索到 775 篇、311 篇、241 篇论文（截至 2021 年 10 月 12 日）。

从智库双螺旋法来看，DIIS 的"综合研判"需要专家们基于客观事实和科学证据对未来的发展趋势进行预测预判，MIPS 的"机理分析""影响分析""政策分析"需要关注事物的历史、现状，更需要通过情景构建预判未来发展的趋势方向和可能的后果与影响。"智库问题牵引下的情景分析"是智库双螺旋法的关键问题之一，侧重于未来域。重点关注：① 如何刻画智库问题的整体情景？各情景的基本条件是什么？以通常用到的基准情景、乐观情景、悲观情景为例，基准情景是基于对现实的已有判断、基本条件保持不变情况下趋势外推的情景，悲观情景是某些基本条件发展情况变坏下的情景，乐观情景是某些基本条件发展情况变好下的情景。② 如何确定机理分析、影响分析、政策分析等不同环节的情景？③ 如何形成不同情景下的解决问题方案？

3.3 关键问题三：智库问题研究的不确定性分析

智库问题的不确定性根源于智库问题本身的复杂性，信息获取的不完备、不对称，人们认识的局限性，以及决策所带来的未来影响难以准确预测。不确定性问题是决策所内生的、固有的，对不确定性的关注贯穿于智库研究问题始终，也是国内外智库研究的关注重点。国内学者利用贝叶斯理论建立了不确定性的决策模型，引入不确定性量化法帮助决策。此外，不确定性分析也已成为国外一些期刊发文的关注重点。例如，以"uncertainty analysis"为关键词对国外期刊 *Expert Systems with Applications*、*International Journal of Production Economics*、*Information Sciences* 刊发论文的标题、摘要和关键词进行匹配，分别检索到 324 篇、251 篇、220 篇论文（截至 2021 年 10 月 12 日）。

从智库双螺旋法来看，内循环 DIIS 的"综合研判"和 MIPS 的"机理分析""影响分析""政策分析"都需要考虑到智库问题所面临的不确定因素，这就要求在智库双螺旋法的上述研究环节中进行不确定性分析，形成具有鲁棒性的解决方案，从而消减复杂决策过程中的不确定性。"智库问题研究的不确定性分析"是智库双螺旋法的关键问题之一，主要着眼于预测未来，强调问题或事物可能面临的不确定性因素，侧重于未来域。重点关注：① 智库问题涉及哪些不确定性和风险？② 如何为涉及不确定性的决策提供所需的信息和工具？③ 如何了解决策者及他们在面临不确定性时所做的决定？④ 如何在不确定性的条件下，认识解决方案对未来的作用和影响？

3.4 关键问题四：智库问题研究的政策模拟分析

政策决策所产生的影响往往具有长周期性、不可逆性、复杂性和不确定性，影响范围广，涉及人群众多。因此，有必要在智库研究过程中开展政策模拟，充分评估和论证政策实施可能产生的经济社会影响——类似于"沙盘推演"的过程，从而为决策者提供有科学依据、数据支撑、模拟运算、专家参与的政策决策支撑。政策模拟需要从智库问题出发，交汇运用经济学、社会学、管理学、公共政策学等多学科理论知识，在计算机技术支撑下对政策问题进行建模、计算，据此分析政策的过去成因和未来影响。

政策模拟已成为国内外智库研究的重要工具。例如，欧盟委员会联合研究中心开发了不同领域辅助政策制定的软件和建模工具，包括用于农业经济商品和政策分析的综合建模平台 iMAP[①]、用于宏观经济监测预测的全球多国模型 GM[②]、用于研究能源政策的全球能源模型 POLES[③]

[①] European Commission Science Hub. iMAP-integrated Modelling Platform for Agro-economic Commodity and Policy Analysis. [2022-01-13]. https://ec.europa.eu/jrc/en/scientific-tool/imap-%E2%80%93-integrated-modelling-platform-agro-economic-commodity-and-policy-analysis.

[②] European Commission Science Hub. Global Multi-country model. [2022-01-13]. https://ec.europa.eu/jrc/en/ scientific-tool/gm-model.

[③] European Commission Science Hub. POLES. [2022-01-13]. https://ec.europa.eu/jrc/en/poles.

等。这些不同领域模型的开发和模拟，可以帮助决策者确定不同政策情景的优势和劣势，起到科学辅助决策的作用。中国科学院科技战略咨询研究院先后开展了气候变化政策、能源政策、宏观经济政策、创新政策、区域发展政策等方面的建模与模拟研究，开发了一系列政策模拟系统。此外，国外一些期刊也关注政策模拟的相关研究。例如，以"policy simulation"为关键词对国外期刊 *Energy*、*Journal of Policy Modeling*、*Land Use Policy* 刊发论文的标题、摘要和关键词进行匹配，分别检索到185篇、153篇、87篇论文（截至2021年10月12日）。

从智库双螺旋法来看，政策模拟既是DIIS"综合研判"环节的具象化工具，也为MIPS"政策分析"环节提供虚拟实验环境。"智库问题研究的政策模拟分析"是智库双螺旋法的关键问题之一，主要着眼于研判未来，强调对问题或事物在未来发展过程中加入不同的政策变量可能产生的政策效果，侧重于未来域。重点关注：① 如何在多学科、跨学科的知识维度中进行政策模拟？② 如何优化计算机技术和模型，从而提升政策模拟的有效性？③ 如何设置不同的情景对政策的效果进行模拟和预判？④ 如何在政策模拟中纳入决策者的行为变量，如性格、心理因素等？

3.5 关键问题五：智库研究的循环迭代

智库研究的问题综合而复杂，在研究过程中的循环迭代从认识论上体现了认知的不断迭代、跃升过程。正如爱因斯坦所说："所有困难的问题，答案都在更高的层次。"在研究过程中遇到认知框架不完备、专家共识度不够、客观分析与主观判断存在偏差、信息揭示不全面等情况时，需要开启新一轮的研究，这样的循环迭代是一个深化认识、不断收敛、寻求解决方案的过程。智库研究也是一门循证科学，需要围绕智库问题持续循证、不断验证，当出现新的证据时会触发新一轮的循环迭代；经过多轮循证论证，不断收集数据、获取信息，形成证据可靠、结论可信的智库研究结果，体现了循证决策的思想。智库双螺旋法之所以采用"螺旋"的形象描述，也是为了体现这种循环上升、深化收敛、反复循证的过程。

目前，一些智库的研究方法工具中涉及"循环迭代"的内容。例如，德尔菲法是依靠专家知识和经验对问题做出判断的一种方法，它的主要特征就是需要多轮征询和反馈，促使专家意见趋于收敛、达成共识。麦肯锡公司提出的"七步分析法"强调通过收集数据，开展建模分析，不断地测试和反馈循环，并通过多轮收集利益相关方的意见进行重复迭代后形成解决问题的方案。由此可见，这些智库研究方法不仅采用定性的方式进行循环迭代，也注重以数据为基础，定量分析与专家意见相结合的循环迭代。

从智库双螺旋法来看，"外循环"需要"解析""融合""还原"的循环迭代，DIIS 需要多轮的收集数据、揭示信息、综合研判的循环迭代，MIPS 需要多轮的机理、影响、政策分析的循环迭代。"智库研究的循环迭代"是智库双螺旋法的关键问题之一，贯穿于历史域、现实域和未来域。重点关注：① 什么情况下要开始新一轮循环迭代的研究，即循环迭代的条件或触发点；② 如何通过循环迭代实现研究过程的不断收敛、专家智慧的激发和最大共识的达成？

3.6 关键问题六：DIIS 与 MIPS 的耦合关系

智库双螺旋法"内循环"包括 DIIS 过程融合法和 MIPS 逻辑层次法两个螺旋，体现研究与认知过程的螺旋式上升的特征，紧密耦合、彼此嵌合、相互牵动，从而达成由相对分散、开放、跨领域的智库研究向可供实践的解决方案的收敛。这两个螺旋的耦合关系：① 体现在要素的耦合。以 DIIS 为主线，其每个环节都包含 MIPS 的机理、影响、政策要素；以 MIPS 为主线，其每个要素都需要 DIIS 的收集数据、揭示信息、综合研判环节。② 体现在整体性的耦合。DIIS 和 MIPS "双法"能够形成矩阵式的研究框架，从而促进研究的收敛、成果的集成，也为驾驭智库研究的高度复杂、交叉融合的特征提供具有稳定性、可靠性、收敛性的"双链"方案。

因此，"DIIS 与 MIPS 的耦合关系"是智库双螺旋法的关键问题之一，贯穿于历史域、现实域和未来域。重点关注：① 以 DIIS 为主线开展研究，如何在各环节开展 MIPS 相关要素的分析？② 以 MIPS 为主线开展研究，如何在各环节运用 DIIS 实现研究过程的融合和收敛？③ 如何通过 DIIS 和 MIPS "双法"耦合构建矩阵式研究框架？

3.7 关键问题七：智库研究的专家组织与管理

智库问题高度综合，具有跨学科特征，仅依赖单一领域的专家很难得出全面有效的解决方案，这就要求遴选和组织多个领域的专家共同研判，寻找解决方案。智库研究的过程也是专家组织与管理的过程。专家的遴选需要紧扣智库研究的问题和子问题集，从而达成专家和问题的匹配。随着研究的深化、问题的演变、方案的形成，需要不断寻找、选择合适的专家，动态组织更广泛的专家参与到研究中。由于专家的知识结构和专业背景的不同，会在智库研究的过程中发挥差异性的作用：专业领域内的专家通常在 DIIS 所界定的特定研究环节和 MIPS 所界定的特定研究要素上发挥专业性的作用；智库人物、战略科学家更能够在智库研究的全过程中发挥贯通性的作用。智库历来依赖专家的智慧，因而开发出多种专家组织与管理的工具方法。例如，美国国家研究理事会提出了智库研究的专家遴选规则，包括专家应具有不同学科背景且能够解决所面临的问题、应具备专业知识和科学合理的观点、应回避利益冲突等[1]。英国皇家学会通过设立项目组、召开咨询研讨会、进行匿名评议等方式，组织来自不同学科领域的专家开展智库问题的研究和咨询。

从智库双螺旋法来看，外循环和内循环研究的各个环节都需要进行专家组织与管理。"外循环"的"解析"环节至关重要，需要充分发挥专家的作用，对问题进行透彻的解析。DIIS 的"收集数据""揭示信息"需要专家对所收集的数据进行充分讨论、挖掘信息；"综合研判"本身就是

---

[1] National Academies of Sciences, Engineering, and Medicine. Policy on Composition and Balance, Conflicts of Interest, and Independence for Committees Used in the Development of Findings, Conclusions, and Recommendations. [2022-01-13]. https://www.nationalacademies.org/about/institutional-policies-and-procedures/ conflict-of-interest-policies-and-procedures.

专家开展的研判。MIPS 的"机理分析"是智库研究的知识起点，需要自然科学、工程技术科学、人文社会科学等方面的专家提供微观机理性的研究支撑；"影响分析"需要管理科学专家研判经济、社会、生态、安全等多重影响；"政策分析"需要政策专家对已有政策进行把握，对新政策进行模拟和研判。在"形成方案"的过程中，需要与决策者高度交互，需要具有战略思维的智库人物和战略科学家的前瞻谋划。

因此，"智库研究的专家组织与管理"是智库双螺旋法的关键问题之一，侧重于现实域和未来域。重点关注：①如何根据问题匹配专家？②随着研究的深入，如何动态组织专家资源？③如何发挥不同类型专家的作用？④如何激发专家智慧、凝聚专家的共识？

3.8 关键问题八：人机结合的智库问题研究支持系统

人工智能、深度学习等新技术的突破，生命科学、脑科学、心理学的发展，为智库研究提供着新工具、新手段。人工智能科学家、人机互动平台系统的出现，为人机结合的智库研究提供可能，这将成为智库未来发展的趋势和方向。人工智能技术能够为智库研究提供更加可靠、快速的基础性工作，处理大量的数据，进行知识推理、因果分析、关联分析、数据挖掘。人机交互能够辅助研究者、专家和决策者通过机器、技术、数据、信息、模型的结合开展研究、研判，形成决策方案。

一些智库开发了多种人机结合的支持系统。例如，美国气候互动组织开发了面向能源使用和气候变化分析的系统①，供用户在线开展气候情景模拟分析与决策。美国亚利桑那州立大学"电子决策剧场"（Decision Theater）是一套交互式、立体化的直观决策环境电子系统②，其借助三维影像、决策模型和交互系统使决策者身临其境，获得最直观、最真实的决策信息。

---

① Climate Interactive. En-ROADS. [2022-01-13]. https://www.climateinteractive. org/category/en-roads/.

② Arizona State University Decision Theater. What Is Decision Theater? [2022-01-13]. https://dt.asu.edu/.

从智库双螺旋法来看，"人机结合的智库问题研究支持系统"涵盖了 DIIS 从"收集数据"到"揭示信息"再到"综合研判"的环节，以及 MIPS 从"机理分析""影响分析"到"政策分析"的过程。"人机结合的智库问题研究支持系统"是智库双螺旋法的关键问题之一，贯穿于历史域、现实域和未来域。重点关注：① 如何在智库研究中使用人工智能、深度学习等新技术？② 如何构建"数据＋算法＋算力＋智慧"的人机交互系统？

3.9 关键问题九：客观分析与主观判断的结合

智库作为生产思想产品的组织，其独立性始终是智库的生命和灵魂。然而，在实践中，由于资助方的不同，以及观点和立场的差异，智库也不免受到利益的干扰。因而，保持智库的独立性，避免利益冲突，需要在智库研究的过程中采用具体的方法，将客观分析与主观判断相结合，在充分考量客观事实的基础上避免决策的偏差，在充分分析相关利益方和行动者诉求的基础上防止有意的主观介入。同时，在具体的实践操作中，客观分析与主观判断相结合也代表着定性与定量分析结合的混合研究方法，这是国外智库研究的基本方法。例如，有的国外智库采用定量模型方法，结合定性访谈、焦点小组、基于社区的参与性研究、文化与社会网络分析等定性方法，将客观分析与主观判断有效结合，增进对智库问题的深入理解，促进研究的客观性和独立性。此外，主客观综合分析也已成为国外一些期刊发文的关注重点。例如，以 "subjective and objective analysis" 为关键词对国外期刊 *Expert Systems with Applications*、*Safety Science*、*Information Sciences* 刊发论文的标题、摘要和关键词进行匹配，分别检索到 45 篇、28 篇、24 篇论文（截至 2021 年 10 月 12 日）。

从智库双螺旋法来看，"外循环"的"还原"环节、DIIS 从"揭示信息"到"综合研判"环节、MIPS 从"机理分析""影响分析"到"政策分析"环节都需要专家将客观认知与主观判断相结合。"客观分析与主观判断的结合"是智库双螺旋法的关键问题之一，贯穿于历史域、现实域和未来域。重点关注：① 如何通过客观分析与主观判断的结合，避免利益冲突，保证智库研究的客观性和独立性？② 如何将定量方法与定性方法有机结合？③ 如何使用博弈分析体现多元利益主体的诉求？

3.10 关键问题十：智库产品质量管理

智库产品的质量代表着智库的核心竞争力，质量线就是生命线。关于智库产品质量这一问题的研究和论述，目前大多是从结果评价的角度来考虑。实际上，要保证智库产品的质量，需要从生产的全过程、全流程来控制。智库双螺旋法能够为全过程的质量控制提供依据，如：问题分解是否合理，研究过程是否完整，研究要件是否具备，研究内涵是否充分，专家组织是否合理，数据是否准确，研究结果是否具有实践价值，研究过程是否客观公平。智库研究的终极目标是产出高质量的智库产品，强调面向未来的高质量解决问题方案，侧重于未来域。重点关注：①如何从智库研究的全过程管理智库产品的质量？②智库产品质量的标准有哪些？

整体来看，这"十个关键问题"不仅是智库双螺旋法的重要问题，更是关乎智库研究质量的本质和核心问题。"十个关键问题"是智库双螺旋法的又一创新、深化和发展，使智库双螺旋法在"外循环"、DIIS 过程融合法和 MIPS 逻辑层次法的基础上进一步拓展，促进方法体系更加完备、深刻和立体化。"十个关键问题"为智库理论方法研究提出问题、指出方向。这需要国内外智库同行共同研究探讨，并在智库研究实践中解决这些关键问题；同时，开发方法工具，探究规律，创新理论，解决智库科学化发展中的关键理论方法问题。"十个关键问题"的解决，将为智库双螺旋法提供更加具体的方法集和工具集，使得智库研究更富操作性、规范性和科学性。

4 小结

1974 年，库恩在"对范式的再思考"的发言中指出，"一个范式就是一个科学共同体的成员所共有的东西"。该"范式"概念所代表的共识，包括符号概括、形而上学范式、价值判断或理论选择的标准，以及问题解答的范例等诸多内容。科学共同体通过遵循共同认可和遵守的统一范式，进行科学研究。从智库这一新兴领域来看，国内外智库研究要完全取得这样范式，还是一个悬而未决的问题。而从历史发展来看，通向一个具有共识性的研究范式的路程是极其艰难的。智库双螺旋法可以视作是探索和确立智库研究范式的一项系统性的、开拓性的工作。

智库双螺旋法构建了从理论到方法的智库研究范式，为促进智库研究的"六个转变"提供了方法路径。智库双螺旋法不仅是一种智库研究的思维方法，力图破除零散的、碎片化、单一的思维方式，展现出整体性、系统性思维；也是开展智库研究的指导方法，从解析问题、融合研究到还原问题，从研究过程到研究内涵，形成了全流程、全角度、全过程的指导；还是一种具体的操作方法，通过 DIIS 和 MIPS "双法"的耦合、迭代、交互，最后形成科学化、规范化、系统性的智库问题解决方案；更是智库研究的组织方法，能够有效发挥不同学术背景和经验的专家学者的作用，为开展有组织的、有规模的、多主体参与的智库研究提供了指导。

从科技发展的历史看，在人类的认识和改造客观世界的过程中逐渐分离出了科学、技术、工程等不同的知识技术系统。从智库的角度来看，智库研究所面向的研究对象更是复杂，需要与之相适应的研究方法的创新和范式的构建。智库双螺旋法以现有知识体系为根基，强调问题导向、证据导向、科学导向，为智库研究走向智库科学提供动力。智库双螺旋法强调在研究过程和研究内涵上的分析操作方法的开发，纳入情景分析、不确定性分析等决策科学的分析工具，揭示了不断研发智库技术的必要性。智库双螺旋法也为承担不同规模的智库研究任务提供研究选题、组织、实施、评价的方法，为简单的智库任务走向系统性，有组织的智库工程开辟了条件。因而，智库双螺旋法为智库研究走向智库科学、研发智库技术、形成智库工程提供了范式的创新。

智库作为自然科学和社会科学在面向决策时高度融合的产物，其本身就是一门需要不断学习的大学问，其研究问题的尺度、涉及领域的跨度、前瞻方向的远度和洞悉发展的深度都令人叹为观止，其会聚的实证科学、政策科学和新兴科学的种类之繁多也让人惊叹不已。只有不断探究智库研究规律，发展新的智库理论方法，构建智库研究范式，以高水平的学术研究、以科学的方法工具支撑智库研究，才能形成有创新性、科学性的智库成果。

本文作者

潘教峰　中国科学院科技战略咨询研究院

以智库双螺旋法为范式，推动智库科学化发展[①]

潘教峰

党的十八大以来，我国高度重视智库建设，智库成为国家治理体系中不可或缺的组成部分，是国家治理能力的重要体现。中国特色新型智库的发展迫切需要科学的理论方法体系，产出高质量的智库成果，提供前瞻咨询建议和系统解决方案。

目前，国内外的不少智库研究仍然偏于经验式，比较零散、随机，限于静态，偏学术性，学科单一。思想成果高度依赖于个人经验智慧，研究议题相对分散，研究问题和方法路径的选取具有随机性，研究视角多局限于静态的特定现实时间点，研究主体往往偏学术性，研究的学术基础多是扎根于单一学科。

笔者认为，这样的研究现状逐渐不能满足科学决策的需要，智库研究需要将其面对的研究对象视为复杂系统，以科学化的方法、系统性的视角、规范可靠的研究、兼具学术和实践影响力的成果、贯通式交叉融合的跨学科特征促进智库研究的"六个转变"，即从经验式转变为科学化、从零散转向系统、从随机转向规范、从偏学术型转变为学术实践型、从静态转向稳态、从单一学科转向融合贯通式。基于此，笔者根据多年政策与战略研究的经验和实践，提出智库双螺旋结构，即智库双螺旋法。智库双螺旋法包含"解析问题—融合研究—还原问题"的外循环过程，以及 DIIS 过程融合法和 MIPS 逻辑层次法两个相互嵌合、

---

① 原载于：中国科学报，2021-09-28.

循环迭代的内循环螺旋。DIIS过程融合法是指在研究环节上需要遵循"收集数据—揭示信息—综合研判—形成方案"的过程，MIPS逻辑层次法是指在研究内容中需要遵循"机理分析—影响分析—政策分析—形成方案"的逻辑，由此构成"双螺旋"（图1）。

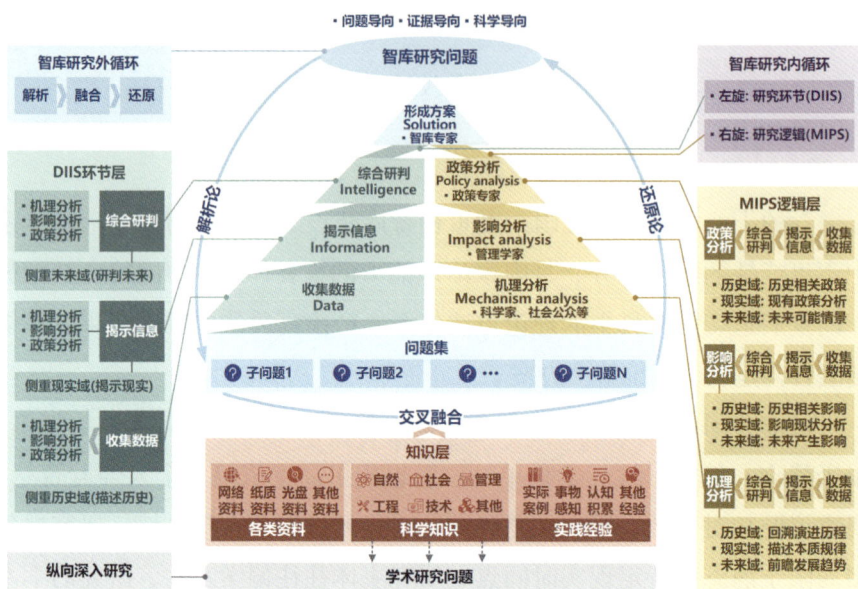

图1　智库研究的双螺旋结构

　　一门科学的发展需要一些要素来推动，例如具有系统性的理论方法、取得共识的研究范式等。在智库领域，双螺旋法为实现"六个转变"提供了方法路径，有助于推动智库科学的形成。

　　智库双螺旋法有助于推动智库科学化发展。第一，智库双螺旋法将智库视为一门科学，将科学性深刻贯穿于其研究导向、研究哲学、研究过程、研究逻辑中。双螺旋法强调智库研究从问题出发，以循证为根本依据，采用科学的研究方法和工具的特征，采用的问题导向、证据导向、科学导向体现了其科学性。双螺旋法强调对复杂问题的解析，对问题的整体把握有赖于对其细分组成部分的研究，又强调需要考虑到不同层次、不同领域的机理、交互、反馈和影响开展融合性的研究，这体现了其研究哲学。

从研究过程来看，DIIS 过程融合法以收集数据为基础，体现了数据科学范式的要求，强调了数据信息揭示和专家智慧结合的重要性，强调了不断循证迭代的科学研究过程，这些关键点进一步加强了整个研究过程的科学性。

从研究逻辑来看，MIPS 逻辑层次法强调机理、影响、政策、方案四个关键要素，其中机理的揭示本身就是科学性的集中体现，基于机理分析的影响分析和政策分析为形成方案奠定了科学基础，从而提高了解决方案的科学性。

第二，智库双螺旋法是探索和确立智库研究从认识论到方法论再到实践论范式的一项系统性、开拓性的工作。从认识论出发，基于哲学角度为整体认识和把握智库问题研究提供了"解析—融合—还原"这一源头性的研究思路。从方法论出发，基于科学角度总结智库研究的规律，从研究环节和研究逻辑角度凝练归纳智库问题研究所需遵循的规则。从实践论出发，基于实践角度为开展智库问题的具体研究提供相应的方法和工具，为智库问题的解决方案提供支撑。

第三，智库双螺旋法阐明了智库研究与学术研究的关系，链接学术与实践，形成学术实践型的智库研究。目前，智库研究的主要力量分布在高校、科研院所、政府部门直属的研究机构中，仍然以学术力量为主体。学术研究是在特定学科领域进行的深入探索，其目的在于认识和发现客观规律，其研究对象、理论基础、研究方法能够得到学术研究同行的认同，具有稳定性和共识性。智库研究具有高度的交叉融合特征，其研究问题涉及经济社会的各个研究部门，其研究过程是跨学科、跨领域的知识汇聚过程，其研究结果重视学术理论与实践需求的结合，为智库问题提供切实可操作性的解决方案。智库双螺旋法揭示了智库研究与学术研究之间密不可分的联系。学术研究为智库研究提供了坚实的知识根基。

从双螺旋法来看，DIIS 过程融合法中的收集数据和揭示信息的过程是学术研究的主要方法，MIPS 逻辑层次法中的机理分析和影响分析是学术研究的主要内容。由此，智库建设需要坚持以高水平的学术研究来支撑高质量的智库决策咨询研究。同时，智库研究为学术研究提供来源于现实、根植于实践的研究问题。在智库研究的问题解析、融合研究、形成方案的过程中，在对现实的不断把握中，会源源不断产生新问题、新思路、新方法，为学术研究提出有价值的科学问题，促进学术研究的纵向深入，进而丰富智库研究的知识根基。

第四，以智库双螺旋法为牵引构建智库期刊群，找到智库研究学术方向，凝聚学术共同体，推动智库科学化发展。2020 年 11 月，国家一级学会中国发展战略学研究会成立智库专业委员会，近 150 位专家学者加入专委会。在智库建设过程中，期刊作为主要学术载体，对于推动智库科学化发展具有重要意义，应以期刊遴选为切入点，寻智库学术之根、筑智库科学之基，从而推动学术共同体的发展，双螺旋法为此提供了依据和牵引。今年以来，中国科学院科技战略咨询研究院、爱思唯尔出版集团、《中国学术期刊（光盘版）》电子杂志社有限公司联合开展了智库代表性期刊遴选工作。用智库双螺旋法产生的关键词集，匹配期刊数据库，通过相似度定量计算和专家定性研讨，遴选一批英文期刊和中文期刊列入智库期刊群。这一工作对于智库研究具有"寻根"意义，找到智库研究的学术根基，坚实智库科学化发展的土壤，为学术型学者开展智库科学研究提供了契机、方向和载体。

本文作者

潘教峰　中国科学院科技战略咨询研究院

双螺旋法与智库研究

宋大伟

党的十八大以来，以习近平同志为核心的党中央高度重视中国特色新型智库建设，高端智库试点是中央统筹全局作出的重大制度性安排。我国改革开放和现代化建设已经进入新发展阶段，建设科技强国、制造强国、经济强国，需要高端智库、需要决策外脑、需要战略科学家。中科院科技战略咨询研究院在高端智库试点中卓有成效，潘教峰同志创造的双螺旋法正在促进智库研究从经验式向科学化转变，从零散式向系统性转变，从随机式向规范性转变，从偏学术型向学术实践型转变，从静态向稳态转变，从学科单一向融合贯通转变，切实履行服务国家战略需求、引领科技创新方向、支撑科学民主决策的重要使命。运用双螺旋法开展智库研究所从事的是智力劳动、掌握的是逻辑思维、遵循的是科学方法，最主要的是产出思想、产出成果、产出人才！笔者想从以下三个方面谈谈运用双螺旋法开展智库研究的体会。

1 运用双螺旋法开展智库研究要抓好七个环节

在智库研究中运用双螺旋法所提供的认识论、方法论、实践论范式，体现在科学性、系统性、专业性、实践性的理论方法、思维方法、指导方法、操作方法上，通过 DIIS 过程融合法和 MIPS 逻辑层次法两者之间紧密耦合、融会贯通，主要聚焦在智库研究过程中的七个环节。

第一个环节：选好主题。主题是运用双螺旋法开展智库研究的"纲"。选好主题和解析主题是智库研究的重要起点，来自上级交办的

"命题作文"要领会好意图，自主确定的"选题作文"首要的是提炼具有决策价值的主题。无论是"大题小做"还是"小题大做"，都要及时准确理解中央的决策部署和战略需求，立足当前、面向未来地确定决策需要的主题和需要决策参考的主题。

第二个环节：定好提纲。提纲决定运用双螺旋法开展智库研究的方向。制定研究提纲要做到"顶天立地"，既要吃透上级精神，但不要脱离实际带框子；又要选好具有代表性、倾向性的问题，把握这些问题的客观性、政策的适应性和全局的指导性。在智库研究过程中，经过"解析—融合—还原"将研究提纲演进为研究报告框架，运用双螺旋法实现始于研究问题、终于解决方案。

第三个环节：搞好调研。调研是运用双螺旋法开展智库研究的基础。要真正走出去、沉下去、钻过去，深入实际、深入基层、深入群众调研，全面掌握第一手材料，敢于"刨根问底"和"较真碰硬"，特别注重听取专家的真知灼见，还要注重听取少数人的不同意见。通过"收集数据—揭示信息—综合研判"的过程融合，实现调研成果再分析、再研究、再创造的循环迭代。

第四个环节：写好初稿。运用双螺旋法开展智库研究的成果形态是智库报告。智库报告写作文无定法，关键是写好第一稿。要深入进行"机理分析—影响分析—政策分析"，做到主题突出、内容充实、观点清晰、论证有力，还要做到语言生动、自然流畅、简明扼要、深入浅出，坚持战略性、科学性、政策性与准确性、鲜明性、生动性相结合，做到理论和实践、共性和个性、数据和结论相统一。

第五个环节：用好例证。在运用双螺旋法开展智库研究中，用好例证可以"锦上添花"，用不好例证会"画蛇添足"，甚至误导决策。在遇到复杂问题调研中，不能只听成绩、不听问题，只讲优势、不讲劣势，只看局部、不看全局，切忌走马观花、舍本求末、以偏概全、浅尝辄止。要善于"解剖麻雀"，进行典型调查，数字和例证为观点和判断服务，观点和判断为主题和结构服务。

第六个环节：提好建议。这是运用双螺旋法开展智库研究的目标。智库研究提出一项好的建议可以利国利民，提出一项错的建议可能误国误民。要有围绕中心、服务大局的战略视野，要有政策研究、循证决策的组织方法，要有量化分析、人机交互的先进工具，要有流程规范、质量评价的系统管理。需要强调的是，"文当其时，谋当其用"。许多智库研究报告是供领导决策的，必须注重时效性。

第七个环节：做好总结。运用双螺旋法开展智库研究的每一项课题任务结束后，都要认真进行"回头看"和"向前看"，总结工作经验、把握研究规律、制定改进措施、明确研究方向，同时积累并建立文件库、数据库、资料库、案例库、专家库。实践证明：运用双螺旋法开展智库研究是学无止境的大学问，需要用发展的眼光学真方法、找真问题、查真差距、写真体会、有真提高。

2 运用双螺旋法开展智库研究要把握五字真言

双螺旋法强调问题导向、证据导向、科学导向，在开展智库研究中坚持思想性和政治性的有机统一，坚持学术性和政策性的有机统一，坚持理论性和实践性的有机统一，坚持前瞻性和建设性的有机统一，坚持独立性和纪律性的有机统一，不断提出具有思想性、全局性、战略性、建设性、前瞻性的科学咨询和政策建议，持续提升智库研究的决策影响力、学术影响力、公众影响力和国际影响力。这"五个统一"要落实到把握"五字真言"上。

第一字真言是"高"，就是站在全局和战略高度。运用双螺旋法开展智库研究要站得高、看得远、想得深，又要具有针对性、操作性、现实性。中科院科技战略咨询研究院的定位就是服务国家战略需求和战略决策，聚焦科技发展战略、科技和创新政策、生态文明和可持续发展、科学预测预见分析、战略情报五个战略方向，建设"特色新型高端""聚智善谋咨政"的国家核心科技智库。

第二字真言是"新"，就是推进理论和实践创新。理论方法创新是运用双螺旋法开展智库研究的先导，实践应用创新是运用双螺旋法开展智库研究的源泉。双螺旋法持续推进理论方法和实践应用融合创新，促进智库研究范式走向智库理论方法并正在走向智库科学体系，在智库研究中拓展了系统观念、规律探索、循证分析、政策取向，不断产生新思路、新观点、新判断、新方法。

第三字真言是"深"，就是增强解析和研判深度。运用双螺旋法开展智库研究是深思熟虑、精益求精、多谋善断的过程，必须增强敏锐度、预见性和鉴别力，养成敏于跟踪观察、勤于分析思考、善于综合研判的习惯。面对跨学科、跨领域的交叉问题时，要坚持综合分析和专业分析、定性分析和定量分析相结合，提高智库研究的思想认识深度、理论解析深度、战略判断深度、决策咨询深度。

第四字真言是"实"，就是秉持实事和求是原则。实事是运用双螺旋法开展智库研究的灵魂，求是是运用双螺旋法开展智库研究的宗旨。运用双螺旋法开展智库研究要做到主题实、内容实、论证实、观点实、建议实，在调研过程中必须查实情、说实话、办实事、求实策、出实招，不回避问题，不掩盖矛盾，不说违心话。要把求真务实作为运用双螺旋法开展智库研究的"座右铭"。

第五字真言是"准"，就是坚守准确和真实底线。准确性和真实性是运用双螺旋法开展智库研究的生命。尽管每类智库研究报告的写作方法、表达技巧不尽相同，但主题、观点、事例、数据、建议必须准确无误表达。有些大规模智库研究问题面临学科交叉性、相互关联性、政策实用性、社会影响性、创新性、不确定性等挑战，需要为决策者提供数据计算、政策模拟、专家咨询等科学支撑。

3 运用双螺旋法开展智库研究要坚持四条标准

中科院科技战略咨询研究院运用双螺旋法研制出包括影响程度、应用效果和实际贡献等五维综合评价体系，通过对智库研究导向、智库研究流程、智库研究组织、智库研究模式、智库研究成果的全面质量管理，构建以智库产品质量为核心、以全员参与为基础、以科学服务为手段、以满足需求为目标的核心竞争力。这套评价体系基于智库研究需要践行历史域、现实域和未来域的时空域理念，具体体现在对智库研究评价需要坚持以下四条标准。

第一条标准：反映中国和世界潮流。智库研究的工作性质就是想大问题、写大文章、出大主意，要求研究人员具备世界眼光、理论素养、专业知识、实践经验，特别是在百年变局和世纪疫情交织叠加的大背景下，任务更加艰巨，责任更加重大，使命更加光荣。这就更加需要运用双螺旋法研究我国进入新发展阶段面临的新形势、新特征，新任务、新要求，跟踪研究大国博弈和全球格局调整、全球科技革命和产业变革趋势、数字转型和绿色转型进展，全面了解发展和变化、综合分析机遇和挑战、统筹提出对策和建议，想国家之所想，急国家之所急，求国家之所求。

第二条标准：符合经济和社会实际。运用双螺旋法开展智库研究，需要建立起经济学、社会学、管理学、公共政策学等知识层积累。这就要求智库研究人员既要了解产业结构、消费结构、投资结构、外贸结构情况，又要了解就业结构、人才结构、技术结构、教育结构情况；既要研究公共管理理论和公共政策，又要综合研究经济、社会、产业、贸易、财税和金融等方面的理论和政策；还要对当前政策和今后政策、中央与地方政策以及层次关系进行系统了解，使智库研究以发现和解决经济社会发展中出现的实际问题为着力点。

第三条标准：经受实践和历史检验。运用双螺旋法开展智库研究所提出的意见和建议，必须对国家负责、对人民负责、对历史负责，既要起决策参考作用、解决重大现实问题，又要有科学理论依据、符合客观发展规律，还要经得起实践的检验、经受住历史的证明。为了实现这一目标，最近潘教峰同志发表了"智库双螺旋法的十个关键问题"研究报告，从问题解析、情景分析、不确定性分析、政策模拟、循环迭代、DIIS 与 MIPS 耦合、专家组织与管理、人机结合系统、主客观分析、智库产品质量管理等方面，综合研判国内外智库建设经验提出保障智库研究科学化、专业化、规范化的具体措施。这是运用双螺旋法开展智库研究的理论与实践汇聚融合交叉发展的新创造。

第四条标准：服务科学和民主决策。运用双螺旋法开展智库研究要做到指导思想正确，立场观点方法正确，决策咨询建议正确，为国家治理体系和治理能力现代化提供独立客观的科学依据。这就要求必须全面地、系统地、准确地理解中央的大政方针和国家发展规划、法律法规，统筹把握理论基础性、政治思想性、原则指导性、经济规律性、政策连续性，并且深刻贯穿于智库研究导向、智库研究哲学、智库研究过程、智库研究逻辑之中，使之符合科学的可验证性、决策的可行性、实践的可操作性、应用的可推广性，始终不渝地以高质量的智库研究成果支撑日益增长的科学民主决策需求。

本文作者
宋大伟　中国科学院科技战略咨询研究院

践行智库双螺旋法感悟

杨　斌

做课题、搞研究是科研工作者的职责，也是必备技能，但是不同类型的课题在思维模式、分析角度、研究方法和成果输出上存在很大差异。智库研究不同于以探索未知、发现规律为目的的科学研究，也区别于以满足市场需求为目标的商业咨询。智库研究的逻辑、规律和范式具有一定的特殊性，智库双螺旋法是在智库研究的问题导向、证据导向、科学导向下对智库研究范式的实践探索，是科研工作者开展智库咨询工作，产出优秀智库成果，成为优秀智库人才的利器。

1　智库咨询类课题的基本特征

首先是明确的目标和要求。不同于基础理论研究课题成果的不确定性和发散性，智库咨询类课题先天就带有明确的目标和任务导向，委托方往往是在现实中遇到一些热点、难点和重点问题，需要借助智库的力量、专业的视角进行深入分析、拨云见日，明确接下来的工作重点和实施步骤。因此，智库咨询类课题以解决实际问题为旨归，具有明确的目标和要求，主要服务于国家宏观决策与政策制定，解决发展战略与公共政策方面的实际问题，为党中央、国务院及各部委、地方政府等提供决策咨询。

其次是时间要求比较紧。因为现实世界的复杂和多变，决策咨询工作必须见微知著、快速反应，对于经济社会发展中出现的新情况和新变化，要及早开展研究，形成对策建议，从而为政府及时决策提供有效服务。智库咨询类课题的时效性就是在既有的约束环境下，尽可能创造条件，短时间内产生最优的解决问题方案，以便应用于决策。一份有价值的研究成果，如果不能适时地为决策者提供参考，决策做得再好也派不上用场，其价值就会大打折扣。智库咨询类课题高度的时效性也就决定了智库研究的组织运行需要在短时间内聚集大量可靠的研究力量，精诚合作、密切配合。

第三是较强的可操作性。智库类课题既要把握整体顶层设计，又要提出可操作性的决策建议。智库咨询在现代决策体系当中是决策与科研之间的特殊环节，检验其研究成果的根本标准就是看其能否为现实问题提出有效的解决方案，并能引导实践正确的发展。不同于研究性课题的理论性和规范性，智库成果要直接转化为决策，形成现实生产力，就必须紧贴实际、反映问题，形成切实可行的操作方案，并且在实践中接受检验，不能"拍脑袋""想当然"，更不能东抄西拼、大而化之、人云亦云，不解决实际问题。

最后是负责任的输出。智库咨询类课题往往关系国计民生，大到党和国家的前途命运，小到社区百姓的日常生活，因此需要研究者以高度的使命感和责任感进行研究，推动形成国家发展、民族复兴、百姓幸福的各类决策建议和实施方案。负责任指的是对人类命运共同体、社会发展和国家公众利益负责，咨询研究要不受部门、地区和行业利益的束缚，从全局出发，考虑和研究问题，秉公直言，反映客观；要突破思维局限，从历史域、现实域和未来域审视问题，采用多角度、多维度、多学科的方法观察事实、辨析议题、达成共识，以便更加符合国家和公众的利益。

2 智库咨询类课题的研究步骤

智库咨询类课题始于研究问题，终于解决方案。智库双螺旋法在问题导向、证据导向和科学导向下，包含"解析—融合—还原"的外循环，以及"收集数据—揭示信息—综合研判—形成方案"DIIS过程融合法和"机理分析—影响分析—政策分析—形成方案"MIPS逻辑层次法的内循环，智库研究过程需要贯通历史域、现实域和未来域。

首先是审题。拿到一个课题，需要分析决策者或课题委托方的真实意图，从诉求出发，基于最紧迫的现实任务来思考课题要实现的目标和最终需求。智库问题本质上是跨学科、跨领域的多维度复杂问题，审题是开启智库问题研究的关键起点，将智库问题化繁为简，找准关键点，搭建起与现有知识体系相衔接、结构化的认知框架。如"落实新发展格局"课题是新阶段贯彻新发展理念的一个新命题，落实新发展格局涉及的尺度和范围不一而足，题目本身比较宏观，如何构建新发展格局，症结点在哪里？需要不同部门、不同领域从不同视角给出答案。

其次是破题。在纷繁复杂的现象背后是哪些因素主导事物的发展，它们之间的组织构成和逻辑关系是什么？作为系统具有什么样的输入和输出？存在哪些因果律？哪些要素和变量是推动事物发展的关键因素？从哪里切入能够改变系统的整体功能？这需要大量的调研和专业化的分析工具与方法。在"落实新发展格局"课题中，经反复思考和碰撞，课题组从现实域出发，认为构建新发展格局最本质的特征是实现高水平的自立自强，以创新链产业链融合发展为主线，重点研究国立科研机构加快建设原始创新策源地，加快突破关键核心技术，产学研协同形成高效强大的共性技术供给来进行破题。

第三是立题。这是一个在更高一级张本上进行思维建模和情景分析的过程，即在前期系统分析的基础上，形成站得住脚的论证主题和论据体系。智库问题牵引下的情景分析是智库双螺旋法的关键问题之一。在"落实新发展格局"课题中，通过两链融合，畅通国内大循环，加快科技自立自强，是塑造我国在国际大循环中主动地位的关键，因此，研究围绕这一主题，邀请代表相关机构的各方共同参与，一起探讨，进一步确认研究主题的科学性和合理性。从智库双螺旋法来看，DIIS的"综合研判"是专家们基于客观事实和科学证据对未来发展趋势进行的预测预判。

第四是解题。解题过程是战略分解的过程，也是课题组织方式创新的过程，从理论研究中分层次展开，在实践过程中组成高效协作的矩阵式网络。随着研究的深化、问题的演变、方案的形成，需要不断寻找、选择合适的专家，动态组织更广泛的专家参与到研究中。由于专家的知识结构和专业背景不同，会在智库研究的过程中发挥差异性的作用：专业领域内的专家通常在DIIS所界定的特定研究环节和MIPS所界定的特定研究要素上发挥专业性的作用；智库人物、战略科学家在智库研究的全过程中发挥贯通性的作用。"落实新发展格局"课题围绕研究主题——深化创新链产业链融合，以大问题、小切口、可操作性原则选取十二个机构的产学研结合模式作为典型案例，解剖麻雀、深度融合，不断促进研究的收敛、成果的集成，进而提出两链融合的相关建议。

最后是说题。智库咨询课题并不止步于一份研究报告或者决策建议，智库生命力的核心在于满足不同政策客体的各自需求。智库成果首先要以委托方或决策者听得准的方式输出，以便有效满足需求，实现课题目标，这是最直接的需求方，因此力求准确；其次是以政策影响者听得清的方式传递，以便政策顺利实施落地，这需要智库工作者和委托方齐心协力，将成果在具体场景中清晰演绎；再就是以社会大众能够听得懂的方式输出，以便扩大咨询影响力。如"落实新发展格局"课题有3000字综合上报稿和若干篇送阅件满足直接委托方需求，3万字课题研究报告和若干案例用来为政策建议提供有效支撑，后续如果结集成书将会进一步扩大社会层面的影响力。

3 智库双螺旋法对研究者的要求

第一，扎实的研究功底。一切创新活动都需要建立在一定知识层面的基础上，智库研究者首先应该是某方面的专业人才，具备相应的学科训练和专业基础能力，这个专业并不局限于特定的社会科学，只要是经过专门教育或训练，具有较高深和独特的专门知识与技术，按照一定专业（从业）标准进行专门化的操作，从而解决人类和社会问题，推动社会进步的专门职业均可。其次是具有一定的领域拓展和贯通融合能力，如果仅仅掌握单方面的专业技术知识而难以做到贯通融合的话，也很难在实际辅助决策中产生创新性思维。再就是能够沉下心来，抛却学科和领域束缚，具备独立思考的能力，从真问题出发来研究社会问题。

第二，敏锐的观察能力。决策咨询类课题要求研究者具有敏锐的观察力和洞察力，能持久而深入细致地观察，并发现一般人容易忽略或不能发现的东西。敏锐的观察力来自长期的关注和思考，所谓"近水知鱼性，近山识鸟音"，到底还是要沉入其中、深入分析、仔细琢磨。只有具备了敏锐的观察能力，智库研究者才能对事情有自己独立的想法和主见，能提出异于常态、优于常人的看法和意见，能够从整体出发，从效用最大化出发来宏观思考问题。在具体决策咨询中，智库工作者还要转换身份和角色，从需求方角度以及政策作用对象角度来思考问题，获得均衡准确的输出。再就是一定的决断力，智库虽然自身不决策，但辅助决策必须干净利落，不拖泥带水，要言之有物、言之确凿。

第三，充分的探讨交流。智库咨询不是闭门造车，关起门来搞不好也搞不了，在课题开展的整个过程中，智库工作者必须保持和各个层面的沟通。首先是和委托方的沟通，与委托方共同举办各项研讨交流活动，知道他们的想法及变化，随时了解需求和跟踪需求。其次是和政策对象的沟通，积极开展调研和深入了解问题，在开展调研过程中，了解政策对象的实际情况和存在的相关问题，在进行有效沟通的基础上，向相关部门呈交报告，为政策顺利落地铺路搭桥。再就是和合作者的沟通，要确保课题组内的各单位和个人可以获得研究所需的各种信息，增进相互间了解，课题内部不同分工、不同领域的人员之间通过多种形式随时交换看法和认识，不断把课题研究推向深入。

第四，高效的互动合作。智库课题是团队协作的成果，个人能力毕竟有限，一个人不可能具备所有的理论视角和专业知识，只有同他人团结协作，才能避免因个人能力不足而引起的局限性，一花独放不是春，百花齐放春满园。作为研究者首先要对智库咨询组织模式有清晰的认识，能够适应集团作战的模式，智库成果是集体智慧的结晶，项目都是由不同学科、不同专长的学者采取各种集体研究的方法来完成的，作为个人必须赋予自身集体属性。其次是理解自身在课题研究中的分工和角色，并忠实履行课题赋予该角色的任务和要求。一般情况下，为使研究工作顺利、稳步、扎实地深入开展，课题负责人都会制定研究人员分工，理解自身职责并顺利完成相应任务是合格智库工作者的基本要求。再就是适时反馈，通过比较项目（输出）与期望结果之间的偏差，并消除偏差以获得预期的咨询效果，从而提高和促进研究效率。

第五，精准的对外输出。智库成果的输出往往只是庞杂研究过程的精华，在整个研究过程中有很多亮点和核心思想需要传递给决策者和委托方，这对研究者是一个重大考验。研究者要有清晰的表达能力，包括思维形成、口头表达和书写表达，必须在口头语言和文字材料上共同输出，且同等重要。清晰的表达是获取他人认可和实现智库价值的关键，只有委托方正确理解智库成果的真实思想，才能实现智库的真正价值。首先是要做到"信"，真实客观呈现智库成果作品；其次是"达"，在原有基础上，进一步使决策建议合理流畅，并以接近政策话语的自然方式来表达；最后是"雅"，这是比较高的要求，就是能够让智库成果的思想产出和决策者的思维意识达到共振。

第六，高尚的道德情怀。智库咨询过程不是流水线，其成果也不是标准产品，唯有研究者具备家国天下的高尚情怀才能够生产出"有血有肉"的灵魂产品。首先是心系天下，要传承中国传统知识分子家事国事天下事的读书精神来时刻策勉自己。对于一个纯粹的科学家来说，对人类自身命运的关注，从来都必须成为一切基础工作的目的，一个优秀的智库工作者，最不可或缺的就是高度的社会责任感。其次是科学精神，要以理性和批判的怀疑态度来直面现实问题，"学贵知疑，大疑则大进，小疑则小进，不疑则不进"，怀疑和批判是迈向创新创造的第一步。最后是道德自律，诚如"位我上者，灿烂星空；道德律令，在我心中"，真正优秀的智库研究者需要用理性为意志制定法则，通过自律来实现思想自由。

本文作者

杨　斌　中国科学院科技战略咨询研究院

科技智库研究的 DIIS 理论方法 [①]

潘教峰

科技智库的主要任务是开展科技发展战略研究，着眼于促进科技发展，从科技规律出发研判世界科技发展大势和方向；着眼于科技促进发展，从科技作用和影响的角度研究经济社会发展和国家安全中的重大问题，开展科学评估，进行预测预见，提出咨询建议，有效服务宏观决策，有力引领创新方向。因此，科技智库研究的对象往往是复杂、综合的战略和政策问题，不仅仅涉及科技问题，而且涉及经济、社会、环境、管理等诸多方面的问题，仅就科技问题而言，也往往是跨领域、跨学科、综合交叉的问题。这就需要全方位、多角度、系统性地观察分析世界科技的发展变化及其对经济社会可能产生的影响，对国家有关规划布局、战略重点、政策措施等，提出具有前瞻性、战略性、科学性的咨询建议和研究报告。

科技智库研究的任务和特点决定了这既是一项专业化的研究工作，又是一项系统的组织和综合集成工作。首先，要用系统的观点分析问题，将研究对象分解为相互联系的具体科技问题、经济社会问题、政策问题或管理问题，组织相关方向的专家进行前瞻判断。其次，要用综合的观点分析问题，科学归纳和综合集成科技专家、政策专家、情报专家、管理专家的判断，最大程度地凝练共识，形成对所研究问题的整体认识，提出解决问题的政策建议和方案。

---

① 原载于：中国科学报，2017-01-09.

由此可见，科技战略和政策研究是有规律可循的，其研究过程需要遵循一般的方法，这就是要准确客观全面地把握发展情况，作出正确的分析判断，提出解决问题的思路，形成符合实际与发展要求的解决方案或政策建议。2008 年初，在总结多年科技战略和政策研究实践经验的基础上，我把这一研究方法概括为 DIIS 理论方法，即"收集数据（Data）—揭示信息（Information）—综合研判（Intelligence）—形成方案（Solution）"（图 1）。在 2016 年 12 月出版的《智库理论与实践》第 6 期对我的专访《从智库研究理论到科技智库建设》一文中，我又进一步阐释了这一理论方法。

大量数据和相关现象（Data）	→	客观准确的情况分析（Information）	→	事物的本质判断与思路（Intelligence）	→	解决方案或政策建议（Solution）

图 1　智库 DIIS 理论方法

一个完整的智库课题研究过程，首先要围绕所研究的问题全面收集各类相关数据和相关现象（Data）；然后进行专业化的挖掘、整理、分析，形成客观的认知和知识（Information）；再引入相关专家学者的智慧对这些认知进行研判（Intelligence），得到新认识、新框架、新思路；最后在问题导向下提出解决方案或政策建议（Solution），最终为宏观决策提供高质量、有建设性的智库研究报告。在 DIIS 研究的不同环节和全过程中，也需要采用科学的研究工具和方法，包括文献计量、情景分析、社会调查、头脑风暴、德尔菲法等，以保证研究的科学性。

2007 年开展、2009 年发布的《创新 2050：科学技术与中国的未来》和 2012 年开展、2013 年发布的《科技发展新态势与面向 2020 年的战略选择》，作为新时期中国科学院面向现代化、面向未来的科技发展战略研究，遵循的正是这样一套理论方法。

以《创新 2050：科学技术与中国的未来》系列报告为例，在整个研究过程中，将数据情报进行专业化的采集、整理和挖掘、分析，形成客观知识后，结合专家学者对前沿趋势的研判、问题导向的政策思考，将这几者紧密结合起来，最终形成为宏观政策决策服务的高质量、具有建设性的智库报告。

在研究过程中，首先是通过持续不断地对能源、水资源、矿产资源、海洋、油气资源、人口健康、农业、生态与环境、生物质资源、区域发展、空间、信息、先进制造、先进材料、纳米、大科学装置、重大交叉前沿、国家与公共安全等 18 个重要领域科技发展动态的跟踪扫描和计量分析收集数据（Data），为各领域研究提供基础性数据支撑；再通过数据挖掘和综合分析，从历史和未来走向的视角，揭示科技发展演进的脉络和内在逻辑，揭示各领域科技发展方向的特点和内在联系，以及科技与经济社会互动的状况与关系（Information）；再次，将情报分析与 300 多位权威专家的智慧和专业研判（Intelligence）相结合，对 2050 年中国的现代化进行情景分析和构建，研判未来 40 年世界科技发展的趋势和方向，作出了当今世界正处于新一轮科技革命前夜的重大判断，提出了以科技创新为支撑的八大经济社会基础和战略体系的战略构想，设计了支撑八大体系建设的 18 个重要领域科技发展路线图；最后，面向 2050 年中国现代化建设的战略需求，着眼国际竞争力、可持续发展、国家安全和革命性突破方向，以问题为导向，从战略和政策视角，凝练出 22 个影响我国现代化进程全局的战略性科技问题，在系统深入思考的基础上提出了走中国特色科技创新道路的系统政策建议（Solution）。

再比如，2013 年发布的《科技发展新态势与面向 2020 年的战略选择》战略研究报告，在系统收集科技和国内外经济社会重要领域和行业数据（Data）的基础上，综合分析形成了对科技发展整体状况、重要领域科技发展和国内外经济社会发展状况的认识（Information），结合 200 多位各领域专家的研判（Intelligence），分析提出未来 10 年全球科技发展新趋势新特点和我国经济社会转型发展对科技的需求，前瞻预测出未来 5—10 年世界可能发生的 22 个重大科技事件和我国可能发生的 19 个重大科技突破，在此基础上提出我国面向 2020 年的科技发展战略选择的政策建议（Solution）。

上述系列研究报告的成果就是智库研究 DIIS 方法创新的典型应用，对我国科技发展产生了广泛而持久的影响。可以说，一项高水平的智库研究只有走完"Data–Information–Intelligence–Solution"的全过程，才能真正提出有效服务决策的科学依据和咨询建议，如缺少 DIIS 理论方法中的任何一环，对智库研究而言都是不完整的。

方法正确就能收事半功倍之效。作为中国科学院学部发挥国家科学技术方面最高咨询机构作用的研究和支撑机构，中国科学院率先建成国家高水平科技智库的重要载体和综合集成平台，及集成中国科学院院内外以及国内外优势力量建设的创新研究院，中国科学院科技战略咨询研究院在智库研究工作中将始终坚持方法创新，坚持基于专业知识和科学证据的科学精神，在 DIIS 研究的不同环节及其全过程中，用好技术预见、路线图等有效的研究方法和工具，运用信息技术、大数据技术、管理决策技术、融合汇聚技术、人工智能和运筹学、系统工程、复杂科学等研究的最新成果，创新发展科技战略咨询研究的新方法、新模型、新工具，如科学结构地图、虚拟现实工具、政策模拟工具、可视化决策支持平台等，发展形成有特色的 DIIS 理论方法体系，不断提高战略咨询研究工作的科学性和成果质量，为国家宏观决策提供科学咨询建议和系统解决方案。

本文作者

潘教峰　中国科学院科技战略咨询研究院

多规模智库问题 DIIS 理论方法 [①]

潘教峰　杨国梁　刘慧晖

　　近年来，我国对高端智库建设愈加重视，相继出台了一系列政策文件。2015 年 1 月，中共中央办公厅、国务院办公厅印发《关于加强中国特色新型智库建设的意见》，指出要切实加强中国特色新型智库建设，充分发挥智库在治国理政中的重要作用。2017 年 2 月，中央全面深化改革领导小组第三十二次会议审议通过了《国家科技决策咨询制度建设方案》，明确我国将建立科技决策最高智库。2017 年 10 月，习近平总书记在党的十九大报告中明确指出要加强中国特色新型智库建设。

　　随着智库建设的重要性日益增强，迫切需要智库通过科学的理论方法体系把握世情国情的规律特征、洞悉未来发展大势，为决策提供前瞻咨询建议和系统解决方案。然而，我国智库咨询研究中普遍存在系统性方法体系缺乏的问题。针对此问题，潘教峰对智库研究的一般过程进行归纳，首次从 DIIS（收集数据—揭示信息—综合研判—形成方案，Data–Information–Intelligence–Solution）视角对智库研究方法论进行深入思考，提出了问题导向、证据导向和科学导向下的智库 DIIS 理论方法。随后，潘教峰等从辩证法、系统论和会聚观的角度对智库研究全过程方法体系进行思考，梳理智库研究遵循的一般规律，详述智库的 DIIS 理论方法以及智库报告的 DIIS 质量标准。潘教峰等将 DIIS 理论方法运用于科技评估，进一步提出科技评估 DIIS 方法。DIIS 理论方法对于智库研究

---

① 原载于：中国科学院院刊，2019，34（7）：785—796.

过程进行了系统分析，为智库研究工作的科学性和高质量开展提供了重要保障，为形成具有战略咨询功能的智库"数字实验室"提供了路径指引。

然而，在智库研究实践中，通常会面临不同规模的智库问题。例如，小规模智库问题通常聚焦于单一学科或领域，相互关联性很少，独立的研究人员即可开展问题研究工作；中规模智库问题往往涉及有限学科或领域，具有一定的相互关联性，需要由多位研究人员组成的研究组完成研究工作；大规模智库问题往往是宏观的战略和政策问题，具有多学科和多领域交叉的特性，相互关联性很强，其研究工作需要多个研究组协同完成。在遵循智库 DIIS 理论一般和共性方法的同时，如何科学认识不同规模智库问题研究具有的关键要素与环节，从而形成不同规模 DIIS 方法，为个人、团队更科学、高效地开展智库问题提供研究方法，成为我国智库建设过程中值得深入探讨的重要问题。

本文首先分析不同规模智库问题的主要特征，提出智库问题规模的划分流程；其次，基于智库 DIIS 理论，对不同规模的智库问题进行再思考，提出大规模、中规模和小规模智库 DIIS 方法；最后，给出多规模智库报告的 DIIS 写作规范，以推进智库研究工作的规范化、标准化和科学化，丰富我国智库研究的方法工具。

1 智库问题的规模划分

在开展智库问题研究时，需要首先用专业的知识对智库问题的规模进行划分，将问题明确化和简单化。为此，本节对大规模、中规模和小规模智库问题的主要特征进行分析，并给出智库问题规模的划分流程。

1.1 不同规模智库问题的特征

智库问题的研究规模可以通过问题的学科或领域交叉程度（交叉性）、相互关联程度（关联性）、研究人员构成情况（复杂性）进行判断（表1）。本文基于交叉性、关联性、复杂性 3 个角度，将智库问题的研究规模分为大、中、小 3 类，各规模智库问题的主要特征详述如下：

表 1 不同规模智库问题的特征

类型	交叉性	关联性	复杂性
大规模智库问题	多个学科和领域的交叉	可衍生相互联系和影响的一系列问题	由多个研究组构成的研究团队完成
中规模智库问题	有限学科或领域的交叉	可衍生相互联系的一些问题	由单个研究组完成
小规模智库问题	单一学科或领域为主	相互关联性较少	由独立研究个体完成

1.1.1 大规模智库问题的特征

①交叉性强：大规模智库研究往往是为发展规划和战略决策提供咨询服务，通常是具有全局性和战略性的智库问题，因此，研究大规模智库问题所需的信息量和知识量非常广泛，是涉及多学科和多领域交叉的综合性研究。②关联性强：大规模智库问题通常不是独立产生，而是伴随着相互联系和影响的一系列问题，还往往会衍生和引发许多相关联的新问题。③复杂性强：大规模智库问题是多学科和多领域高度交叉的复杂性问题，需要以全局为着眼点对问题进行整体系统的分析，因此，其研究工作通常由不同专业背景的研究人员和多个研究组构成的研究团队共同配合完成。

例如，中国科学院于 2007 年组织开展了能源、海洋、水资源、矿产资源、先进材料、纳米、大科学装置、重大交叉前沿等重要领域的战略研究，提出了若干核心科学问题和关键技术问题，形成了中国至 2050 年 18 个重要领域的科技发展路线图。在研究过程中，各领域分别成立相应的领域研究组，采取横向纵向相结合的方式开展研究：在横向方面，各领域研究组协调或自发组织开展跨领域、跨研究组的交叉研讨，保证相关领域的有机融合；在纵向方面，各领域研究组根据具体领域内容分成若干研究小组，通过集中研讨、分小组研究、综合集成等方式，组织本组专家深入研究，同时吸收相关领域专家的意见。该研究涵盖自然科学、技术和工程等主要学科，横跨科技创新、产业经济、生态环境、社会发展、国家安全等诸多领域，集中了中国科学院数百位高水平的科技、管理和情报专家，涉及 80 多个研究所，是一次典型的大规模智库研究。

1.1.2 中规模智库问题的特征

①交叉性较强：与大规模智库问题相比，中规模智库问题的学科或领域交叉程度较小，通常是有限学科或有限领域交叉的研究。②关联性较强：中规模智库问题也会衍生一些相互联系和影响的问题，但关联程度相对简单。③复杂性较强：中规模智库问题涉及有限学科或有限领域的交叉，具有一定的复杂性，因此，其研究工作需要由相关学科或领域的专家牵头、多名研究人员组成的一个研究组完成。

例如，美国国家科学基金会（NSF）于 2013 年委托美国国家研究理事会（NRC）开展调查研究，以期为其制定海洋科学领域未来十年的资助战略以及相关资助政策提供参考。NRC 在梳理 21 世纪海洋科学重要进展的基础上，提出了 2015—2025 年 NSF 海洋科学优先领域。在遴选优先领域过程中，NRC 首先确定待解决的具体问题集，然后选择相关领域的杰出专家和研究人员成立研究委员会，其中专家来自全国不同地区和部门，包括学术界、工业界、政府、非营利组织等，进而该研究委员会围绕海洋、气候、生态系统和海底地球四个主题领域开展高层次的跨学科的海洋科学问题研究，依据潜在变革性、社会影响力、成熟度和潜在合作伙伴四项遴选准则，最终筛选出海洋科学的 8 个优先领域。再如，中国科学院科技战略咨询研究院于 2016 年对未来先进核裂变能发展开展战略研究，深入探讨了 2030—2050 年核能的工业化应用。在研究过程中，成立了未来先进核能战略研究项目组，由核能领域技术专家和管理专家牵头，中国科学院科技战略咨询研究院、中国科学院近代物理研究所、中国科学院武汉文献情报中心的研究人员共同参与。该项目组结合未来核裂变能发展的战略目标，提出了未来需要进一步重点发展的核能系统技术方案。在上述两个实践研究中，均是由一个研究组在有限领域开展交叉研究，可视为中规模智库问题研究。

1.1.3 小规模智库问题的特征

①交叉性弱：小规模智库问题通常聚焦于单一学科或领域，很少涉及学科或领域的交叉。②关联性弱：小规模智库问题的研究非常具体，牵涉的其他问题较少。③复杂性弱：小规模智库问题的研究相对明确，涉及的知识域宽度有限，通常由一名研究人员即可独立开展研究工作。

1.2 智库问题规模的划分流程

基于不同规模智库问题的特征，本节给出智库问题规模的划分流程（图1），以便于智库研究工作顺利开展。

（1）定义研究问题。利用专业概念对智库问题进行表述，使智库问题成为研究人员能够处理的问题。

（2）分析问题边界。剖析问题的结构，利用专业知识判断智库问题的所属学科和领域，把握问题的相互关联性，识别该问题是否衍生一系列相互联系和影响的问题并加以分解，形成明确的问题集。

（3）确定研究人员。结合问题的边界大小，确定相应的研究人员知识结构和数量，若问题复杂性很强，可选择多个研究组构成的研究团队共同开展工作，反之，可选择单个研究组甚至是独立的研究个体。

（4）确定问题规模。依据上述分析，确定问题规模：当问题涉及多个学科和领域的交叉，可衍生相互联系和影响的一系列问题，需由多个研究组共同配合完成，可视为大规模智库问题；当问题涉及有限学科或领域的交叉，可衍生相互联系的一些问题，可由单个研究组完成，可视为中规模智库问题；当问题以单一学科或领域为主，相互关联性甚少，独立研究个体即可完成，可视为小规模智库问题。

（5）选择研究方法。结合上一步中得到的智库问题规模，选择相应的智库 DIIS 研究方法（见下节）。

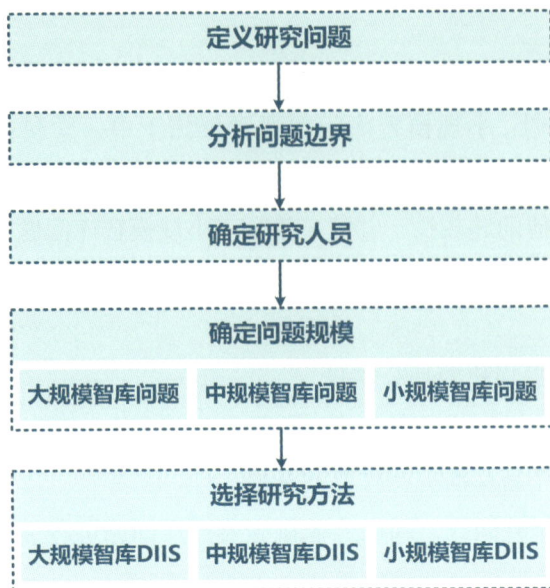

图 1　智库问题规模的划分流程

2　多规模智库 DIIS 理论方法

对于不同规模的智库问题，需有针对性地采取相应的研究方法。为此，本节基于智库 DIIS 理论分别给出大规模、中规模和小规模智库问题的 DIIS 理论方法，以期为高质量、独立性和科学性的智库研究提供基本规则、流程和方法工具。

2.1 大规模智库 DIIS

大规模智库问题是系统组织的大型战略咨询问题，需由多个研究组共同开展研究。由于此类问题较为宏观，应在问题导向、证据导向和科学导向下，贯通 DIIS 全链条四个环节，关键在系统整合专家智慧，迭代深化，最大程度凝聚共识。因此，在利用 DIIS 开展大规模智库问题研究时，需着重关注综合研判和解决方案环节。具体而言，针对大规模智库问题，智库 DIIS 研究遵循"凝练问题—分析问题—综合问题—解决问题"四个阶段的流程，其从整体上分别对应 DIIS 的 4 个环节。下面，对各阶段的具体内容进行详细阐述。

（1）凝练问题阶段。在凝练问题阶段，综合各学科知识对问题进行关联性分析，明确问题的特征，遵循"界定问题—分解问题—检验问题—确定问题及技术路线"的研究思路。凝练问题阶段从整体来看对应 DIIS 的 Data（收集数据）环节，在研究时分别涉及 DIIS 的四个环节，具体环节如下。①界定问题：围绕问题收集相关数据，考虑各学科间的联系对问题进行跨学科与多领域的研究，分析研究的目标、对象、资源约束及具体需求，据此界定研究问题的特征，此过程涉及 DIIS 的 Data（收集数据）环节。②分解问题：将待研究的问题进行学科再分解，逐步分解为多个子问题，找准问题研究的关键点，此过程涉及 DIIS 的 Information（揭示信息）环节。③检验问题：检验待研究问题分解的是否全面和科学，若问题已分解全面，则可进入下一流程；若问题尚未完全分解，则需对问题补充数据并重新分解，此过程涉及 DIIS 的 Intelligence（综合研判）环节。④确定问题及技术路线：对分解后的子问题进行分析，明确其是否值得研究、是否已有相关研究或现有研究存在的不足，确定需深入研究的子问题，并依据研究目标、对象、资源约束及具体需求形成解决问题的技术路线，此过程涉及 DIIS 的 Solution（形成方案）环节。

（2）分析问题阶段。在分析问题阶段，遴选各领域专家对分解后的子问题分别进行研究，遵循"数据收集—研究子问题—综合研判—形成初步方案"的研究思路。分析问题阶段从整体来看对应 DIIS 的 Information（揭示信息）环节，在研究时分别涉及 DIIS 的四个环节，具体环节如下。①数据收集：收集和整理各项子问题的相关数据，为研究各项子问题所涉及的学科领域遴选专家，此过程涉及 DIIS 的 Data（收集数据）环节。②研究子问题：整理分析各子问题的相关数据，初步形成客观认知，此过程涉及 DIIS 的 Information（揭示信息）环节。③综合研判：借鉴红蓝营思维，运用不确定性分析与博弈论等方法，进行利益相关者分析，综合相关学科领域的专家意见对各子问题进行综合研判，此过程涉及 DIIS 的 Intelligence（综合研判）环节。④形成初步方案：依据综合研判的结果，初步形成各子问题的解决方案，此过程涉及 DIIS 的 Solution

（形成方案）环节。

（3）综合问题阶段。在综合问题阶段，系统整合各子问题的初步方案，遵循"集成研究问题—检验研究—综合研判"的研究思路。此阶段整体对应 DIIS 的 Intelligence（综合研判）环节，具体流程如下。①集成研究问题：综合各子问题的研究结果，形成集成研究结果。②检验研究：根据集成研究结果检验问题是否研究全面，若研究已全面，则可进入下一阶段；若问题未能完全解决，则需补充新的知识进行研究，循环凝练问题阶段和分析问题阶段的研究，迭代深化研究。③综合研判：借鉴红蓝营思维，运用不确定性分析与博弈论等方法，从系统整体的角度进行利益相关者分析，综合相关领域的专家意见对问题进行综合研判。

（4）解决问题阶段。在解决问题阶段，依据前三个阶段的研究形成解决问题方案，遵循"形成多情景方案—检验报告—生成报告"的研究思路。此阶段整体对应 DIIS 的 Solution（形成方案）环节，具体流程如下。①形成多情景方案：基于专家的综合研判结果，利用情景假设构建不同情景下的解决问题方案，给出不同条件约束下的方案集，形成初步报告。②检验报告：依据标准对报告的质量进行审核，若达到质量标准，则生成报告；若未达到标准，则循环论证上述研究过程。③生成报告：依据规范化格式给出问题的解决方案，生成检验后的最终报告。

基于上述 4 个阶段的分析，大规模智库 DIIS 研究流程（图 2）如下：

大规模智库 DIIS 研究流程

凝练问题 (D)	Data	界定问题	跨学科融合，多领域扩展
	Information	分解问题	分解为子问题，发掘关键问题
	Intelligence	检验问题	检验问题分解的全面性和科学性
	Solution	确定问题及技术路线	明确需深入研究问题，制定路线
分析问题 (I)	Data	数据收集	整理数据，遴选各学科专家
	Information	研究子问题	深化研究分解后的子问题
	Intelligence	综合研判	基于博弈分析的专家意见集结
	Solution	形成初步方案	建立各子问题的解决方案
综合问题 (I)	Intelligence	集成研究问题	系统整合各子问题的初步方案
	Intelligence	检验研究	检验问题研究的全面性
	Intelligence	综合研判	基于博弈分析的专家意见集结
解决问题 (S)	Solution	形成多情景方案	构建条件约束方案集
	Solution	检验报告	审查报告的质量标准
	Solution	生成报告	报告规范化

循环论证与迭代

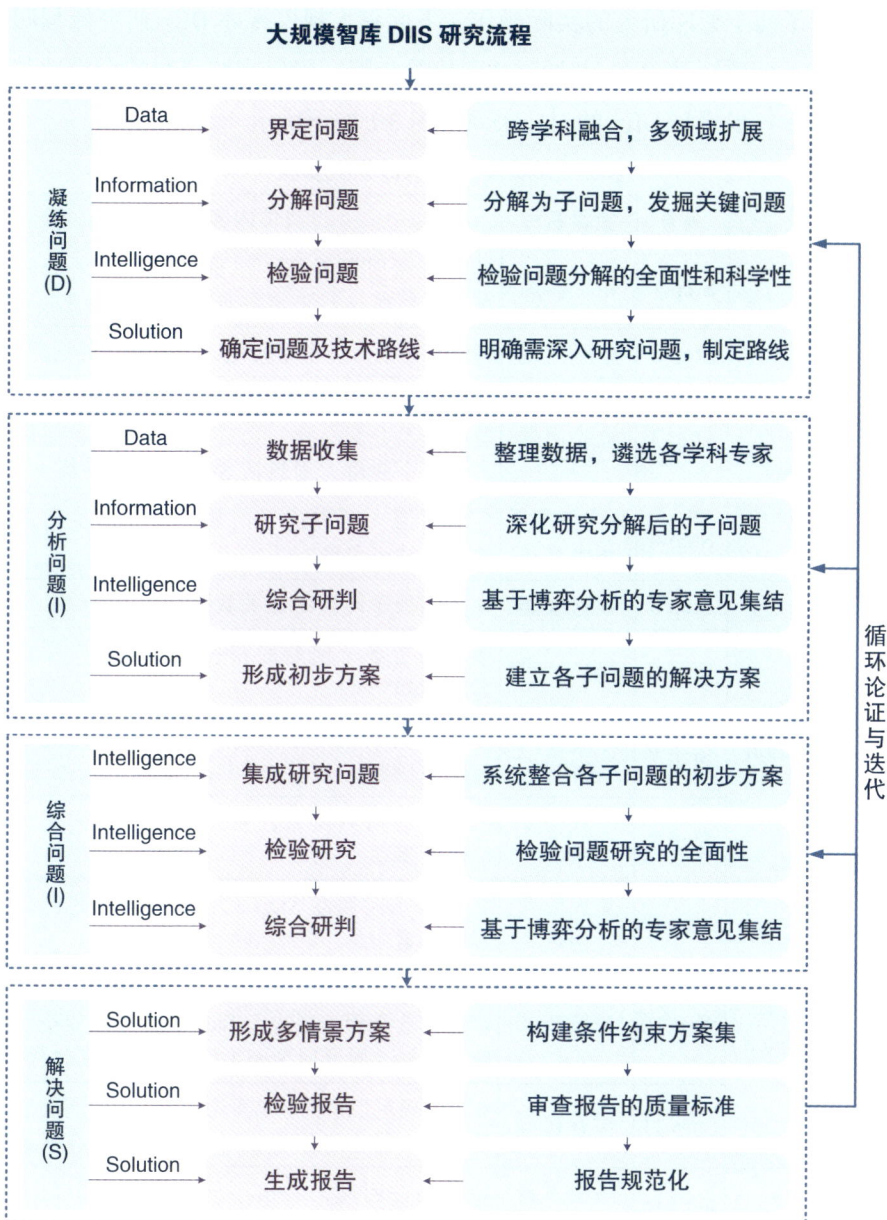

图 2　大规模智库 DIIS 研究流程图

为了便于智库研究的实际操作，下面将大规模智库 DIIS 研究流程归纳为 14 个步骤（表 2），并通过 3 项检验步骤，确保问题研究的全面性和科学性，各步骤与 DIIS 的对应关系（图 3）如下所示。

表 2　大规模智库 DIIS 研究步骤

阶段	编号	步骤名称	具体内容
凝练问题（Data）	Step 1	界定问题	界定研究问题特征，注重各学科之间的联系，对问题进行跨学科与多领域的研究
	Step 2	分解问题	将问题分解为多个子问题，并发掘关键问题
	Step 3	检验问题	检验 Step 2 中步骤分解的全面性和科学性，若问题已分解全面，则进入 Step 4；若问题尚未完全分解，则返回 Stcp 2 重新分解
	Step 4	确定问题及技术路线	确定需深入研究的子问题，形成解决问题的基本技术路线
分析问题（Information）	Step 5	数据收集	收集各项子问题的相关数据
	Step 6	研究子问题	整理分析各子问题的相关数据，初步形成客观认知
	Step 7	综合研判子问题	综合相关领域专家的意见，对各子问题进行综合研判
	Step 8	形成初步方案	依据综合研判结果，初步形成各子问题的解决方案
综合问题（Intelligence）	Step 9	集成研究问题	综合各子问题在 Step 8 中初步形成的问题解决方案
	Step 10	检验研究	检验 Step 9 的集成结果是否全面解决问题，若研究已全面，则进入 Step 11；若未能全面解决问题，则返回 Step 4 循环论证研究过程
	Step 11	综合研判	利用不确定性分析与博弈论等方法，进行关联性分析，结合专家意见对问题进行综合研判
解决问题（Solution）	Step 12	形成多情景方案	构建条件问题，给出不同条件约束下的方案集，形成初步报告
	Step 13	检验报告	依据质量标准对报告进行检验，若达到标准，则进入 Step 14，即生成报告；若未达到标准，则返回 Step 1 循环论证研究过程
	Step 14	生成报告	依据规范化格式生成最终的达标报告

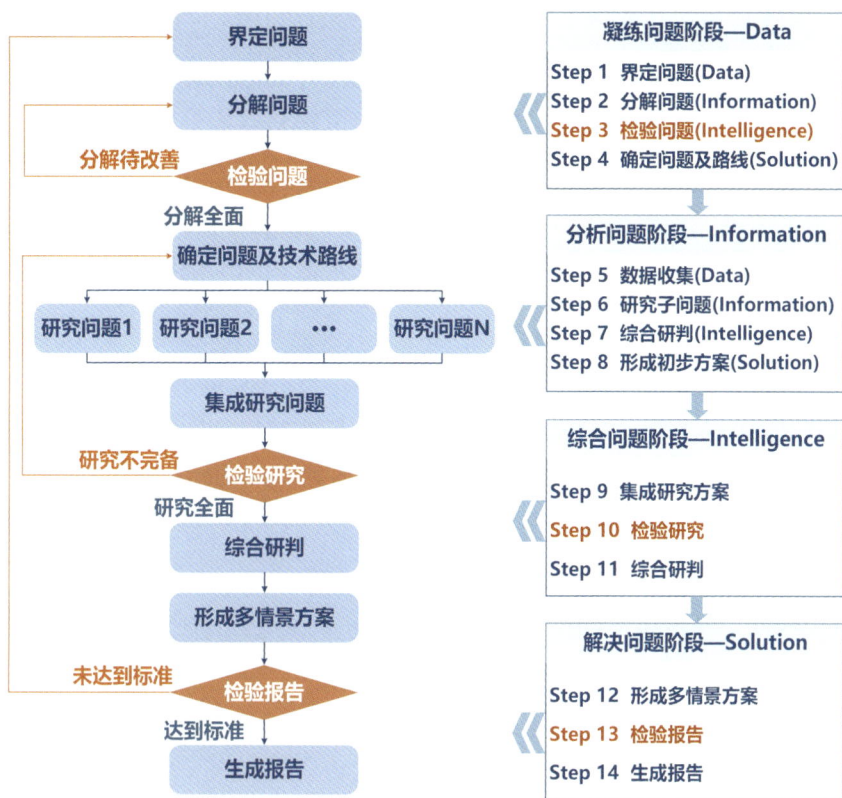

图 3　大规模智库 DIIS 研究路线图

2.2 中规模智库 DIIS

中规模智库问题的研究对象相对细化、目标导向清晰，可由一个研究组开展研究。此类问题较为具体，但仍然有待进一步细化，应着重寻找关键问题，并进行多次的反馈和论证。因此，在利用 DIIS 开展中规模智库问题研究时，应在问题导向、证据导向和科学导向下，贯通 DIIS 全链条 4 个环节，重点关注 DIIS 的揭示信息和综合研判环节。具体而言，针对中规模智库问题，智库 DIIS 研究遵循"明确需求—解析要因—迭代论证—得出结论" 4 个阶段的流程，其从整体上分别对应 DIIS 的 4 个环节。下面，对各阶段的具体内容进行详细阐述。

（1）明确需求阶段。在明确需求阶段，深入解析研究问题的特征，识别相关需求。从整体来看，明确需求阶段对应 DIIS 的 Data（收集数据）环节，遵循先分析问题后确定需求的研究思路，具体流程如下。①分析问题：收集与研究问题有关的数据信息，识别利益相关方（如政府、学术界、工业界和其他机构或团体）的诉求。②确定需求：基于研究问题的相关信息，识别研究问题的目标、对象、资源约束，确定所需专家、研究方法和工具等各类需求，并且明确各类需求的关键节点，即确定近期需求、中期需求和远期需求。

（2）解析要因阶段。在解析要因阶段，基于研究问题的信息和利益相关方的诉求，确定解决问题所面临的挑战或障碍，即研究问题的关键因素。从整体来看，解析要因阶段对应 DIIS 的 Information（揭示信息）环节，遵循先聚焦原因后识别关键的研究思路，具体流程如下。①聚焦原因：综合研究问题的相关信息和利益相关方的诉求，梳理问题本身的规律和特点，寻找研究问题的主要原因或突破口。②识别关键：基于产生问题的主要原因，分析问题的目前状况和未来发展走势，确定影响未来发展的主要挑战或障碍，并找出克服这些障碍的决定性因素（即寻找关键核心问题），生成解决问题的初步方案。

（3）迭代论证阶段。在迭代论证阶段，系统整合相关领域专家的意见，对初步方案进行反复循环论证和研讨，不断迭代升华。从整体来看，迭代论证阶段对应 DIIS 的 Intelligence（综合研判）环节，遵循先广征意见后反复循环论证的研究思路，具体流程如下。①广征意见：针对上一阶段得到的结果，邀请相关领域专家、科技战略专家、政策制定专家和相关研究部门人员提出具体意见。②反复论证：根据专家群体的意见，检验问题是否研究全面，若研究已全面，则形成报告，并进入下一阶段；若问题未能完全解决，则需补充新的信息进行循环论证和反复研讨。

（4）得出结论阶段。在得出结论阶段，对上一阶段形成的报告进行质量检验，得到研究结论。从整体来看，得出结论阶段对应 DIIS 的 Solution（形成方案）环节，遵循先检验质量后生成结论的研究思路，具体流程如下。①检验质量：依据质量标准对上一阶段形成的报告进行审核，若达到质量标准，则进入下一环节；若未达到标准，则循环论证上述研究过程。②生成结论：依据规范化格式生成检验后的最终报告，给出相应结论（该结论也可为大规模智库问题提供研究支撑）。

基于上述 4 个阶段的分析，中规模智库 DIIS 研究流程（图 4）如下。

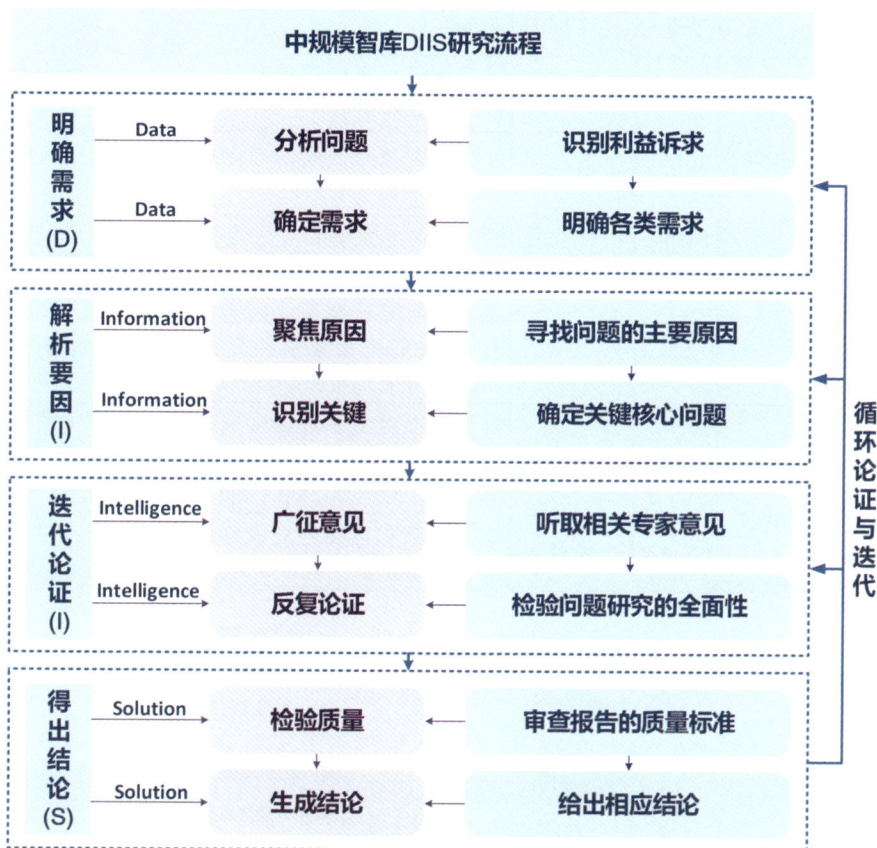

图 4　中规模智库 DIIS 研究流程图

为了便于智库研究的实际操作，下面将中规模智库 DIIS 研究流程归纳为 8 个步骤（表 3），并通过两项检验步骤确保问题研究的全面性和科学性，各步骤与 DIIS 的对应关系（图 5）如下：

表3 中规模智库 DIIS 研究步骤

阶段	编号	步骤名称	具体内容
明确需求（Data）	Step 1	分析问题	收集与问题相关的数据信息，确定利益相关方的诉求
	Step 2	确定需求	深入了解研究问题的需求，明确各类需求的关键节点
解析要因（Information）	Step 3	聚焦原因	梳理问题本身的规律和特点，寻找问题的主要原因或突破口
	Step 4	识别关键	寻找关键核心问题，确定解决关键核心问题的初步方案
迭代论证（Intelligence）	Step 5	广征意见	邀请相关专家对初步方案提出具体意见
	Step 6	反复论证	根据 Stcp 5 的专家意见检验是否全面解决问题，若研究已全面，则生成报告，进入 Step 7；若未能全面解决问题，则返回 Step 3 循环论证研究过程
得出结论（Solution）	Step 7	检验质量	依据标准对上一阶段形成的报告进行质量检验，若达到质量标准，则进入 Step 8；若未达到标准，则返回 Step 1 循环论证研究过程
	Step 8	生成结论	依据规范化格式生成最终的达标报告，并给出相应结论

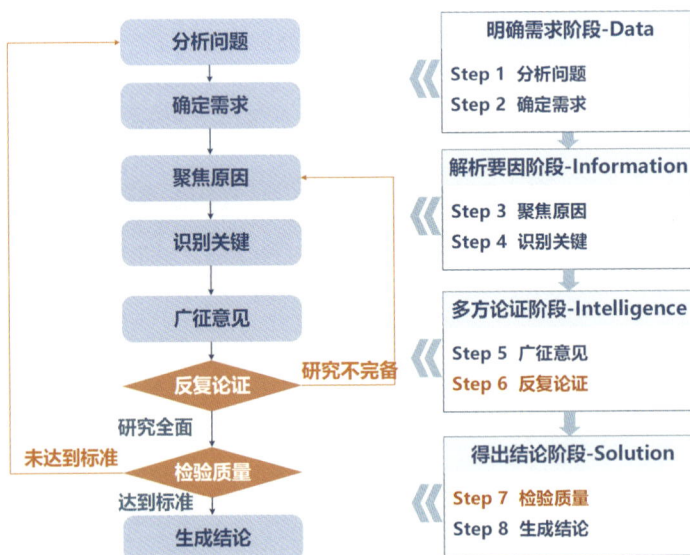

图5 中规模智库 DIIS 研究路线图

2.3 小规模智库 DIIS

小规模智库问题通常具有明确的决策需求，可由研究个体独立开展研究。此类问题已具有明确的研究目标，应重点调研问题的研究现状并提炼重要信息。因此，在利用 DIIS 开展小规模智库问题研究时，应在问题导向、证据导向和科学导向下，贯通 DIIS 全链条四个环节，重点关注 DIIS 的收集数据和揭示信息环节。具体而言，针对小规模智库问题，智库 DIIS 研究遵循"调研现状—提炼信息—专家评议—生成论据"四个阶段的流程，其从整体上分别对应 DIIS 的四个环节。下面，对各阶段的具体内容进行详细阐述。

（1）调研现状阶段。在调研现状阶段，对研究问题的国内和国际情况进行充分调研。从整体来看，调研现状阶段对应 DIIS 的 Data（收集数据）环节，遵循国内调研和国际调研同时开展的研究思路，具体流程如下。①国内调研：采取多种方式深入调研关于问题的国内材料，包括国内对于该问题的已有研究、主要成果、重要进展、我国政府的支持方向等，明确问题的国内研究现状。②国际调研：采取多种方式深入调研关于问题的国际材料，包括该问题的国际研究进展、国际发展趋势、各个国家支持方向等，明确问题的国际研究现状。

（2）提炼信息阶段。在提炼信息阶段，综合国内和国际调研情况，分析存在的差距，识别研究对象的优势和劣势。从整体来看，调研现状阶段对应 DIIS 的 Information（揭示信息）环节，遵循先分析现状后凝练结果的研究思路，具体流程如下。①分析现状：基于国内调研情况，评估研究对象的状态，进而结合国际研究现状，进行比较分析，找出存在的差距和不足。②凝练结果：根据研究目标，对照存在的差距和不足，总结分析所研究对象发展所面临的优势和劣势，提出有待改进提升的主要方面，据此生成初步研究结果。

（3）专家评议阶段。在专家评议阶段，邀请相关领域专家对初步研究结果进行评议，汲取建议加以深化和完善。从整体来看，专家评议阶段对应 DIIS 的 Intelligence（综合研判）环节，遵循先评议分析后深化完善的研究思路，具体流程如下。①评议分析：邀请相关领域专家对初步研究结果进行评议，得到评议意见和建议。②深化完善：综合评议意见和建议对研究结果进行检验，检验问题是否研究全面，若研究已全面，则形成报告，并进入下一阶段；若问题未能完全解决，则需补充相关信息对研究结果进行完善。

（4）生成论据阶段。在生成论据阶段，对上一阶段形成的报告进行质量检验，得到解决问题的论据。从整体来看，生成论据阶段对应 DIIS 的 Solution（形成方案）环节，遵循先检验质量后得到论据的研究思路，具体流程如下。①检验质量：依据标准对上一阶段形成的报告进行质量审核，若达到质量标准，则进入下一环节；若未达到标准，则循环论证上述研究过程。②得到论据：依据规范化格式生成检验后的最终报告，给出解决问题的支撑性论据（该论据也可为中规模或大规模智库问题研究提供支撑）。

基于上述 4 个阶段的分析，小规模智库 DIIS 研究流程（图 6）如下。

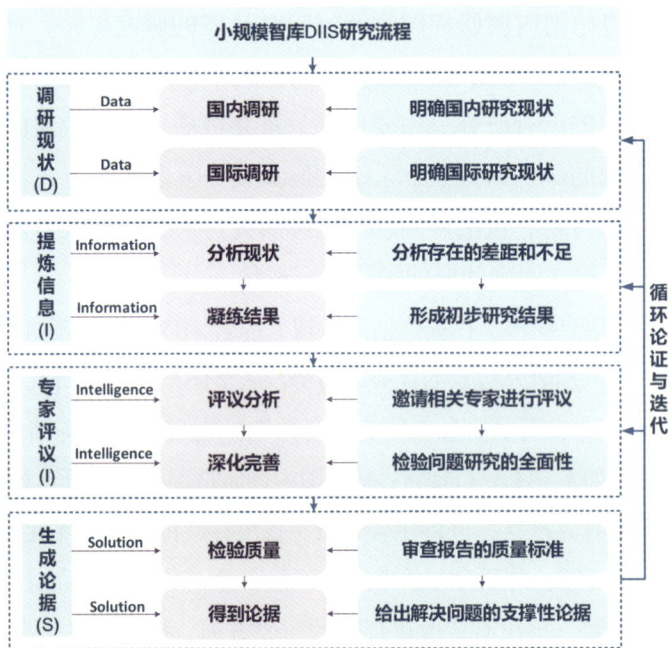

图 6　小规模智库 DIIS 研究流程图

为了便于智库研究的实际操作，本节将小规模智库 DIIS 研究流程归纳为 7 个步骤（表 4），并通过两项检验步骤确保问题研究的全面性和科学性，各步骤与 DIIS 的对应关系（图 7）如下所示：

表 4 小规模智库 DIIS 研究步骤

阶段	编号	步骤名称	具体内容
调研现状 （Data）	Step 1	国内外调研	深入调研国内和国际相关材料，明确问题的国内外研究现状
提炼信息 （Information）	Step 2	分析现状	基于国际调研情况和国内研究现状，分析存在的差距
	Step 3	凝练结果	根据目标，对照差距，提出有待改进提升的主要方面，生成初步研究结果
专家评议 （Intelligence）	Step 4	评议分析	邀请相关领域的专家对初步研究结果进行评议，得到评议意见和建议
	Step 5	深化完善	根据 Step 4 的评议意见检验是否全面解决问题，若研究已全面，则生成报告，进入 Step 6；若未能全面解决问题，则返回 Step 1 循环论证研究过程
生成论据 （Solution）	Step 6	检验质量	依据标准对报告进行检验，若达到标准，则进入 Step 7；若未达到标准，则返回 Step 2 循环论证研究过程
	Step 7	得到论据	依据规范化格式生成最终的达标报告，给出解决问题的支撑性论据

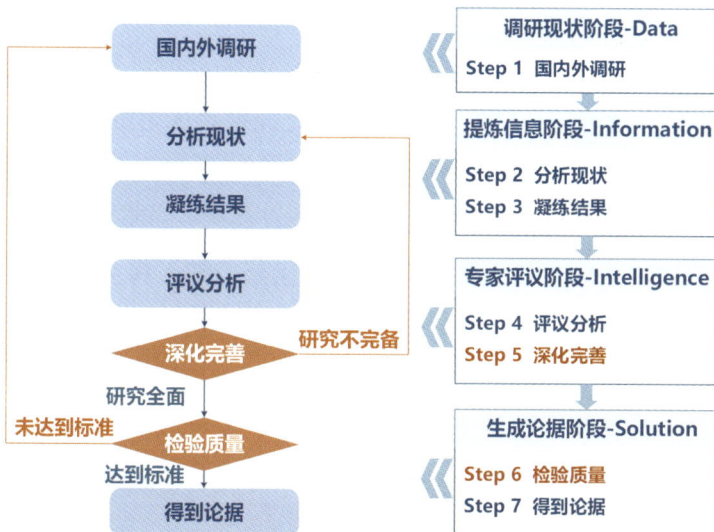

图 7 小规模智库 DIIS 研究路线图

2.4 不同规模智库 DIIS 的关系

在实际研究中，不同规模智库问题研究之间有内在联系。本节从研究结果和研究过程两个角度对大规模、中规模和小规模智库 DIIS 研究的相互关系进行分析。

（1）研究结果。对于大规模智库问题，通常会将问题分解为多个研究组开展研究，每个研究组进一步将研究问题具体化，分解为多个子问题，由研究个体负责研究。因此，从研究结果来看，小规模智库 DIIS 的研究结果可为中规模或大规模智库 DIIS 研究提供支撑，中规模智库 DIIS 的研究结果可为大规模智库 DIIS 研究提供支撑（图8）。

图 8　不同规模智库 DIIS 的相互关系（研究结果角度）

（2）研究过程。从研究过程来看，大规模智库 DIIS 研究可以分解为相互联系的多个中规模智库问题，例如大规模智库 DIIS 研究的第二阶段（分析问题阶段）是将研究问题分解为多个子问题进行研究，这些子问题即可视为中规模智库问题，从而化繁为简，将大规模智库问题的研究具体化。相应地，中规模智库 DIIS 研究也可以分解为相互联系的多个小规模智库问题，例如中规模智库 DIIS 研究的第二阶段（解析要因阶段）是寻找问题的主要原因或突破口，可以分解为多个小规模智库问题，通过国内外调研，分析存在的差距，从而找出问题的原因（图9）。

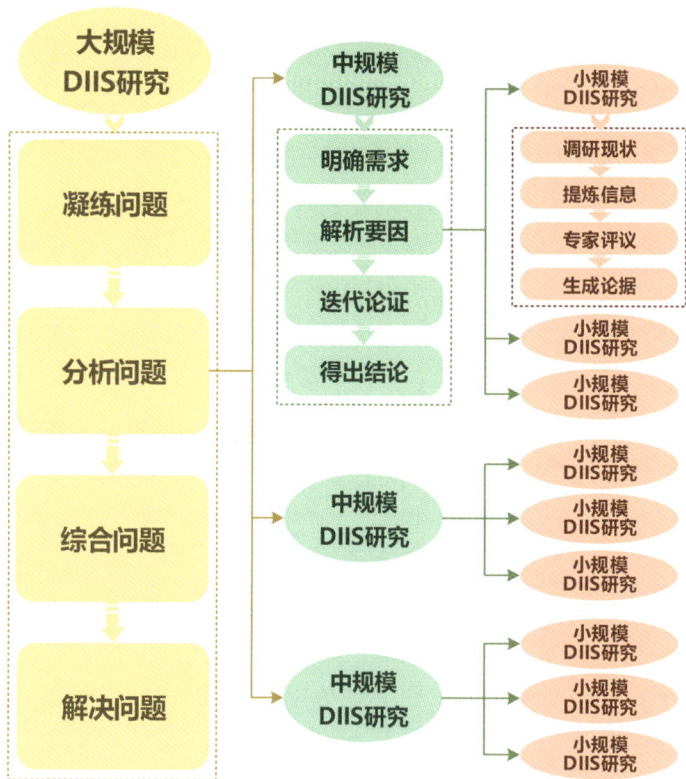

图 9　不同规模智库 DIIS 的相互关系（研究过程角度）

3　多规模智库报告 DIIS 写作规范

　　研究报告是智库问题研究的全面阐述和论证，反映了智库研究的主要成果。为保证智库研究的规范性与高质量，智库报告的撰写应遵循一定的写作规范。考虑到不同规模智库问题研究的侧重点有所差异，本节给出不同规模的智库报告 DIIS 写作规范（表 5）。智库报告一般由封面、研究简介、说明、报告主体和其他五个部分组成，其中报告主体部分根据智库研究的规模不同遵循不同的写作规范。

表 5 多规模智库报告 DIIS 写作规范

序号	标题		写作要素
1	封面		研究题目，所属单位，制定时间，发行范围，保密等级
2	研究简介		研究问题，研究摘要，研究结果
3	说明		声明及授权，目录，图标及符号
4	报告主体（大规模智库报告）	凝练问题（D）	问题特征及需求，数据来源，资源约束，目标及路线等
		分析问题（I）	研究内容，研究方案，研究工具，研究方法等
		综合问题（I）	综合结果，全面性检验，研判专家、方案、方法等
		解决问题（S）	情景方案集，研究检验，研究结论及建议等
	报告主体（中规模智库报告）	明确需求（D）	利益诉求，研究对象及目标，资源约束，具体需求
		解析要因（I）	问题规律，主要原因，存在挑战，关键因素，初步方案
		迭代论证（I）	论证专家，论证方案，论证方法，论证结果，全面性检验
		得出结论（S）	研究检验，主要结论
	报告主体（小规模智库报告）	调研现状（D）	国内现状，国际现状，数据来源
		提炼信息（I）	存在差距，弥补措施，研究工具，研究方法，初步结果
		专家评议（I）	评议专家，评议方案，评议方法，评议结果，全面性检验
		生成论据（S）	研究检验，主要论据
5	其他		参考文献，附录

4 结论

在国家治理体系和治理能力现代化进程中，迫切需要智库通过科学的理论方法提供前瞻咨询建议和系统解决方案。本文结合智库问题的研究实践，深入分析了大规模、中规模、小规模智库问题的主要特征，基于智库 DIIS 理论方法对不同规模的智库问题进行了深入研究，提出了大规模智库 DIIS（凝练问题—分析问题—综合问题—解决问题）、中规模 DIIS（明确需求—解析要因—迭代论证—得出结论）、小规模 DIIS（调研现状—提炼信息—专家评议—生成论据），并从研究结果和研究过程两个角度分析了大规模、中规模和小规模智库 DIIS 研究的相互关系。最后，为保证智库研究的规范性与高质量，给出了不同规模的智库报告 DIIS 写作规范。

本文作者

潘教峰　中国科学院科技战略咨询研究院

杨国梁　中国科学院科技战略咨询研究院

刘慧晖　中国科学院科技战略咨询研究院

科技评估 DIIS 方法 [①]

潘教峰　杨国梁　刘慧晖

　　科技评估作为科技管理的重要手段和工具，在促进我国经济社会发展、科技进步中发挥着重要作用。随着新一轮科技革命和产业变革的加速演进，科技活动的复杂性和不确定性加大，对科技评估提出了更高的要求。党的十八大作出实施创新驱动发展战略的重大部署，十八届三中全会对科技体制改革提出新要求，党中央、国务院相关文件提出要完善创新评价制度，加强对创新政策和科技改革任务的督察评估，定期对政策落实情况进行跟踪分析，并及时调整完善。因此，科技评估已成为新一轮科技体制改革的重要任务。

　　科技评估已成为科技智库任务的战略重点。2017 年 2 月，中央深改组第三十二次会议审议通过了《国家科技决策咨询制度建设方案》，强调建设国家科技决策咨询制度，建立科技决策最高智库；2016 年 5 月，习近平总书记在《为建设世界科技强国而奋斗》的重要讲话中强调"要加快建立科技咨询支撑行政决策的科技决策机制，加强科技决策咨询系统，建设高水平科技智库"。由是观之，科技评估在智库研究中扮演着重要的双重角色：一方面，科技评估是智库研究的重要任务，无论是研判科技发展大势和方向，还是从科技作用和影响的角度研究改革发展中的重大问题，科技智库都要开展科技评估，为提出科学建议提供基础；另一方面，科技评估是智库研

---

① 原载于：中国科学院院刊，2018，33（1）：68—75.

究质量的重要保障，例如，在实践中世界知名智库都有对自身研究工作进行评估的程序和制度安排，以此确保智库研究成果质量。因此，如何建设完善科学合理的科技评估方法体系，开展科学评估，为我国创新发展提供有力决策支撑，是我国科技决策咨询体系和智库建设中需要考虑的重要问题。然而，从现有科技评估方法来看，其通常作用于评估问题的局部，缺少从辩证法及系统论角度对科技评估全过程方法体系的思考与认知，需要发展系统、科学的新方法、新工具来加以解决。

科技智库研究的对象往往是复杂、综合的战略和政策问题，不仅仅涉及科技问题，而且涉及经济、社会、环境、管理等诸多方面的问题，仅就科技问题而言，也往往是跨领域、跨学科、综合交叉的。为此，潘教峰等在分析国内外智库研究现状基础上，对智库问题的一般性研究思路进行系统归纳，从智库问题研究的全过程，即"收集数据（Data）—揭示信息（Information）—综合研判（Intelligence）—形成方案（Solution）"（DIIS），对智库研究方法论进行再思考，提出问题导向、证据导向、科学导向下的智库研究 DIIS 理论方法。

智库 DIIS 理论方法起源于对智库研究全过程的思考与概括，系统归纳了智库问题的一般研究规律，对智库问题具有很好的适用性，同样适用于科技评估。有鉴于此，本文利用智库 DIIS 理论方法对科技评估全过程进行再思考：首先，分析科技评估的内涵及其发展面临的新要求；其次，对智库 DIIS 理论方法体系进行简述；进而，基于评估规律形成科技评估 DIIS 方法，并从 DIIS 视角对科技评估在科技决策咨询中的作用进行界定；最后，以机构评估、项目评估、政策评估和研究质量评估为例，分析科技评估 DIIS 方法的实践应用。

1　当前科技评估面临的问题

科技评估既是构建科技竞争发展环境的重要基础，也是科技智库进行科技战略管理和绩效管理的重要工具。本节通过分析科技评估的内涵，结合科技评估发展面临的新要求，梳理现有科技评估方法体系中存在的问题。

1.1 科技评估的内涵

科技评估根据科技决策者、资助者及相关利益群体的需求，确定价值标准，用科学的方法收集和处理评估对象的相关信息，是判断价值实现程度的过程，体现了评估者的价值理念和价值追求。除遵循评估活动的一般规律外，科技评估又由于科技活动的性质而具有特殊性：①科学研究活动的结果难以预测；②科学研究活动的成果难以定量评估；③科学研究成果所产生的作用和影响难以定量评估。

随着科技在经济社会发展中的作用日益增强，科技评估的目的、对象、内容等不断延伸，科技评估已成为科技战略管理的重要工具和公众理解科技的重要渠道。同时，科技评估的要素从不同的角度来看也不尽相同（表1）。

表1　科技评估基本要素

科技评估角度	科技评估要素
科技评估目的	为科技资源配置或科技政策调整提供依据、分析和判断科技竞争能力、提升科技活动管理绩效、回答公众关注的科技投入效果等
科技评估对象	人员、团队、研究机构、研究领域、研究项目、研究计划、科技政策、国家科技创新能力等
科技评估内容	科技计划或规划、科技投入、科技活动的实施过程、科技产出、社会与经济的影响等
科技评估组织	自评估、外部评估（评估者来自组织或环境外部）、内部评估（评估者来自组织或环境内部）
科技评估时期	为获得评估对象的必要信息进行的事前评估（发展性评估）、为了解决科学研究活动中的关键问题进行的事中评估（诊断性评估）、对科学研究活动结果的事后评估（价值判断评估）

1.2 科技评估发展的新要求

在科技成为引领经济社会发展主导力量的今天，科技评估在科技活动管理中的作用更加突出，丰富多样、发展变化的科技活动也对科技评估提出新的要求。

（1）科技评估需关注科技活动的全过程。科技评估的内涵已从传统单一产出环节的评估，拓展到科技规划、科技投入、组织实施、科技产出及其影响效果等科技活动各个环节的评估，需要采用目标、过程、结果三者相结合的新模式对科技活动进行全过程的评估，以适应科技活动的发展变化。

（2）科技评估需充分发挥诊断分析的作用。随着科技活动的规模日益增大，科技管理决策所面临的问题越来越复杂，科技评估应更加注重对科学研究过程的诊断、分析和改进，从而确定科学研究过程中存在的薄弱环节，提出相应的改进措施和方法。

（3）科技评估需注重定量评估与定性评估的有机结合。随着政府和公众对科技评估客观性的要求日益增强，基于科学工具与方法的定量评估在科技评估中占有日益重要的位置。因此，开展科技评估活动时应注重在定量评估的基础上进行定性评估，或在定性评估基础上进行定量处理，结合客观信息和专家经验形成多角度全方位的综合评估结果。

（4）科技评估需注重科学性和高质量。目前许多科技评估报告的审核缺乏专业性，评估结果的可靠性和科学性有待商榷。因此，开展科技评估时应从客观数据出发，形成可以循环论证的评估结果，确保评估结果的高质量。

总体来看，随着国家治理体系和治理能力现代化的深入发展，科技评估在我国政策实施情况评估、政策方案制定的前期论证中也发挥着重要的作用；同时，这也对我国科技评估工作的科学性和系统性提出了更高的要求。然而，从现有科技评估方法来看，通常作用于评估问题的局部，存在分散化和系统性缺乏的问题，缺少从辩证法及系统论角度对科技评估全过程方法体系的思考与认知，评估结果的科学性有待进一步论证。

2 智库 DIIS 理论方法

系统性方法体系缺乏的问题，并不仅仅存在于科技评估领域，而是在智库咨询研究中普遍存在。因此，需要先对智库研究的理论方法体系进行归纳，形成科学合理的研究方法，从而保证智库研究成果的高质量和客观性。为此，本节简述潘教峰等提出的系统性研究方法体系——智库 DIIS 理论方法。

结合长期从事科技战略研究和重大规划的经验，潘教峰总结提炼智库研究问题的一般性思路，并将智库问题的研究过程归纳为智库 DIIS 理论方法：首先，围绕所研究的问题全面收集各类相关数据和相关现象（Data）；其次，进行专业化的挖掘、整理和分析，形成客观的认知（Information）；进而引入专家智慧对这些认知进行研判（Intelligence），得到新认识和新思路；最后，在问题导向下提出解决方案或政策建议（Solution），最终为宏观决策提供高质量和有建设性的智库研究报告。由上可知，DIIS 理论方法可以概括为"收集数据（Data）—揭示信息（Information）—综合研判（Intelligence）—形成方案（Solution）"。

智库 DIIS 理论方法针对现行智库研究方法体系的系统性缺乏问题，归纳了智库研究问题的一般性思路。具体而言，在开展智库研究时应从问题导向、证据导向和科学导向出发，基于 DIIS 理论方法对智库问题进行研究（图 1）：问题导向是指智库研究需要结合问题的特征进行综合研究，以问题为导向的 DIIS 研究遵循"凝练问题—分析问题—综合问题—解决问题"4 个阶段的流程；证据导向是指智库研究过程要有理有据，以证据为导向的 DIIS 研究从 DIIS 的 4 个阶段出发保证智库研究的高质量；科学导向是指智库研究要利用科学的研究方法和工具对问题进行系统性研究，以科学为导向的 DIIS 研究从 DIIS 四个阶段出发保证智库研究的科学性。

DIIS环节	问题导向	证据导向	科学导向
收集数据 Data	凝练问题	数据可靠、真实、一致	数据精确、合理、完备
揭示信息 Information	分析问题	信息客观、关联、时效	信息全面、适用、合理
综合研判 Intelligence	综合问题	研判专业、综合	研判系统、独立、公平
形成方案 Solution	解决问题	方案可行、严谨、可靠	方案思想、前瞻、科学

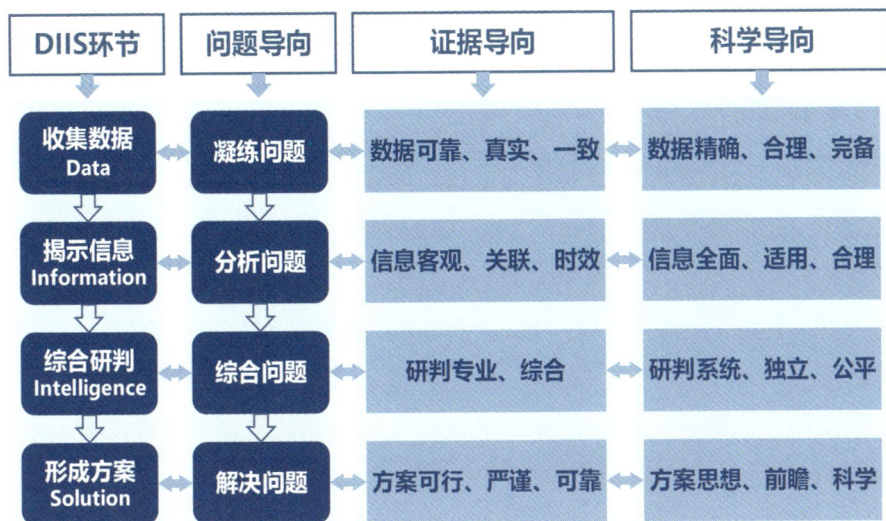

图 1　问题导向、证据导向和科学导向下的智库 DIIS 理论方法

　　智库 DIIS 理论方法遵循智库研究问题的一般性思路，不仅可以适用于科技问题研究，而且可以应用于社会、经济、生态等方面战略和政策问题的研究。此外，在 DIIS 研究的四个环节及其全过程，应始终坚持方法创新，坚持基于专业知识和科学证据的科学精神，用好技术预见、路线图等有效的研究方法和工具，运用信息技术、大数据技术、管理决策技术、融合汇聚技术、人工智能和运筹学、系统工程、复杂科学等研究的最新成果，创新发展科技战略咨询研究的新方法、新模型、新工具，如科学结构地图、虚拟现实工具、政策模拟工具、可视化决策支持平台等，发展形成有特色的智库 DIIS 理论方法，不断提高战略咨询研究工作的科学性，为国家宏观决策提供科学咨询建议和系统解决方案。

3　科技评估的 DIIS 方法与功能

　　智库 DIIS 理论方法起源于对智库研究工作的思考与概括，对智库问题具有很好的适用性。本节拟在 DIIS 视角下分析科技评估的研究流程，形成科技评估 DIIS 方法，并从 DIIS 视角对科技评估在科技决策咨询中的作用进行界定。

从科技评估问题出发，基于 DIIS 理论方法，结合评估问题特征，在问题导向、证据导向和科学导向下进行跨学科和多领域的研究，科技评估 DIIS 方法的流程具体如下：（1）凝练评估问题阶段，围绕科技评估问题收集相关数据，综合各学科知识对问题进行关联性分析，明确科技评估问题的特征，并将其分解为多个子问题，此阶段对应 DIIS 的 Data（收集数据）；（2）分析评估问题阶段，对问题的相关数据进行整理分析，对分解后的子问题进行深入研究，形成客观认知和初步意见，此阶段对应 DIIS 的 Information（揭示信息）；（3）综合评估问题阶段，系统整合集成各子问题的客观认知信息和初步意见，综合专家意见进行研判，此阶段对应 DIIS 的 Intelligence（综合研判）；（4）解决评估问题阶段，依据专家的综合研判结果，给出评估结论和不同约束条件下的评估报告，此阶段对应 DIIS 的 Solution（形成方案）。

基于上述四个阶段的分析，将凝练评估问题、分析评估问题、综合评估问题和解决评估问题四个阶段凝练为 14 个步骤（图 2），其中 3 项检验步骤（步骤 3、10 和 13）可确保科技评估问题研究的全面性和科学性，各步骤具体内容如下。并通过三项检验步骤确保科技评估问题研究的全面性和科学性，各步骤具体内容如下。

3.1 凝练评估问题阶段——Data

步骤 1：界定评估问题。界定科技评估问题的特征，注重各学科之间的联系，对问题进行跨学科与多领域的研究。

步骤 2：分解问题。将科技评估问题分解为多个子问题，并发掘关键的问题。

步骤 3：检验问题。检验步骤 2 中问题分解的全面性，若已分解全面，则进入步骤 4；若尚未完全分解，则返回步骤 2 对问题补充数据重新分解。

步骤 4：确定问题及技术路线。确定需深入研究的子问题，并依据研究目标、对象、资源约束及具体需求形成解决问题的技术路线。

3.2 分析评估问题阶段——Information

步骤 5：数据收集。收集各项子问题的相关数据。

步骤 6：研究子问题。整理分析各子问题的相关数据，初步形成客观认知。

步骤 7：综合研判子问题。综合相关领域专家的意见对各子问题进行综合研判。

步骤 8：形成初步方案。依据综合研判的结果，初步形成各子问题的解决方案。

3.3 综合评估问题阶段——Intelligence

步骤 9：集成研究问题。综合各子问题的研究结果，集成得到问题的研究结果。

步骤 10：检验研究。检验步骤 9 的集成结果是否全面解决问题，若已全面，则进入步骤 11；若未全面解决问题，则返回步骤 4 循环论证研究过程。

步骤 11：综合研判。利用不确定性分析与博弈论等方法进行利益相关者分析，综合专家意见对问题进行综合研判。

3.4 解决评估问题阶段——Solution

步骤 12：形成多情景方案。基于专家的综合研判结果，构建条件问题，给出不同条件约束下的方案集，形成初步报告。

步骤 13：检验报告。依据质量标准对报告进行检验，若达到标准，则进入步骤 14，即生成科技评估报告；若未达到标准，则返回步骤 1 循环论证研究过程。

步骤 14：生成评估报告。依据规范化格式生成最终达标的科技评估报告。

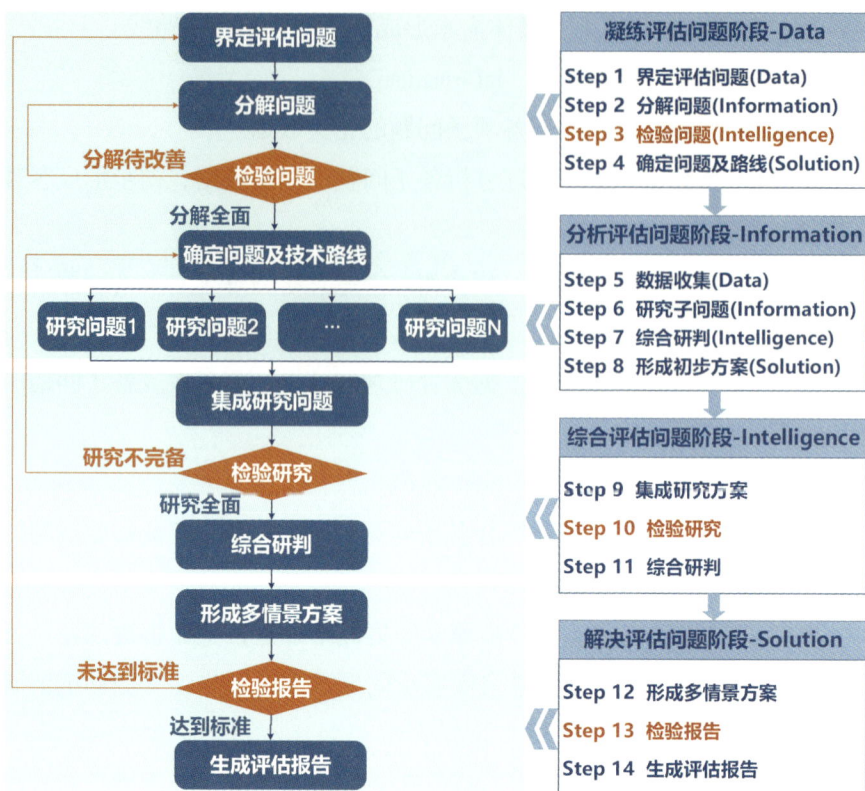

图 2 科技评估 DIIS 方法

结合上述研究流程，从 DIIS 视角出发可将科技评估在科技决策咨询中的作用界定为六大功能：证据形成功能、衡量比较功能、诊断分析功能、前瞻预测功能、价值导向与判断功能和质量控制功能（表 2）。

表 2　DIIS 视角下科技评估的功能

科技评估作用	具体内容	作用环节
证据形成功能	利用客观数据信息和合理研究方法，综合集成专家智慧形成评估的科学证据	Data、Information
衡量比较功能	结合政府和科研机构的需求，系统分析比较被评对象的情况	Information、Intelligence
诊断分析功能	通过深入分析和循环论证，对科技活动中出现的问题进行剖析和诊断	Information、Intelligence

科技评估作用	具体内容	作用环节
前瞻预测功能	结合目标要求和未来情景，对被评对象的发展态势进行逻辑推演，预测科技的未来发展前景	Intelligence
价值导向与判断功能	基于评估目的界定科技评估的价值导向和价值判断	Data、Information、Intelligence、Solution
质量控制功能	通过被评对象的客观信息和专家学者智慧形成总体认知，对科技评估质量进行全过程控制	Data、Information、Intelligence、Solution

4 科技评估实践的再认识

科技评估作为科技智库研究的重要课题，广泛应用于国内外智库的研究中。本节以德国马普学会研究所评估、美国国家科学基金会研究成果评估、国务院重大水利工程政策第三方评估和英国高等教育机构科研水平评估为例，分析科技评估 DIIS 方法在机构评估、项目评估、政策评估和人才评估中的应用。

4.1 德国马普学会研究所评估实践

德国马普学会全称为马克斯·普朗克科学促进学会，主要开展德国大学和其他科研机构难以承担的自然科学、社会科学与人文艺术领域的基础研究，同时为马普学会以外的科研人员提供仪器设备、文献资源等。该学会下设若干研究所，学会在评估时聚焦于基础前沿研究，注重研究成果的质量，并充分重视研究所及研究人员的选择，给予研究所及研究人员充分的自由。

分析马普学会研究所的评估过程可以发现，其基本遵循了科技评估 DIIS 的研究思路，具体归纳分析如下：①收集数据——Data。收集各个学科的相关数据，包括产出和影响方面，为各领域分类评估提供基础性数据支撑。②揭示信息——Information。通过文献计量数据分析，从学术产出质量和影响的维度揭示研究所各领域科学前沿和产出影响，揭示不同领域科研活动若干关键点和关键环节上的重要信息。③综合研判——Intelligence。将数据分析与各领域权威专家的知识和研判结合，重在分析研究所在国内外的地位以及对青年科学家的支持，提出研究所各领域诊断评估意见。④形成方案——Solution。面向马普学会的未来发展需求，在评估结果的基础上形成对研究所未来发展和努力方向的建议。

4.2 美国国家科学基金会研究成果评估实践

美国国家科学基金会（简称 NSF）是最具代表性和影响力的国家级政府科学基金资助机构之一，主要面向科学和工程学的基础研究项目和教育研究项目。NSF 每年都要从其资助项目的研究成果中遴选出最有显示度的亮点成果，作为绩效评估报告的重要部分报送国会，同时通过亮点成果向社会公众展示其资助成效。

分析 NSF 研究成果的评估过程，可以发现，其基本遵循了科技评估 DIIS 的研究思路，具体归纳分析如下：①收集数据——Data。收集 NSF 各研究项目的相关数据，包括项目的研究价值、潜在的影响和意义、产生的突破性研究成果以及社会经济效益等，为研究成果评估提供基础性数据支撑。②揭示信息——Information。通过对成果信息的综合分析，找出与 NSF 战略目标最相关且最重要的研究成果。③综合研判——Intelligence。在科学处、科学局、机构 3 个层面，将数据分析与不同外部专家的知识相结合，对照 NSF 的战略目标研判项目成果的突破性程度。④形成方案——Solution。根据研判结果，筛选最有显示度的亮点成果，纳入 NSF 年度绩效报告，并对外公布亮点成果，向社会公众展示其资助成效。

4.3 国务院重大水利工程政策第三方评估实践

根据国务院部署（国发明电〔2014〕1号），中科院作为第三方评估机构对"加快重大水利工程建设，今年（2014年）再解决 6000 万农村人口饮水安全问题的政策措施落实情况"开展评估。中科院由院领导牵头，成立评估领导小组、专家组和咨询组，组织重大水利工程组和农村人口饮水安全组分别开展部委、地方政府和利益相关方访谈，通过项目实地调研评估政策措施的落实情况。

总结重大水利工程政策的第三方评估过程，可以发现，其基本遵循了科技评估 DIIS 的研究思路，具体归纳分析如下：①收集数据——Data。通过资料调研、座谈访谈与实地考察相结合等方式，收集重大水利工程建设和农村饮水安全相关规划和项目数据，为政策第三方评估提供基础性数据支撑。②揭示信息——Information。通过定性分析文献资料、定量分析数据统计资料、统计分析批量研究调查问卷，对数据进行处理分析。③综合研判——Intelligence。组织专家组多次召开集中研讨会议，将数据分析与专家长期研究经验相结合，对政策实施情况的主要评估指标进行打分。④形成方案——Solution。根据研判结果，从体制机制和政策方面提出建议，形成第三方评估报告，报送国务院常务会议。

4.4 英国高等教育机构科研水平评估（REF）实践

英国四大高等教育基金委员会（HEFCE、SHEFC、HEFCW 和 DEL）从 1986 年开始，在全英国范围内推行科研评估制度（简称 RAE），为英国政府向 350 余所大学和高等学院下拨基础性研究经费提供决策依据。由于 RAE 评估耗资巨大，同时需要耗费大量评审专家的时间，英国社会各界对 RAE 评估颇有微词。因此，英国政府于 2008 年对 RAE 评估进行了改革，提出了新的卓越研究评估框架 REF，并于 2014 年在英国推行[①]。

REF 采用专家评议方式开展针对高校研究质量进行评估，并为高等教育基金委员会的拨款提供依据，成为英国政府监控和提高高校科研的手段，有利于促使大学形成良好的内部竞争机制。分析 REF 研究质量评估过程，可以发现，其基本遵循了科技评估 DIIS 的研究思路，具

---

① 参见：http://www.ref.ac.uk/

体归纳分析如下：①收集数据——Data。收集待评估人员的科研活动详细信息和科研成果，形成评估材料，为科研人员评估提供基础性数据支撑。②揭示信息——Information。通过对评估材料的综合分析，形成科研人员的初步评估结果。③综合研判——Intelligence。评估组（包括子评估组、跨组顾问、观察员、外籍专家等）运用各自的学科专长，根据评分等级形成每份材料的总体看法。④形成方案——Solution。根据研判结果，形成参加评估的高校得到年度政府经费拨款的重要决策依据。

4.5 科技评估实践分析

通过机构评估、项目评估、政策评估和高校研究质量评估的实践案例表明，其整体评估过程基本都遵循科技评估 DIIS 的研究思路，但由于目标对象的差异性，科技评估在 DIIS 各个环节的侧重有所不同。例如，以 Intelligence 环节为例，在德国马普学会开展的机构评估中，该环节侧重于其研究所各领域的科学前沿和产出影响；在美国 NSF 开展的项目评估中，该环节侧重于对项目成果的突破性程度进行研判；在中科院开展的国务院重大水利工程政策评估中，该环节侧重于对政策实施情况的分析；在英国 REF 评估中，该环节侧重于对参评人员的科研活动质量进行评估。可以看出，科技评估对象和目的的不同直接导致了评估价值导向的差异，并且贯穿 DIIS 的 4 个环节中。

5 结论

随着科学技术的飞速发展，如何抓住新一轮科技革命和产业革命交汇期的历史机遇以掌握竞争发展的主动权，是我国推进创新驱动发展、建设世界科技强国需要考虑的重要课题，需要科技智库通过科学合理的科技评估体系洞悉未来科技发展趋势、准确研判发展方向和战略重点，为提出前瞻咨询建议和系统解决方案奠定研究分析基础。因此，科技评估不仅是智库研究的重要任务，而且是智库研究质量的重要保障。本文将智库 DIIS 理论方法运用于科技评估，形成了凝练评估问题、分析评估问题、综合评估问题和解决评估问题 4 个阶段的科技评估 DIIS 方法，并从 DIIS 视角重新揭示了科技评估在科技决策咨询中的 6 个作用，弥补了现有科技评估研究中存在的不足；此外，通过典型案例分析了科技评估 DIIS 方法的实践应用，为我国科技评估实践提供一种方法指引与支撑。

本文作者

潘教峰　中国科学院科技战略咨询研究院

杨国梁　中国科学院科技战略咨询研究院

刘慧晖　中国科学院科技战略咨询研究院

中缅印度洋新通道建设战略研究

——运用智库双螺旋法谋划海公铁跨境多式联运[①]

宋大伟　赵　璐　沈　熙　张　凤　王光辉　刘昌新　朱永彬

　　中缅印度洋新通道连接我国云南和缅甸、印度洋乃至大西洋,对我国构建国内国际双循环相互促进的新发展格局具有重大战略意义。云南地处我国和东南亚经济圈、南亚经济圈的接合部,党中央、国务院近年来做出了加快建设中缅经济走廊、面向南亚东南亚辐射中心、中国(云南)自由贸易试验区等战略部署。"十四五"时期,在新发展阶段加快推进中缅印度洋新通道建设,必将进一步提升云南在国家发展和对外开放大局中的地位和作用。

　　国家高端智库肩负着服务国家战略需求和科学民主决策的重任。2020 年 10 月至 2021 年 1 月,中国科学院科技战略咨询研究院受临沧市委市政府委托,组建课题组开展"中缅印度洋新通道建设战略研究"。课题组基于智库双螺旋法的逻辑认知并站在战略、全局、时代和历史的高度,通过实地调查、专家论证、科学研判、综合分析相结合,创造性提出"双 Y 字形"中缅印度洋国际物流新通道战略布局新构想以及海公铁跨境多式联运实施方案。

　　课题组在开展中缅印度洋新通道建设战略研究中,运用智库双螺旋法所提供的认识论、方法论、实践论范式,体现在具有科学性、系统

---

① 此篇文章转载自《中国科学院院刊》,2022 年 8 月 15 日预发表。网址:http://www.bulletin.cas.cn/zgkxyyk/ch/index.aspx

性、专业性、严谨性、独立性的理论方法、工具方法和研究方法上，通过"收集数据—揭示信息—综合研判—形成方案"（DIIS）的过程融合法和"机理分析—影响分析—政策分析—形成方案"（MIPS）的逻辑层次法有机互补，使两法之间的认知融会贯通均始于研究问题、赋能应用场景皆终于解决方案。课题组遵循科学研究规律、区域布局规律、运输经济规律，秉持所提出的政策建议既要起到决策参考作用、解决重大现实问题，还要经得起实践的检验和历史的证明。

1 立足需求明确目标，战略布局和系统研究循证迭代，充分认识"一带一路"向西开放新机遇

中缅印度洋新通道建设战略研究要立足国家发展需求，与国家区域发展和对外开放的规划目标相衔接。这项研究是在构建以国内大循环为主体、国内国际双循环相互促进新发展格局的新形势下开展的。课题组按照智库双螺旋法的循证逻辑，坚持问题导向、证据导向、科学导向，在国家对外开放大局下抓住"一带一路"向西开放新机遇。

坚持问题导向是智库研究的本质要求，课题研究需要对现状问题清楚了解、心中有数的基础上有序进行。随着印度洋战略地位的提升和我国开放型经济的发展，我国西南地区特别是云南将成为对外开放的新高地。中缅印度洋新通道建设战略研究，首先要深刻把握世界格局特别是地缘政治发生的新变化、全球产业链供应链重构的新趋势、我国构建双循环新发展格局带来的新机遇。同时要看到，云南跨境综合交通运输发展水平严重制约国际战略通道建设，主要是中缅边境地区铁路交通网络布局不完善，跨区域通道、国际通道连通不足，中缅国际通道沿线综合交通枢纽建设滞后，适应中缅国际通道建设的通关及关税政策尚不健全等。

坚持证据导向强调整个研究过程和研究结论的形成，是一个机理分析、政策研判和科学循证的过程。课题组在深入学习领会习近平总书记关于"一带一路"建设重要论述和考察云南重要讲话精神的基础上，详

细阅研了党的十九届五中全会精神和党中央、国务院推进云南沿边开发开放的战略部署，收集参考了《推动共建丝绸之路经济带和 21 世纪海上丝绸之路的愿景与行动》《铁路"十三五"发展规划》《云南省物流枢纽布局和建设规划（2019—2035 年）》等相关规划和文件，重点对云南省临沧边境经济合作区、孟定清水河口岸以及中缅印度洋大通道现有布局和公路、铁路等基础设施互联互通现状进行实地调研和座谈调研，为深入展开抓住新机遇、建设新通道的战略研究工作奠定了扎实基础。

坚持科学导向体现在研究方向具有战略性、研究成果具有科学性、研究结论具有前瞻性、研究建议具有可行性。课题组结合国内外资料信息和实地调研数据与战略专家、规划专家、政策专家智慧交叉融合研究，系统分析了中缅印度洋新通道现有布局、中缅国际铁路规划建设进展情况，认为中缅印度洋新通道建设可大大推进中缅政策沟通、设施联通、贸易畅通、资金融通、民心相通，促进双方工业经济、港口经济、边贸经济和区域经济发展，也将带动中国与缅甸乃至东南亚和南亚经济一体化进程。由此可见，加快推进中缅印度洋新通道建设有利于形成我国经印度洋通往大西洋的陆海联运国际航道，有利于共建中缅经济走廊和深化中缅两国全面战略合作，有利于深入带动西部地区开放开发并促进东中西互动发展，有利于在构建双循环新发展格局中更好发挥云南向西开放的桥头堡作用。

2 面向长远着眼现实，战略前瞻和历史回溯纵深结合，准确把握中缅陆海通道建设新趋向

中缅印度洋新通道建设战略研究涉及区域经济、地缘政治、国际贸易等方面问题，呈现出持续演化性、相互关联性、风险叠加性，需要回顾总结历史实践并慎重考虑未来发展。课题组践行智库双螺旋法的时空域理念和复杂系统分析方法，在研究过程中通过历史域、现实域、未来域的连续贯通，把握好中缅印度洋新通道建设新趋向。

课题组高度重视回顾滇缅铁路建设的历史实践。早在 100 多年前，

孙中山先生就组织一批国内外著名的铁路和桥梁专家，历时七年、四次深入滇西南勘测滇缅铁路线路，把临沧孟定清水河作为连接印度洋的最佳出境口，提出了经云南孟定清水河出境直达缅甸的国际通道建设构想。这一构想在抗日战争的危急关头付诸行动。1938 年，国民党政府先后动员万名工程技术人员和 30 多万滇西南民工，开始修建从昆明经大理到临沧由清水河出境至缅甸滚弄、腊戍的滇缅铁路。1942 年，滇缅铁路路基全线修通，整体路段初具雏形，但因腾冲龙陵沦陷后为防止日军沿铁路入侵，国民党政府决定将修建中的滇缅铁路炸毁，现今仅于昆明西山碧鸡关、楚雄禄丰和临沧云县等地留存铁路隧道和路基遗迹，据记载，由于饥饿、疾病和繁重劳动，10 万余人在工程建设中付出了生命代价。这段镌刻在中国人民英勇抗战丰碑上的恢宏、壮烈的历史，成为深刻激励课题组开展中缅印度洋新通道建设战略研究的精神力量。

课题组纵深贯通历史域的演进历程、现实域的布局实践和未来域的发展趋势，综合研究提出经临沧清水河出境是中缅印度洋新通道建设中最有可能优先实现的陆路通道。应该看到，孙中山先生在《建国方略》中提出的建设滇缅铁路构想，20 世纪三四十年代滇缅铁路修建的历史实践，已经证明中国印度洋陆路通道建设选择临沧清水河方向的科学性、重要性、可行性。在研究过程中，课题组多次与中铁二院工程集团有限责任公司沟通，全面了解瑞丽通道（大理—瑞丽—腊戍）、清水河通道（大理—临沧—腊戍）各主要铁路段的规划与建设进展，掌握中缅印度洋新通道建设总投资情况。目前规划中的临沧至清水河铁路与民国时期的滇缅铁路规划路线大体一致，建成后可经临沧清水河出境进入缅甸直至仰光港和皎漂港，沿途均是地势平坦的河谷坝区，具有施工最便捷、铁路里程最短、建设成本最低、建设周期最佳等优势。

中缅印度洋新通道建设战略研究，展现了云南探索和实践陆海联运、跨境运输、国际货运的新趋向。云南具有"东连黔桂通沿海，北经川渝进中原，南下越老达泰柬，西接缅甸连印孟"的独特区位优势，是连接三大市场（中国、南亚、东南亚）、通往两大洋（印度洋、大西洋）的战略区域。这条新通道建成后将使云南实现从"内陆边陲"到"开放前沿"的跃变，将使临沧市发挥开放城市、交通枢纽、物流平台的作用，也必将在我国构建陆海内外联动、东西双向互济的开放格局中做出新贡献。

3 科学测算综合研判，战略预演和可研论证融合考量，深入谋划"双 Y 字形"国际货运新构想

智库双螺旋法强调智库成果的战略意义、决策影响和实践价值。课题组深刻认知中缅印度洋新通道建设的复杂性、动态性、多元性特征，运用智库双螺旋法耦合机理以及多维度多归因因果分析，遵循科学研究规律、区域布局规律、运输经济规律，统筹当前和长远、境内和境外、需要和可能，谋划中缅印度洋新通道"双 Y 字形"战略布局新构想。

课题组围绕落实党中央、国务院构建双循环新发展格局一系列战略部署，创造性提出建设联通云南瑞丽口岸/清水河口岸—缅甸腊戍—曼德勒—皎漂港/仰光港的"双 Y 字形"中缅印度洋新通道战略布局新构想，其中瑞丽和临沧是两大门户枢纽，缅甸曼德勒和腊戍是两大战略节点，仰光港和皎漂港是两大出海港口，斯里兰卡科伦坡港和汉班托塔港是两大中转港口。在我国境内：经由瑞丽、清水河和大理连接昆明、成都、重庆等国际性综合交通枢纽，融入国家现代综合交通运输网络体系；依托既有的成都至昆明铁路、在建的重庆至昆明铁路，连接成都、重庆、西安、长沙等重要产业基地城市，形成通达"一带一路"和长江经济带的运输大通道；同时，连接长三角城市群、珠三角城市群、成渝城市群、长江中游城市群、黔中城市群、滇中城市群等我国主要城市群，促进东中西互动发展并支撑国内大循环。在缅甸境内：由瑞丽口岸、清水河口岸分别出境，汇合于腊戍后前行经过曼德勒，分别向东南延伸至仰光港、向西南延伸至皎漂港出海，进入印度洋后经苏伊士运河通往地中海及大西洋的国际远洋运输主航线，融入 21 世纪海上丝绸之路可联通中东、欧洲、非洲等，保障国际物流供应链安全稳定运行。

课题组认为，交通设施联通是实现中缅印度洋新通道战略布局新构

想的"稳定器"和"助推器"。从瑞丽、孟定清水河连接的我国境内关键铁路段来看：昆明—大理—瑞丽段铁路里程658公里，昆明—大理—临沧—清水河段铁路里程647公里。其中，昆明—大理段铁路328公里为既有共线线路，已完成改造升级为复线铁路；瑞丽方向的大理—瑞丽段铁路处于建设阶段，该线路贯穿横断山脉且地质极其复杂，导致施工工期存在不确定性；清水河方向的大理—临沧段铁路于2020年12月在云南铁路建设史上首次实现提前建成通车，临沧—清水河段铁路于2017年完成可行性评审后进入规划阶段。从瑞丽、清水河连接的缅甸境内关键铁路段来看：瑞丽—腊戌段铁路里程184公里，清水河—腊戌段铁路里程130公里，腊戌—曼德勒段铁路里程247公里，曼德勒—皎漂段铁路里程454公里，曼德勒—内比都—仰光段铁路里程613公里。其中，瑞丽—腊戌段、腊戌—曼德勒段铁路开展了工程可行性前期研究，还没有进入实际线路规划阶段；清水河—腊戌段、曼德勒—皎漂段、曼德勒—仰光段现代化铁路尚未启动规划研究。

"双Y字形"中缅印度洋新通道战略布局新构想，将使我国西南地区不经过马六甲海峡开展国际物流运输，从而实现大幅缩减运输距离和运输时间，形成"一带一路"向西开放的新方向、新路径和新通道。课题组为此多次组织召开研讨会，认真听取和采纳来自政府管理机构、涉外工作部门、规划设计单位、海铁运输企业的意见，针对中缅印度洋新通道目前建设进展和存在问题开展解析研判，提出将中缅印度洋新通道建设纳入国家"十四五"时期优先规划实施项目、协商减免联运过境税费和实行特殊运费补贴政策、清水河边合区享受中国（云南）自由贸易试验区政策等方面的建议。

4 统筹全局谋定后动，战略耦合和即时可行协同发展，着力推进海公铁跨境多式联运新模式

中缅印度洋新通道建设涉及长时间尺度和宽领域知识，既要研究现实解决方案，更要预测运行成本和成长空间。课题组运用智库双螺旋法

模拟国际货运物流路径，采用对比分析、置换分析、相关分析和不确定性分析等量化工具，形成具有即时可行性、政策适应性和战略前瞻性的方案集，赋能中缅双方现有交通设施谋划海公铁跨境多式联运新模式。

中缅印度洋新通道建设是一项重大而紧迫的战略任务。课题组沿临沧—永德—耿马—孟定—清水河沿线考察交通设施和口岸情况，深入了解缅甸清水河—滚弄—腊戍—曼德勒—仰光的公路、桥梁、港口情况，在系统分析和全面考虑中缅双方海铁联运基础设施建设滞后的现状后，创造性提出近期中缅双方赋能现有交通设施发展海公铁跨境多式联运模式、中远期中缅双方投资合作实现海铁联运模式的政策建议。在海公铁跨境多式联运模式下，境内主要利用国内已有高速铁路网络、境外利用缅甸公路网络开展物流运输，在仰光港接入既有印度洋海运航线。这个新模式无需双方反复协商、新增交通设施投资和冗长建设周期，只需利用双方现有交通网络、辅以物流企业间商务协调，即可在短期内实现运输联通运营和国际贸易物流。

课题组在研究过程中与中远海运集团密切协作，使用对比分析法比较了新通道与传统国际物流路径的时间及成本差异，使用连环置换法分析了相同规格、相似货种在不同物流模式下的成本构成，使用相关分析法测算了大通道运量和效益的持续性和成长性。重点测算比较了中缅印度洋新通道海公铁联运和海铁联运（重庆—清水河—仰光港—汉堡）与传统路径海铁联运（重庆—广州港／上海港／钦州港—汉堡）的物流成本和时间成本，预测分析了中缅印度洋新通道的运量成长性和货量承载能力。研究结果表明，在海公铁跨境多式联运模式下，中缅印度洋新通道因公路运输致使物流费用和通关过境成本有所增加，但由于避免绕行马六甲海峡和南海，单程物流时间将节约 20—22 天。发展海公铁跨境多式联运具有巨大市场空间和成长确定性，中国西部地区预计到 2025年进出口总额将达到 7 万亿元，其中近 60% 的进出口业务同"一带一路"沿线相关国家和地区开展。这条面向全球开放的战略通道，未来跨境进出口货物运输量将逐步增加，实现海铁联运后的物流成本和物流时间还将进一步压缩。

目前，中缅印度洋新通道海公铁跨境多式联运朝着常态化、规模化、专业化、效益化方向积极推进，并与中欧班列形成陆海协同的供应链物流运输新局面，其战略地位和战略意义引起国家有关方面以及华中地区、长江经济带重要节点城市的重视。云南省委省政府对中缅印度洋新通道临沧方向建设做出具体部署，快速发展海公铁跨境多式联运被列为"十四五"时期全省重点工作。2021 年 8 月 25 日，中国云南—缅甸仰光—印度洋集装箱海公铁联运新通道铁路运输试通首发专列发车，经清水河通道实现缅甸仰光港至临沧 48 小时公路到达、临沧至成都 48 小时铁路到达的物流运行状态，2022 年上半年已开行专列、班列 10 余列次。2022 年 2 月 19 日，中缅印度洋新通道国际专列"三星堆号"从四川省德阳市出发，经临沧清水河通道成功抵达缅甸腊戌。2022 年 5 月 23 日，中缅印度洋新通道（重庆—临沧—缅甸）国际铁路班列在重庆两江新区正式发车，经临沧清水河口岸出境后通过公铁联运方式抵达缅甸曼德勒。该国际班列的成功开行，得到新华社、央视新闻联播、人民网、中国新闻网、中国日报、环球网等百余家国内外媒体关注和报道，中缅印度洋新通道海公铁跨境多式联运新模式具有广阔发展前景。

本文作者

宋大伟　中国科学院科技战略咨询研究院

赵　璐　中国科学院科技战略咨询研究院

沈　熙　中国远洋海运集团有限公司

张　凤　中国科学院科技战略咨询研究院
　　　　中国科学院大学 公共政策与管理学院

王光辉　中国科学院科技战略咨询研究院

刘昌新　中国科学院科技战略咨询研究院

朱永彬　中国科学院科技战略咨询研究院

双螺旋法拓展智库研究新思维

——基于综合性政策研究课题统筹研究思考

林 慧

中国特色新型智库进入高质量发展新阶段，智库研究的科学化、规范化成为提升智库研究质量的应有之义。双螺旋法为智库研究提供了一套有效的思维方法、指导方法、操作方法和组织方法，是厘清智库研究关键逻辑，把握智库研究关键环节，破解智库研究关键问题的根本遵循。

加快构建以国内大循环为主体、国内国际双循环相互促进的新发展格局，是着眼于我国长远发展和长治久安作出的重大战略部署。为进一步贯彻落实党中央决策部署，围绕构建新发展格局这一主题开展综合性政策研究。从研究内涵来看，构建新发展格局是我国新发展阶段内外部多个因素综合作用形成的战略抉择，涉及科技、经济、产业、社会等不同领域，包含战略、政策、制度、体制机制等不同维度的重要问题。从研究外延来看，构建新发展格局需要统筹国内国际两个市场，贯通历史、现实、未来不同发展阶段，综合考虑事关全局的系统性、变革性问题。

在双螺旋法的指导下，课题组将这样一个宏大的综合性政策研究问题有效分解、迭代、融合、集成，形成对推动构建新发展格局具有重要意义和深远影响的决策咨询建议。双螺旋法以系统科学理论为基础，为开展综合性政策研究提供了一套共识性、科学化的研究范式，特别体现在其系统思维、演生思维、循证思维、融合思维和创新思维拓展了智库研究新思维（图1）。

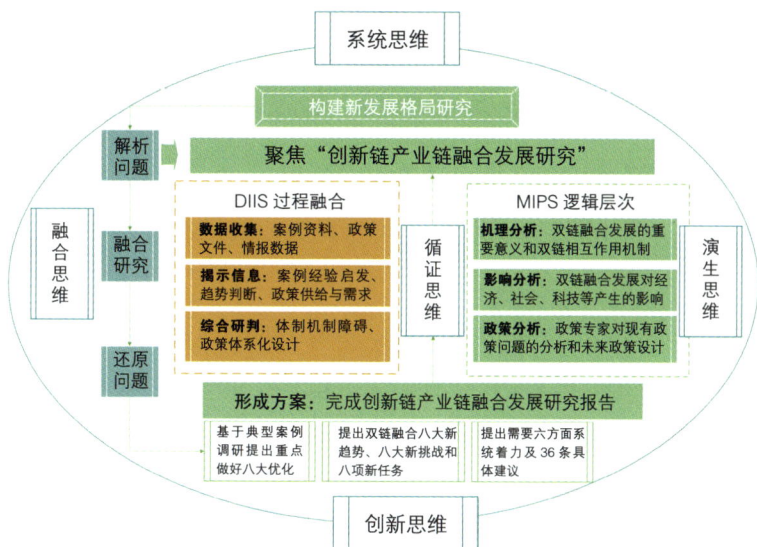

图 1　双螺旋法指导双链融合发展研究的思维逻辑图

1 系统思维是基础性思维：综合性政策研究课题要以系统思维把握整体逻辑

综合性政策研究课题具有全局性、前瞻性、体系化、整体性特点，需要运用系统思维、系统方法、系统知识开展研究解决问题。双螺旋法贯通认识论、方法论和实践论，为课题研究的全局性思考和整体性推进提供了系统论方法指导。

双螺旋法强调从问题到方案的系统性，指导课题组从全局性"大问题"中寻找"小切口"，提出可操作的政策建议。课题组站在百年未有之大变局和中美战略博弈加剧、新一轮科技革命和产业变革加速推进的战略高度上，以全球视野系统分析了我国进入新发展阶段、贯彻新发展理念、构建新发展格局，推动"十四五"时期高质量发展面临的新形势、新任务、新要求。课题组认为，在新发展阶段，构建新发展格局的关键在于国内国际经济发展双循环畅通无阻，本质特征是实现高水平科技自立自强，支撑国民经济持续健康发展，要实现的高质量经济发展，必定是创新链与产业链深度融合、相互促进的发展。基于此，课题组以"创新链产业链融合发展"作为研究切入口，将复杂的智库研究任务具象化为明确具体的研究问题，开启了智库研究的关键逻辑起点。

双螺旋法强调从研究过程到研究内涵的系统性，课题组深刻把握系统思维要义，整体推进研究工作。按照双螺旋法包含的 DIIS 过程融合法和 MIPS 逻辑层次法，课题组界定了整个研究的过程要素和内涵要素。研究既重视从典型案例调研到专家研讨的整个研究过程的规范性，也重视从分析创新链产业链融合发展的规律、趋势、影响到提出政策建议总体研究逻辑的科学性。从促进创新链产业链融合发展所面临的相互关联、相互作用、相互依存的系列问题中把握关键要素、关键环节、关键主体，从过程和内涵两个维度收敛到解决方案，系统思维贯穿于研究过程和研究内涵之中，有效推进了课题的整体研究。

2 演生思维是发展性思维：综合性政策研究课题要以演生思维促进迭代跃升

综合性政策研究课题面对的是复杂、多元、变化的问题，既需要运用还原思维对问题进行解析，更需要运用演生思维进行迭代研究。双螺旋法强调归纳演绎、循环迭代、集成升华，为统筹考虑不同层次、不同领域、不同时空域的机理、交互、反馈和影响提供了科学范式。

双螺旋法强调研究过程中的循环迭代，课题组研判双链融合发展趋势和特征，总结规律性、本质性问题，形成新认识。一方面，把握世界科技发展大势，研判新一轮科技革命的突破方向，分析科技创新的发展趋势和新的增长点，提出促进双链融合发展的引领性、指导性科学判断。另一方面，以解决科技和经济"两张皮"问题为出发点，认识把握科学技术和经济社会发展的本质规律和互动关系，着眼热点难点和瓶颈制约，反复迭代，提出新时代促进双链融合发展的新观点。此外，针对信息揭示不全面的部分，立足我国基本国情和阶段性特征，紧扣决策需求，着眼长远进行预测预见，贯通"历史—现实—未来"的时空域，提出

"加速夯实企业技术创新主体地位、深化科研院所和研究型大学改革、稳步推进数字化转型战略实施、构建有利于人才成长的保障系统、营造更加良好的科技创新生态、在扩大开放中有效防范风险"的系统性解决方案。

双螺旋法强调智库研究从经验式向科学化转变，课题组充分发挥不同学科、领域和行业的专家学者作用，经过反复研讨和情景分析，最大程度凝聚共识，提出高质量、有建设性的政策建议。双链融合发展涉及创新链和产业链上下游的多类型主体和利益相关方，需要从体制机制、资源配置、人才队伍、平台基地、金融税收等多角度提出综合性、可操作的政策建议。课题组在典型案例调研的基础上，组织召开"科学家月谈会"、企业代表座谈会、专家咨询会、课题组内部研讨会，广泛听取政策专家、战略专家、科技专家、产业专家意见，尤其是针对专家共识度不够、客观分析与主观判断存在偏差的问题进行重点研讨，运用专业知识和经验对政策体系现状和各类创新主体的政策诉求进行反复分析判断，并对可能产生的短期、长期效果进行情景分析，形成推进双链融合发展要强调"五个着力"的总体思路。

3 循证思维是导向性思维：综合性政策研究课题要以循证思维探寻科学依据

综合性政策研究课题多是关系经济社会发展、国家安全、科技进步的关键问题，会对国家当前和长远发展产生重大影响，要求数据精确完备，信息全面合理，成果经得起实践和历史检验。双螺旋法强调坚持证据导向，要论之有据，为获取客观信息、形成科学认知提供了方法指导。

双螺旋法强调数据真实、信息客观，课题组在研究过程中不仅仅依赖于研究者和专家的个人经验，而是从问题出发，以客观事实、科学证据和可靠数据为支撑进行科学循证，做好调研，唯科学是从、唯国运顿首。课题组开展了 12 个典型案例调研，各案例在机理分析、影响分析和政策分析基础上形成体现不同路径与特点的经验总结报告。同时，课题组广泛收集整理了大量历史数据，阅读了国内外各类文献资料和政策文件，深入挖掘有用信息，为总体研究提供了扎实的实证研究基础。

　　双螺旋法强调分析研判专业可信和解决方案严谨科学，课题组以客观分析和主观判断相结合的方式实现了经验的价值发现。在客观研究基础上，组织专业领域的战略科学家进行分析判断，形成对全球创新链产业链融合发展趋势和我国面临挑战的客观认识。课题组还特别对全球科技发展呈现的系统性突破态势进行了分析，准确把握了我国科技与经济协调发展面临的新挑战，提出要统筹处理好企业、科研机构与政府，制造业与服务业，基础研究与应用研究，技术攻关与制度保障，自主创新与开放引进之间的关系。基于这些系统、科学的研判，提出促进创新链产业链融合发展的总体构想和问题解决思路。

4 融合思维是创造性思维：综合性政策研究课题要以融合思维开展贯通研究

　　综合性政策研究课题多是面向决策的多学科、多领域、多尺度、多主体的复杂问题，要开展基于学科领域的专业研究，也要开展基于问题和专家智慧的融合研究。双螺旋法提出智库研究要从单一学科向融合贯通转变，为多学科知识、方法汇聚，多类型专家协作和多元化研究组织提供了操作指导。

　　双螺旋法强调学科基础和知识领域的融合，双链融合发展研究覆盖信息、生命健康、能源、材料、航天、制造等多个学科领域，将其知识经验交叉汇聚，获得跨学科、跨领域的新认知。课题组的调研对象包括信息领域的中国科学院沈阳自动化研究所，生命科学领域的中国科学院微生物所，能源领域的中国科学院大连化学物理研究所，材料领域的中国科学院宁波材料所、中国钢研科技集团，航天领域的中国航天科技集团，制造领域的中国中车集团、徐工集团等，基于案例调研获得认知经验和实践经验，结合基于自然科学、社会科学、管理科学、工程科学和技术科学等各类结构化的科学知识，以及基于网络媒体、文献资料、数据信息等统计资料，共同构成课题研究认知的知识基础。

　　双螺旋法强调贯通学术研究、管理研究、政策研究、决策咨询研究，双链融合发展研究打通对科技、经济、社会、环境、政治各领域的影响分析路径，运用融合思维对基础前沿、技术创新、应用转化等创新链产业链不同环节进行综合分析。课题组以双螺旋法内循环 MIPS 逻辑层次法为指导，首先从研究内涵角度分析了促进双链融合发展的核心问题，梳理了双链融合发展的历史规律、发展趋势、体制机制障碍、政策与制度体系现状、供给与需求之间的缺口。其次，从影响周期、影响程度、影响范围等角度，开展面向科技、经济、社会和基于历史、现实和未来的多维影响分析，系统总结了双链融合发展的八大趋势、八大挑战和八大任务。在此基础上，课题组进一步考察了双链融合发展问题进入政策视域的必要性和紧迫性，围绕政策体系建设提出解决方案。课题组突破以往作用于创新链产业链单一环节的研究思路，邀请领域专家、管理专家、政策专家等分别在机理分析、影响分析和政策分析阶段发挥作用，通过对创新链和产业链上下游各环节的综合分析，得出跨链条的综合解决方案，为决策者提供系统性、科学性决策参考。

5 创新思维是变革性思维：综合性政策研究课题要以创新思维提升研究质量

双螺旋法强调以方法创新解决实际问题，进而推动理论创新和思维创新。正如 2021 年的诺贝尔经济学奖授予了卡德、安格里斯特和伊本斯三位从事因果关系分析方法的教授，因果关系方法论成为基于证据的政策研究方法论的基础。双螺旋法与此一脉相承，为智库研究提供了基于问题、基于科学和基于证据的方法论。

创新思维贯穿智库研究的全过程。综合性政策研究要认识新情况、新问题、新特点，提出新理念、新思路、新方法。双螺旋法在问题分解的视角、研究内涵的界定、专家的遴选和组织、数据获取的渠道、研究要件的完备、研究过程的客观性等方面为提升智库研究质量提供了创新思维指导。

以研究过程创新和研究内涵创新为抓手，提升智库研究成果的创新性。课题组制定了系统的研究方案，以收集数据为基础，以信息揭示为牵引，以专家研判为依据，充分考虑定性研究与定量研究的协调统一，以研究过程的创新性保证了研究成果的创新性。从机理分析、影响分析、政策分析到提出方案，研究逻辑要素相互嵌合，层层递进，以研究内涵的创新性保证了政策建议的前瞻性。课题组遴选具有代表性的国有科研机构、科研型企业和高水平研究型大学，对其促进创新链产业链融合发展的做法、成效和启示进行案例调研，组织专家围绕关键问题有针对性地研讨，听取专家意见，总结归纳出推进双链融合发展需要重点做好"八大优化"的创新性做法。

双链融合发展研究以路径创新、组织创新和集成创新为牵引，形成具有实践指导意义的系列智库研究成果。课题组坚持路径创新，在众多相关研究中另辟新视角，另谋新思路，抓住"围绕产业链部署创新链、围绕创新链布局产业链，完善创新链产业链融合发展体制机制"战略部署中的关键问题，聚焦创新链和产业链精准对接、双向融合目标，破解实现技术与应用、科技与产业融合互动过程中的路径依赖，激活与之配套的政策链、服务链、人才链。课题组坚持组织创新，组建以具有科技战略、创新管理、产业经济、政策科学等学术研究背景为主的多元交叉研究团队，邀请来自宏观决策部门、企业、科研机构、大学的负责人和研究人员，与课题组成员共同开展线上线下研讨，建立合作交流机制，以小核心大网络的组织模式开展研究。课题组坚持集成创新，基于对双链融合发展趋势、政策供给与需求的分析和典型案例的研究结论，系统化设计总报告大纲，包括双链融合发展的战略意义、典型案例分析和政策建议三部分主体内容。战略意义以新要求和新任务为基础，政策建议以新政策和新举措为重点，综合各案例调研成果，形成1份研究总报告和12份案例调研报告。

本文作者

林　慧　中国科学院科技战略咨询研究院

双螺旋法指导下的科技前瞻研究
——基于在科技前瞻中把握双螺旋法十个关键问题的探讨

吴　静

近年来，随着智库建设上升到国家战略高度，国家社会对智库研究科学化、专业化的需求愈发紧迫。2020 年，中国科学院科技战略咨询研究院潘教峰院长基于长期实践，着眼智库研究"怎么做"这一基本问题，提出了问题导向、证据导向和科学导向的智库研究双螺旋结构，形成了始于研究问题、终于解决方案的智库研究范式，是智库研究的思维方法、指导方法和操作方法。在智库双螺旋法研究不断深化的过程中，潘教峰院长进一步提出双螺旋法的十个关键问题，即问题解析、情景分析、不确定性分析、政策模拟、循环迭代、DIIS 与 MIPS 耦合、专家组织与管理、人机结合系统、主客观结合、智库产品质量管理，为智库研究全过程提出问题、指出方向，是智库研究中将双螺旋法落实落细的重要指引和有力抓手。

本文在中国科学院科技战略咨询研究院张凤副院长长期从事科技前瞻研究和实践的经验总结基础上，阐释智库双螺旋法十个关键问题在科技前瞻研究中的应用落实，探讨在十个关键问题指引下科技前瞻实现历史域、现实域、未来域贯通，实现多领域、多学科交叉融合的专业应用实践体会（图 1）。

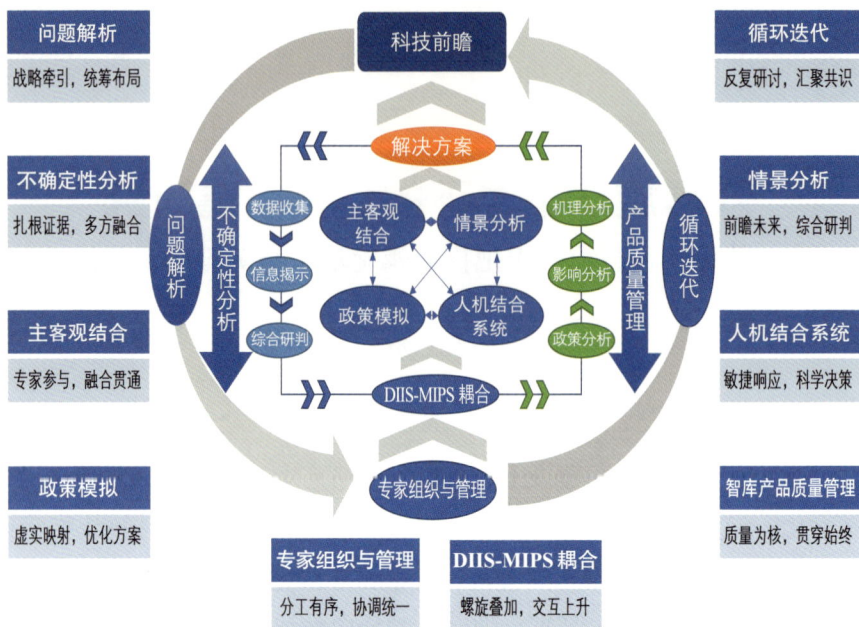

图 1　基于双螺旋法开展科技前瞻的十个关键问题逻辑图

1 把握"问题解析"要战略牵引，统筹布局

　　智库问题具有跨学科、跨领域的多维度复杂特性，智库问题解析将智库问题化繁为简、降维分解为可把握的子问题集合，是智库问题研究的关键起点。在科技前瞻研究中，科技前瞻覆盖领域之多、学科之广、维度之细、专家之多远超一般研究课题，这构成了科技前瞻研究的高度复杂性。如何提高科技前瞻的统筹布局及其解决方案实用价值，是智库开展科技前瞻的根本性问题。智库"问题解析"倡导问题导向，引导科技前瞻聚焦国家发展重大战略需求，以需求特征解析牵引研究体系。

　　在 2007 年开展"面向 2050 年的科技发展战略研究"时，时任中国科学院路甬祥院长就提出："在创新为科学发展观落实这一大题目之下，还要深入进行战略研究，刻画出未来 20—30 年的路线图和关键科技创新领域。必须根据国家社会未来发展需求，尤其是经济持续增长和竞争力提升、社会持续和谐发展、生态环境持续进化和人类社会相协调的重点目标出发进行研究和归纳。"因此，智库开展科技前瞻，应立足国家战略需求，聚焦战略必争领域，抢占先机；应面向世界前沿，从全球视角分析影响广泛深远的根本性科技发展方向，为科技强国提供前瞻。在战略需求牵引下开展顶层设计，是规划科技前瞻"怎么做"的总牵引。顶层设计从科技前瞻需求和机理出发，明确科技前瞻研究目标，形成研究指导思想，厘清科技前瞻活动的内容结构，是科技前瞻活动的各方面、各层次、各要素统筹规划的纲领所在。在顶层设计下，复杂的科技前瞻问题被降维为可组织、可操作的多个子问题。子问题之间形成若干服务于总目标的、具有内在逻辑的任务集合。例如，对光信息领域的科技前瞻研究，可以按照信息产生、处理、传输和使用的逻辑，将研究分解为光传感、光计算、光存储、光通信和光显示等子问题开展研究。

2 把握"专家组织与管理"要分工有序，协调统一

智库问题研究既离不开专业的研究支撑，更离不开专家的深度参与和聚智。智库"专家组织与管理"引导科技前瞻从双螺旋法逻辑层次出发，组织不同学术背景和经验的专家学者参与研究，形成有组织、有规模，多主体参与的智库专家体系，做到科技前瞻大规模专家组织与管理的有序分工、协调统一。

在科技前瞻顶层设计逻辑架构下，科技前瞻的专家组织与管理需要横向和纵向的双协同。在纵向专家组织与管理上可有三层架构，一是总体组，由科技前瞻牵头人领衔，负责对科技前瞻总体把控和方案设计；二是综合组，负责科技前瞻研究总体布局，以及对科技前瞻整体工作方案的执行与研究报告的综合集成；三是专题组，围绕问题分解的子问题研究目标，由各领域科学家牵头，各领域专家配合，负责聚焦各领域重点科技问题开展的前瞻活动。同时为实现专题组与综合组之间的高效沟通与协作，每个专题组可设置联络员，负责综合组与专题组之间的协调、沟通、反馈，起到承上启下的作用。在横向专家组织与管理上，科技前瞻研究

应汇聚科技、战略、情报、政策、产业等各领域专家，形成知识的交叉融合。例如 "面向2050年的科技发展战略研究" 成立了项目总负责、战略总体组、战略研究组的三级组织架构，集中了中国科学院300多位高水平科技、管理和情报专家，其中有近60名院士，涉及80多个研究所。

3 把握"不确定性分析"要扎根证据，多方融合

不确定性分析是智库研究问题的内生特征之一，也是智库问题研究中需要重点关注的问题之一。科技前瞻的高度复杂性决定了其高度的不确定性，并贯穿于研究各环节，其中既有来自外部的需求不确定性、未来发展不确定性，也有研究过程涉及的结构不确定性、数据不确定性、组织不确定性等。智库"不确定性分析"为尽可能降低科技前瞻中的不确定性提供了基于证据、多方融合的研究思路，提高了研究解决方案的鲁棒性。

为减少科技前瞻中需求不确定性，在科技前瞻研究方案的设计中应落实与需求方的充分沟通，明确科技前瞻目标、研究边界、研究周期等，通过构建清晰的研究顶层设计，提高研究的问题导向性。例如，在开展"面向2050年的科技发展战略研究"的过程中，项目组先后组织了多轮交流研讨，18个子领域负责人和主要科学家、中国科学院相关院局领导参加，相互交流、相互促进、寻求共识，明确研究方向。为减少科技前瞻中结构不确定性，需要开展充分的数据收集和多领域专家参与，通过专家研讨咨询降低结构不确定性，提高研究的证据导向性。为减少科技前瞻中数据不确定性，应通过情报学专业技术、方法、专家的融合，识别各领域科技前瞻重要的国家、机构、组织，开展有针对性的数据采集。例如，"面向2050年的科技发展战略研究"为每个子专题配备情报专家，提高数据完备性。为减少科技前瞻中组织不确定性，应在顶层设计下制定详细的组织架构和进度安排表，做到项目多方协同，融合推进。

4 把握"DIIS 与 MIPS 耦合"要螺旋叠加，交互上升

智库双螺旋法是 DIIS 与 MIPS 紧密耦合、彼此嵌套、交互迭代的有

机体。科技前瞻既需要立足历史、把握现实，更需要预测未来，为科技发展战略布局提供支撑，是一项需要时空域高度统一的系统性研究。智库"DIIS 与 MIPS 耦合"既为科技前瞻研究过程的推进提供了 DIIS 螺旋指引，也为科技前瞻研究逻辑分析提供了 MIPS 螺旋指引。两者螺旋叠加、交互上升，将科技前瞻研究不断推向深入。

在科技前瞻启动之初，通过文献情报方法，扫描获取国内外科技发展相关资料（收集数据，D），从而为厘清各领域科学技术在解决国家重大战略需求中的作用机制提供支撑（机理分析，M）；同时，相关材料也为梳理国际上重大科技问题前瞻的研究前沿及其科技前瞻重大方向的遴选标准提供了借鉴（揭示信息，I），例如在《科学》杂志开展的125 个科学问题的研究中，其对科学问题遴选的基本原则包括：科学家应该在未来 25 年中很好地回答问题，或者至少应该知道如何回答这些问题；基于这些问题的根本性、广泛性及其解决方案是否会影响其他学科。这些基本的遴选和研判原则为开展科技前瞻研究提供了借鉴，帮助更好地形成我们的研判标准。在初步得到的遴选标准作用下，就初步筛选出的科技前沿问题开展经济、社会、环境等多维度影响分析（影响分析，I）。进而结合专家对科技前沿问题的研判，经多轮专家咨询论证，聚焦达成前瞻问题共识（综合研判，I）。针对聚焦形成的重大科技发展问题的政策现状和需求分析（政策分析，P），最终 DIIS-MIPS 两个螺旋汇聚形成支撑国家科技战略布局的研究报告和政策建议。DIIS-MIPS 两个螺旋交互迭代的过程，是科技发展重大问题逐渐聚焦清晰的过程。

5 把握"情景分析"要前瞻未来，综合研判

智库研究是面向未来愿景下的方案选择，这就要对未来的情景进行构建。在科技前瞻中，面对未来的经济社会发展和科学技术发展存在的极大不确定性，为提高决策者对决策可行域的全面把握，需要开展未来多种发展路径的比较分析。智库"情景分析"的时空域融合研究为科技前瞻提供了基于历史和现实、前瞻预判未来的情景综合研判思路。

在科技前瞻中，为分析不同科技发展战略布局所产生影响的差异性，应首先凝练历史和现实发展规律，剖析国家未来发展需求，再对未来发展轨迹做出多种情景预设，包括现有发展轨迹下的基准情景以及关键要素发展假设下的探索情景；从而在不同情景条件下分析机遇与挑战，最终凝聚得到满足国家需求情景下的科技发展布局。例如，在日本第十次科学技术预见项目中，针对未来全球化不同发展水平，设置了领导力情景，即利用日本的优势确保全球竞争力；国际协调与合作情景，即发挥日本的优势，通过国际合作解决全球问题；自治情景，即自主处理与日本生存基础有关的问题，从而分析不同情景下科技发展战略布局需求。

6 把握"主客观结合"要专家参与，融合贯通

在智库研究中，将主客观结合有助于避免决策偏差，提高决策全面性、系统性。科技前瞻作为融合科学、技术、政策的一项贯通式研究，仅凭数据分析容易造成信息缺失，因此，在客观资料分析的基础上更需要融合专家智慧，融合贯通形成高质量的解决方案。智库"主客观结合"为科技前瞻中数据与专家高度融合提供指引，做到专家参与、融合贯通。

新一代信息技术的空前发展为科技前瞻提供了大量事实依据，通过数据采集、文本分析、数据挖掘、机器学习等情报分析方法，在项目遴选标准下形成基于客观资料分析的科技发展重点问题研判。这是基于事实资料的客观分析。同时，为充分发挥专家的聚智作用，科技前瞻还应以德尔菲问卷、专家访谈、集中研讨等形式，充分征求科技专家、战略专家、政策专家专业化主观判断意见，通过不断迭代，尽可能形成共识，实现交互创新。当基于资料客观筛选得到的重大方向与专家研判存在分歧时，需要反复迭代，以形成对未来科技发展重点的共识。例如，欧盟在开展"面向未来的100项重大创新突破"的研究中，同样采用了客观与主观相结合的综合研判，既通过来自22个不同欧盟国家的35位专家的访谈聚焦分析欧洲视角下未来全球价值网络，也通过机器学习算法确

定全球价值网络中大量潜在的技术创新，再基于两方面研判的交互迭代形成 100 项重大创新突破。

7 把握"政策模拟"要虚实映射，优化方案

智库研究中政策模拟的开展将有助于为决策者提供有科学依据、数据支撑、模拟运算、专家参与的决策支撑。国家智库开展科技前瞻研究是国家科技布局的重要决策支持，具有强烈的政策实用性，这就要求科技前瞻解决方案在布局前就可能产生的经济社会影响开展充分的评估和论证。智库"政策模拟"为科技前瞻开展政策评估提供了从机理到数据再到方法的体系化支撑，指导科技前瞻通过虚实映射，开展立足历史、把握当前、预判未来的政策模拟分析，优化解决方案。

政策模拟是现实世界实践的一种形式化描述和体现，反映问题相关的应用因素及其相互作用，是客观事物运行规律和变化发展趋势的刻画。科技前瞻中的政策模拟工作，建立在科技发展对经济社会影响的作用机理分析之上，并将机理映射为结构化方程，搭建科技前瞻的虚拟实验环境，衡量在一定资源约束下不同科技发展政策选择将对经济、社会、自然产生的系统性影响，从而为科技发展布局能否满足经济社会发展需求提供定量的优化评估结果，为科技前瞻决策提供预测未来的决策参考。在这个过程中，双螺旋法机理分析是政策模拟模型构建的"骨架"，数据采集则为模型参数计算提供数据支撑。

8 把握"循环迭代"要反复研讨，汇聚共识

智库研究的循环迭代体现了认知的不断迭代和跃升过程，是人类认知的内在规律。科技前瞻作为一个大规模复杂智库研究问题，需要反复迭代，综合协调科学家、政策专家、产业专家等相关方的判断和意见，尽可能达成共识。智库"循环迭代"引导科技前瞻在机理分析、数据分析、综合研判等各环节开展问题检视，在循环迭代中反复研讨，汇聚共识。

在科技前瞻中，为充分吸收融合各学科、各领域专家知识，提高研

究质量，需要在DIIS和MIPS各环节，分别组织多种类型的研讨会，通过内外部专家研讨，发现问题，循环迭代，凝聚共识。在研究组内部，开展多层次、经常化交流研讨是循环迭代的重要抓手。在"面向2050年的科技发展战略研究"中，中国科学院规划局组织开展了多个层次的交流研讨，包括集中交流研讨、专题研讨、研究层面交流研讨、研究组之间研讨等。同时，为更加充分借助外部专家的智慧，做出具有引领性、战略性、全局性、共识性的前瞻研判，在"面向2050年的科技发展战略研究"中，中国科学院规划局组织了30位评议专家和50位研究组专家，对资源环境、战略高技术、生物科技等领域的科技发展战略研究开展评议，评议专家对报告总体情况、创新点、存在的问题进行了评议，提出了许多建设性意见和建议。评议结果反馈至相关研究组，形成循环迭代的闭环，提高研究成果质量。

9 把握"人机结合系统"要敏捷响应，科学决策

在智库研究中，人机结合系统辅助研究者、专家、决策者开展科学研判，形成决策方案。在新一轮科技革命和产业变革影响下，科技发展日新月异，快速的科技态势演化要求构建具有高度敏捷性的科技前瞻人机结合系统，实现科技前瞻从静态向稳态的转变，提高决策时效性。智库"人机结合系统"是科技前瞻实现"数据+平台+专家"的贯通，做到敏捷响应、科学决策的重要指引。

借助新一代信息技术，科技前瞻的"人机结合系统"需要将科技前瞻研究全流程涉及的数据收集、机理分析、政策分析、政策模拟等各关键环节产出开展综合集成，形成具有人机交互功能的决策支持平台，为决策者提供有科学依据、数据支撑、专家参与的辅助支持。例如，自2007年以来，日本科技政策研究所一直在开发和运营KIDSASHI系统，该系统作为知识驱动型决策支持系统，每天采集全球范围内300多个大学和机构发布的报告，使用AI机器学习系统分析并编写文章，在KIDSASHI网站公开发布，为科技前瞻提供决策支持。

10 把握"智库产品质量管理"要质量为核，贯穿始终

智库产品质量是智库的核心竞争力，是智库长期发展的生命线。智库开展科技前瞻的重要职能是为国家科技发展布局提供智力支撑，这对科技前瞻的质量提出了科学性、战略性、系统性等多维度要求。智库"智库产品质量管理"引导科技前瞻以问题导向、科学导向、证据导向为抓手，做到质量为核，贯穿始终。

在科技前瞻中，智库产品质量管理始于问题研究，终于解决方案，贯穿于研究的各个环节。在启动阶段，科技前瞻应厘清科技问题作用机制，聚焦国家战略，明确目标规划、任务分解、研究重点。例如，在"面向 2050 年的科技发展战略研究"中，路甬祥院长多次参加课题研讨，系统阐释路线图研究的重要性、必要性和可能性，有力促进了工作的深入开展。在执行阶段，在每个关键时间节点，总体组和综合组需对各专题组的阶段性成果加以评估，循环迭代，把握项目进度。在结题阶段，对科技前瞻研究设立之初所提出的项目需求和研究目标进行再审视，确保研究成果和科技战略布局的政策建议紧密服务于研究需求，并从问题界定、判断依据、现有基础、突破时间、支撑条件等多个维度展开报告撰写，形成专题研究报告，形成面向决策部门的、有针对性的咨询建议，为决策提供科学参考。例如，在中国科学院组织开展的"面向 2050 年的科技发展战略研究"中，形成了"1 个主报告 +18 个分报告"的系列公开研究报告，并基于研究成果形成若干政策建议报告，许多观点和研究成果为政府决策部门、研究机构、企业和社会组织所采纳，充分发挥了科技前瞻对国家科技战略布局的服务支撑作用。

本文作者

吴　静　中国科学院科技战略咨询研究院

科技评估的双螺旋法测度
——基于科技评估的研究流程、实施步骤、主要特征研究

刘慧晖　杨国梁

科技评估，又称科学技术评估或科技评价。根据科技部、财政部、国家发改委 2016 年发布的《科技评估工作规定（试行）》，科技评估是政府管理部门及相关方面委托评估机构或组织专家评估组，运用合理、规范的程序和方法，对科技活动及其相关责任主体所进行的专业化评价与咨询活动，旨在优化科技管理决策，加强科技监督问责，提高科技活动实施效果和财政支出绩效。科技评估活动最早兴起于 20 世纪初的美国国会服务部，该部门所开展的与科技有关的研究、分析和评估被认为是科技评估的雏形。随后，法国、日本、加拿大、德国等国家先后开展科技评估活动，并建立了相应的评估机构。我国从 20 世纪 90 年代初开始，在科技部和各地方科技管理部门的推动下，开展了不同层次的科技评估活动。目前，科技评估已成为科技管理的重要组成部分，在优化科技资源配置、提高科技管理决策水平、创造良好科技创新生态等方面发挥着日益重要的作用。在此背景下，如何科学合理地开展科技评估成为提高科技管理质量的关键。

科技评估问题所需的信息和知识量非常广泛，是涉及经济学、社会学、系统工程、自然科学、统计学等多学科领域的综合性研究，具有智库问题的典型特征。双螺旋法作为开展智库问题研究的方法乃至范式，从研究过程到研究内涵，提供了解决智库问题的全过程指导，将科学性深刻贯穿于其研究环节中。为此，本文从双螺旋法出发，对科技评估这

一智库问题的研究过程进行思考，总结归纳双螺旋法测度下科技评估的"五项研究流程""五个实施步骤"和"三个主要特征"（图1）。

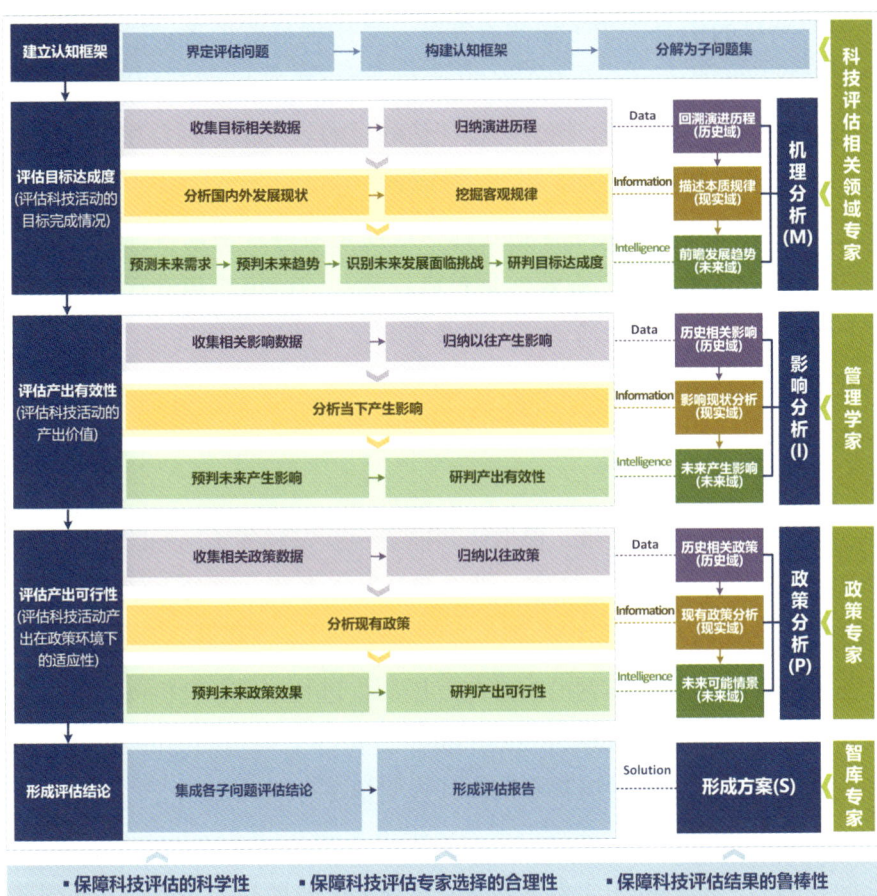

图1　双螺旋法测度下科技评估的研究逻辑图

1　双螺旋法测度下科技评估的"五项研究流程"

根据双螺旋法，在面对科技评估问题时，应从问题本质出发，以循证为根本依据，采用DIIS过程融合法和MIPS逻辑层次法，形成相应的评估结论，主要包括建立认知框架、评估目标达成度、评估产出有效性、评估产出可行性、形成评估结论五项研究流程。

一是建立认知框架。首先对科技评估问题进行全面认识，主要内容包括：界定评估问题，明确科技评估的目的、对象等要素，确定科技评估需要满足的信息需求（如政府官员、科研项目资助者、科研机构管理者、科研人员、社会公众等的需求），在此基础上界定科技评估问题的边界；构建认知框架，结合科技评估的目的、对象、利益相关者需求等，围绕目标达成度、产出有效性、产出可行性三个方面构建科技评估问题的认知框架，其中评估目标达成度是对科技活动目标的完成情况进行评估，评估产出有效性是对科技活动的产出价值进行评估，评估产出可行性是对科技活动产出在政策环境下的适应性进行评估；分解为子问题集，结合学科领域划分、专家经验、现有的知识将科技评估问题分解为一组可操作的子问题集（确保各子问题已经具体到各学科领域）。

二是评估目标达成度。根据认知框架，首先对各子问题的目标完成情况进行评估，主要内容包括：收集目标相关数据，围绕分解形成的子问题集，全面收集关于目标完成情况的各类资料；归纳演进历程，结合收集的资料，对各子问题的演进和发展历程进行回溯；分析国内外发展现状，梳理各子问题的国外发展形势，分析各子问题的国内发展现状；挖掘客观规律，在演进历程和国内外现实情况分析的基础上，归纳各子问题发展的本质规律；预测未来发展需求，结合经济社会的发展重点，前瞻预判各子问题的未来发展需求；预判未来发展趋势，结合发展规律和需求分析，前瞻预判各子问题的未来发展趋势；识别未来发展面临的挑战，结合各子问题的发展现状、未来发展需求和趋势，分析各子问题未来发展可能面临的挑战；研判目标达成度，结合上述分析，对照预定目标，评估各子问题的目标达成度。

三是评估产出有效性。在目标达成度评估的基础上，对科技活动的产出价值进行评估，主要内容包括：收集相关影响数据，围绕分解形成的子问题集，收集各子问题以往产生影响的资料；归纳以往产生影响，结合收集的资料，对各子问题以往产生的影响进行归纳分析；分析当下产生影响，分析各子问题的产出在当下对经济、科技、社会、安全等的正、负面影响，明确各子问题的利益相关方；预判未来产生的影响，前瞻预判各子问题的产出未来可能产生的影响；研判产出有效性，在上述分析的基础上，研判各子问题产出的价值，评估产出的有效性。

四是评估产出可行性。在目标达成度和产出有效性评估的基础上，对科技活动产出在政策环境下的适应性进行评估，主要内容包括：收集相关政策数据，围绕分解形成的子问题集，收集各子问题以往涉及的政策；归纳以往政策，结合收集的资料，对各子问题以往涉及的政策进行归纳分析；分析现有政策，在现有政策层面上，对各子问题产出在加入政策变量后的干预效果进行分析；预判未来政策效果，预测未来不同情景下对各子问题产出在加入不同的政策变量后可能产生的政策干预效果；研判产出可行性，在上述分析的基础上，对各子问题产出的可行性进行评估。

五是形成评估结论。在上述研究的基础上，形成科技评估结论，主要内容包括：集成各子问题的评估结论，对各子问题目标达成度、产出有效性、产出可行性的评估结论进行集成，并提出未来发展重点的建议；形成评估报告，基于集成的评估结论，形成完整的科技评估报告，该报告中既包括对科技评估对象目标达成度、产出有效性、产出可行性的评估结论，也包括对科技评估对象未来发展重点的建议。

从研究流程来看，"评估目标达成度"对应 MIPS 的机理分析环节：收集目标相关数据和归纳演进历程是 MIPS 机理分析对历史域的作用，对应 DIIS 的收集数据；分析国内外发展现状和挖掘客观规律是 MIPS 机理分析对现实域的作用，对应 DIIS 的揭示信息；预测未来需求、预判未来趋势、识别未来发展面临的挑战、研判目标达成度是 MIPS 机理分析对未来域的作用，对应 DIIS 的综合研判。"评估产出有效性"对应 MIPS 的影响分析环节：收集相关影响数据和归纳以往产生的影响是 MIPS 影响分析对历史域的作用，对应 DIIS 的收集数据；分析当下产生的影响是 MIPS 影响分析对现实域的作用，对应 DIIS 的揭示信息；预判未来产生的影响和研判产出有效性是 MIPS 影响分析对未来域的作用，对应 DIIS 的综合研判。"评估产出可行性"对应 MIPS 的政策分析环节：收集相关政策数据和归纳以往政策是 MIPS 政策分析对历史域的作用，对应 DIIS 的收集数据；分析现有政策是 MIPS 政策分析对现实域的作用，对应 DIIS 的揭示信息；预判未来政策效果和研判产出可行性是 MIPS 政策分析对未来域的作用，对应 DIIS 的综合研判。"形成评估结论"对应形成方案环节。

2 双螺旋法测度下科技评估的"五个实施步骤"

为使双螺旋法测度下的科技评估更好地应用于实践，下面结合研究流程中所需的数据资料、方法工具、领域专家，对五项研究流程的实施步骤进行阐述。

建立认知框架的实施步骤。界定评估问题：结合现有知识，对科技评估问题涉及的领域进行分析，初步界定科技评估的目的、对象、需要满足的信息需求。在此基础上，邀请科技评估问题相关领域的专家召开专家座谈会，结合专家的智慧、经验对科技评估问题的边界进行界定。构建认知框架：分析科技评估问题涉及的领域，对科技评估问题进行初步分解，召开专家座谈会确定科技评估问题的认知框架。分解为子问题集：将科技评估问题分解为一组可操作的子问题集，确保分解后的子问题可以直接运用学科领域的知识开展研究。

评估目标达成度的实施步骤。收集目标相关数据：围绕分解形成的子问题集，利用文献调研、问卷调查、访谈调查等方法，全面收集各子问题相关的文献资料、调查资料、访谈资料、统计资料等。归纳演进历程：结合收集的资料，通过回溯分析、引文分析等方法，系统归纳各子问题的演进历程。分析国内外发展现状：通过因子分析、共现分析等方法，对各子问题的国外发展形势进行分析，总结各子问题的国内发展现状。挖掘客观规律：在演进历程和国内外现实情况分析的基础上，归纳各子问题发展的规律。预测未来发展需求：邀请科技评估问题相关领域的专家进行研判，利用德尔菲法，结合经济社会发展的重点，开展各子问题未来发展需求的前瞻预判分析。预判未来发展趋势：邀请科技评估问题相关领域的专家，利用专家评议法，在上述研究基础上预判各子问题的未来发展趋势和方向。识别未来发展面临的挑战：结合各子问题的发展现状、未来发展需求和趋势，确定各子问题在目标达成度上面临的挑战。研判目标达成度：在上述分析的基础上对各子问题的目标达成度进行评估。

评估产出有效性的实施步骤。收集相关影响数据：围绕分解形成的子问题集，利用网络调研、访谈调查等方法，收集各子问题以往产生影响的研究报告、案例资料、访谈资料等。归纳以往产生的影响：结合收集的资料，利用信息抽取、类比学习等方法对各子问题以往产生的影响进行归纳。分析当下产生的影响：围绕科技评估对象，通过回归分析、聚类分析等方法，分析当下各子问题产出对经济、科技、社会、安全等产生的影响，明确利益相关方。预判未来产生的影响：利用趋势外推法、博弈法等方法，邀请管理学专家前瞻预判各子问题产出未来可能产生的影响。研判产出有效性：在上述分析的基础上，邀请管理学专家对各子问题产出的有效性进行评估。

评估产出可行性的实施步骤。收集相关政策数据：围绕分解形成的子问题集，利用文本分析、访谈调查、网络数据采集等方法，收集各子问题以往产生影响的研究报告、案例资料、访谈资料、政策文本等。归纳以往政策：结合收集的资料，利用文本聚类等方法对各子问题以往涉及的相关政策进行归纳。分析现有政策：利用主成分分析、案例研究等方法，邀请政策专家在现有政策层面上对各子问题产出的政策干预效果进行分析。预判未来政策效果：利用情景分析、证据推理等方法，邀请政策专家预测未来不同情景下对各子问题产出加入不同的政策变量后可能产生的政策效果。研判产出可行性：在上述分析的基础上，邀请政策专家对各子问题产出的可行性进行评估。

形成评估结论的实施步骤。集成各子问题评估结论：在上述评估的基础上，利用标杆评比、多属性决策等方法，邀请智库专家参与，集成各子问题目标达成度、产出有效性、产出可行性的评估结论，并结合面临的问题提出未来发展方向的建议。形成评估报告：根据集成后的评估结论，形成完整的科技评估报告。

3 双螺旋法测度下科技评估的"三个主要特征"

经过多年的实践和发展，我国科技评估工作取得了一系列的成绩，但在科技评估过程中仍面临一些重要的问题，如科技评估的科学性、专家选择的合理性、评估结果的鲁棒性有待提高。双螺旋法测度下的科技评估可以很好地解决现有科技评估中面临的问题，具体体现为以下三个方面的特征。

双螺旋法为科技评估的科学性提供依据。评估方法是科技评估科学性的关键，如何选择合适和有效的评估方法是科技评估中面临的重要问题。双螺旋法测度下的科技评估给出了在不同环节所应选择的方法，形成科学的证据支撑科技评估的结论。例如，在评估目标达成度时，需要使用回溯分析法、因子分析法、德尔菲法等方法进行评估；在评估产出有效性时，需要利用信息抽取法、回归分析法、趋势外推法等方法进行评估；在评估产出可行性时，需要利用文本聚类法、主成分分析法、情景分析法等方法进行评估；在形成评估结论时，需要利用标杆评比法、多属性决策法等方法给出结论。

双螺旋法为科技评估专家选择的合理性提供支撑。科技评估专家的选择对于评估结果具有重要影响，如何在科技评估各环节合理选择相应的专家是科技评估中的重要问题。例如，科技评估不仅需要评估某一举措的价值意义或影响，还要评估该举措在实际中的可行性，这其中需要管理学专家和政策专家的密切配合。同时，科技评估问题作为复杂的智库问题，也需要富有敏锐前瞻力和多学科背景的智库专家给出综合判断。双螺旋法测度下的科技评估阐释了不同环节所应选择的专家。例如，在评估目标达成度时，需要科技评估问题相关领域（如自然、社会、管理、工程、技术等）的专家参与；在评估产出有效性时，需要管理学专家的参与；在评估产出可行性时，需要政策专家的参与；在形成评估结论时，需要智库专家面向未来作出综合判断。

双螺旋法为科技评估结果的鲁棒性提供保障。随着科技的快速发展、科学研究领域的不断拓宽和科技活动规模的日趋庞大，科技活动面临的不确定性因素日益增多，进一步增加了科技评估结果的不确定性。双螺旋法测度下的科技评估邀请政策专家，预测在未来不同条件下对科技活动产出在加入不同的政策变量后可能产生的政策效果，充分考虑未来可能的不确定性，确保科技评估结果的鲁棒性。

随着科技活动的广泛开展，科技评估的对象呈现出多样化的趋势。例如，科技活动的全过程涉及科技活动的预期目标、科技投入、科技活动过程、科技产出、科技活动结果，相应的科技评估对象分别为科技计划或规划评估、科技投入评估、科技活动的实施过程评估、科技产出评估、科技活动带来的社会与经济影响评估。再如，从科技活动涉及的事物来看，科技评估的对象包括科技人才评估、科研机构评估、科研项目评估、科技政策评估等。双螺旋法测度下的科技评估适用于解决上述各类科技评估问题，在实际评估过程中需结合评估对象，确定评估问题规模，明确具体操作步骤及评估指标，遴选合适的专家及方法工具，组建专业化工作团队开展评估活动，进一步提高科技评估的科学性，为优化科技资源配置、提高科技管理决策水平提供支撑。

本文作者

刘慧晖　中国科学院科技战略咨询研究院

杨国梁　中国科学院科技战略咨询研究院

运用双螺旋法指导科技重大咨询选题

万劲波　袁　秀　李培楠

双螺旋法是推动决策咨询科学化的基础性智库理论与方法。运用双螺旋法指导重大咨询选题工作，首先要清晰界定、透彻解析拟开展咨询研究的问题域和方向，明确选题的导向、原则与程序；其次组织相关院士专家对具有决策咨询价值的机理（M）问题、影响（I）问题、政策（P）问题及方案（S）问题等各类咨询选题进行选题征集，广泛调研和研讨问题的融合与还原，明确咨询评议要实现和达到的目标，即为什么要研究（决策需求、价值导向）、值不值得研究（必要性）、能不能研究及怎样研究（科学性、可行性）等，找准咨询研究的"小切口"，确保选题论证过程科学、充分、可行，最终遴选出适合院士群体开展的咨询选题。

科技重大咨询选题是指有关科技发展和科技促进发展的重大咨询选题。本章以中国科学院《学部咨询评议项目选题指南》研究编制为例，探索运用双螺旋法指导重大咨询选题，遵循问题导向，基于证据和科学原则开展选题工作，并取得较好效果。中国科学院学部成立于1955年，是国家在科学技术方面的最高咨询机构，负责对国家科学技术发展规划、计划和重大科学技术决策提供咨询，对国家经济建设和社会发展中的重大科学技术问题提出研究报告，对学科发展战略和中长期目标提出建议，对重要研究领域和研究机构的学术问题进行评议。学部咨询评议工作委员会（以下简称"咨委会"）是学部主席团下设的专门委员会之一，负责组织和领导学部的重大咨询评议工作，由主任、副主任和各学部若干位院士组成^①。

为加强学部咨询评议工作顶层设计，深入推进科技智库建设，咨委会每年组织和研究编制《学部咨询评议项目选题指南》（以下简称《指南》），重点围绕党和国家决策需求，广泛征集适合院士群体发挥专业优势的选题，供各委员会和全体院士参考。学部咨询研究支撑中心（以下简称"咨询中心"）是科技战略咨询研究院专门支撑学部咨询评议工作的研究单元，具体组织实施《指南》研究编制。

1 遵循"供需对接、双向驱动"的选题导向

2018 年 5 月，习近平总书记在两院院士大会上的重要讲话中明确要求，"要继续发挥院士群体的智力优势，开展前瞻性、针对性、储备性战略研究，提高综合研判和战略谋划能力，提出专业化、建设性、切实管用的意见和建议"^②。2021 年 5 月，习近平总书记再次强调，"强化两院的国家高端智库职能，发挥战略科学家作用，积极开展咨询评议，服务国家决策"^③。围绕党中央、国务院重大关切，服务党和国家决策需求是学部咨询工作的出发点和落脚点。

选对题是开展重大咨询的逻辑起点。学部咨询选题以党中央、国务院决策需求为牵引，重视发挥院士群体的专业优势。智库构建公共政策问题，通常包含"问题感知—问题搜索—问题界定—问题陈述"四个步骤。

学部咨询评议项目与院士专家咨政建言是典型的多部门关注、多利益主体参与、多学科专家支持的综合性对策研究，具有复杂智库问题研究的典型特征，即学科交叉性、社会影响性、相互关联性、创新性、政

① 学部咨询评议工作委员会介绍 [EB].http://casad.cas.cn/xbjs/zzjg/xbzxpygzwyh_124262/
② 习近平.在中国科学院第十九次院士大会、中国工程院第十四次院士大会上的讲话 [N].人民日报.2018 年 05 月 29 日 02 版
③ 习近平.在中国科学院第二十次院士大会、中国工程院第十五次院士大会、中国科协第十次全国代表大会上的讲话 [N].人民日报.2021 年 05 月 29 日 02 版

策实用性和不确定性等特点，适合以双螺旋法为指导。智库双螺旋法始于研究问题、终于解决方案，包含"解析问题—融合研究—还原问题"的外循环过程，以及MIPS逻辑层次法和DIIS过程融合法两个相互嵌合、循环迭代的内循环过程，在"科学思想"与"科学决策"之间架起了相互沟通的桥梁：从"需求侧"判断是否具有决策咨询价值，是否属于科学决策需要关注的政策问题；从"供给侧"考虑智库能不能提供解决问题所需要的信息与解决方案，有利于发挥决策者、智库及情报机构等优势。按照"服务决策、适度超前"原则，围绕"事关科技发展"和"科技促进发展"的全局及长远问题凝练选题，开展基于科学和证据的战略研究和咨询评议，促进科学咨询和循证决策。

（1）从"科学思想"供给侧看，主要是知识驱动，以院士和科学家群体为主。中科院院士是国家设立的科学技术方面的最高学术称号，从全国最优秀的科学家中选出，为终身荣誉。依据《中国科学院院士章程》，院士享有"参加咨询评议工作、对国家科学技术重大决策提出建议"的权利。学部咨询重视选准科技领域及科技促进发展领域事关国家战略需求的重大选题，以便发挥院士群体的前瞻性、科学性、专业性、严谨性优势，准确研判国际国内科技发展趋势。在前期相关研究DIIS的基础上界定咨询问题，重点是机理分析（M）和影响分析（I），侧重问题解析与融合，为后续政策分析（P）和解决方案（S）提供科学基础。

（2）从"科学决策"需求侧看，主要是问题拉动，以决策者和政策专家为主。围绕党和国家关注的重大战略问题，人民群众关心的切身利益问题，即决策者关心的事、需要决策者关心的事、决策者关心才能解决的事，选准适合院士群体咨询评议、事关科技促进发展的重大选题。在前期相关研究DIIS的基础上界定问题，重点是政策分析（P）和预期的解决方案（S），侧重问题还原，为开展机理分析（M）和影响分析（I）提供目标牵引。

（3）从国际经验看，典型智库均建立了供需结合的选题机制。智库结合自身的使命定位、领域和区域优势，结合现实及潜在的决策需求，综合确定咨询选题。

2 遵循"分类推进、动态优化"的选题程序

开展重大咨询评议工作，要发挥院士群体的专业优势，重视院士专家的多样性和均衡性，通过不同方法获得广泛证据，尽量集成多学科、跨学科的咨询评议意见，补充和丰富现有认识，重视合理的科学分歧与科学不确定性，确保建议客观、科学、中立。

学部咨询选题主要从国家战略需求、决策需求及重大现实问题出发，基于综合研判和战略谋划，开展前瞻性、针对性、储备性战略研究，进而提出专业化、建设性、切实管用的意见和建议。随着国际国内发展形势的变化，科技发展和科技促进发展出现了新趋势，科学决策面临一系列新问题。学部咨询立足学部在科学技术方面的综合优势和专业特色，根据科技和经济社会发展变化做出适应性反应，发掘新领域、新方向、新课题，更好服务科学决策。

学部咨询评议项目按照重大、重点和面上分类部署，主要开展三方面咨询评议：一是战略性、政策性问题，把握大势、抢占先机，为党中央、国务院提供更多高水平的决策咨询报告；二是前瞻性、储备性问题，为我国经济社会尤其是科技发展和改革提供科学依据；三是应急性、焦点性问题，为社会反映强烈和人民群众关心的突出问题提出解决方略。相应地，选题也是从需求侧、供给侧、供需结合三方面分类推进（表1）：

表1 分类推进学部咨询评议项目选题研究工作

选题来源		选题方法
需求侧	重大战略与政策（PS）	习近平总书记系列重要讲话、党中央和国务院政策文件、《政府工作报告》、重要会议精神等
	国家战略需求（S）	交办任务、需求分析、情报检索、部门及实地调研等
	应急任务（S）	交办任务、自主部署等

续表

选题来源		选题方法
供给侧	热点难点问题（MIP）	舆情分析、自主部署、文献调研、自由申报等
	选题谋划（MIP）	重大项目谋划、储备与更新、预研项目等
供需结合	选题征集（MIPS）	专家访谈、专题研讨等
	持续支持（MI）	前期项目跟踪与影响评估

　　基于遵循供需双向驱动的选题导向和服务科学决策的四项选题原则，2022年的咨询选题工作进行了程序创新，更加重视以服务党中央、国务院决策需求为牵引；更加重视选准适合院士专家开展的选题；更加重视发挥学部的开放优势，加强面向国内国际的开放合作；更加重视发挥科技战略咨询研究院综合集成平台作用，确保中国科学院学部最高咨询机构的咨询工作代表国家队水平；更加重视产出导向，从选题开始就要考虑预期的成果产出。2021年6月，咨询中心和咨询处共同确定了《指南》研究编制工作方案。7月，咨委会七届二次会议专题研究了2022年《指南》的相关工作，听取了咨询中心关于国外咨询机构选题调研情况以及《指南》研究编制工作方案的汇报，并给予了指导。8—9月，咨询中心和咨询处共同确定《指南》选题框架，广泛征集选题建议。30余位智库机构、情报机构负责人及企业家、政策专家结合国家需求和院士优势提出近100条选题建议。咨询中心在研究国家政策的基础上提出30余条选题建议。9月，咨委会七届三次会议听取了10多个部委顾问近40条建议（需求侧），6个学部常委会的近30条选题建议（供给侧）。10—11月，咨询中心收集整理各方面选题建议，形成《指南》初稿，召开两次特聘研究员研讨会，结合国际动态跟踪分析和学部近三年立项情况，在近200条建议基础上形成《指南》审议稿。12月，咨委会七届四次会议听取了咨询中心《指南》审议稿汇报，原则通过《指南》，请工作机构根据咨委会意见进行完善，同意完善后提交学部主席团审议。工

作机构进一步完善《指南》并吸纳了主席团顾问意见，提交学部主席团审议。

3 遵循"适度超前、服务决策"的选题原则

决策咨询的选题过程，同时也是政策问题（元问题）的构建过程。一个现实的决策需求（问题域）往往会有一个或多个政策问题（元问题），从决策需求出发，对政策问题展开搜索，将政策问题凝练并框定在某一具体问题域之中，该过程是连续、反复地探究问题、凝练选题的过程。能否正确地构建政策问题，直接影响后续的机理分析（M）、影响分析（I）、政策分析（P）。只有正确构建、解析、融合、还原政策问题，提出的解决方案（S）才有效用和意义。如果政策问题构建/确定失误，即使研究方案制定得再完美，政策问题也无法得到有效解决，相关建议会误导决策。因此，选题过程中要反复提炼、甄别政策问题。当初步确定问题域后，需要对问题进行"解析—融合—还原"，才能找到问题的切入点（选题）。

双螺旋法在选题上的应用，始于研究方向的研判、研究问题的识别与界定，终于《指南》。在政策问题构建的过程中，每个阶段都受到个体的差异、信息干扰等，需要 DIIS 过程，充分收集公共问题相关的数据，全面了解情况，精确感知公共问题，并科学地界定政策问题，使主观的政策问题构建趋向科学、客观。解析的基本原则是"大问题—小切口—能落实"。"大问题"是指需要国家决策关注的问题，具有复杂性、科学性，包含许多子问题；"小切口"是指需要有解决问题（元问题）的切入点（选题），智库从众多复杂交织的问题中筛选出一系列具有共同属性、规律和表征的问题，往往具有相似性或同类型的解决办法；"能落实"是指对该切入点（选题）经过深入研究后，预期可以提出精准管用的解决方案（S）。因此，遵循 MIPS 逆向逻辑和"适度超前、服务决策"的选题要求，形成四项原则：

（1）需求导向（S）原则，服务决策需求是咨询选题的逻辑起点。当

我们面对决策需求时，首先需要明确政策问题（元问题）的情景，基于情景分析判断选题价值，如是否属于值得决策者关注的社会问题或现象，急迫性问题或突发事件，公众感知到的机遇或威胁，但政策问题（问题域）往往无法清晰界定，需要厘清问题实质，综合判断在已经出现或者将会出现的众多问题中，哪个问题应当成为政策问题（元问题）。思考为什么会出现这些问题、这些问题的严重性程度如何、波及的范围和发展趋势如何等。明确需求原则，具体可以"政府做什么、为什么这么做、这样做有何影响和作用"为分析框架，通过对供给或监测得来的社会现象/事务、突发事件、自然环境等选题数据（D），并在各类数据中过滤重复、虚假和错误的数据，提取有效选题信息（I），分析相关数据关系及变化趋势，研判政策问题的影响（I）及利益相关者，就"什么样的角色对政府来说是必要的""政府承担什么责任""什么是政府需要考虑的优先事项"等问题进行讨论，凝练有决策咨询价值的选题，确保预期的解决方案（S）切实可行。

（2）政策导向（P）原则，咨询选题的预期目标是改进政策制定和实施。决策者做任何决策都是基于现有政策基础之上的决断、创新与改进。选题研讨如果抛开现有政策来谈，必然缺乏针对性，甚至可能出现研究的问题与提出的对策政策已有解决的尴尬情况。只有进行详尽的政策分析，才能摸清相关政策法规的详细情况，细致地梳理出当前哪些方面属于已经有政策而且在执行中取得了较好效果，哪些方面属于已有政策但未得到很好的执行，哪些方面属于已经有政策但政策本身不合理或存在落实阻碍，哪些方面属于需要出台新的政策等，更有的放矢地识别切入点（选题），提高建言献策的有效性、可行性。因此，《指南》研究编制，必须熟悉党中央、国务院重大决策部署，如中央经济工作会议、政府工作报告等，从决策要求中凝练出一些咨询选题，而不是自己去设计咨询选题。

（3）重大影响（I）原则，决策咨询问题社会关注且有研究价值。决策者、公众、学术机构、社会团体、国际社会关注的问题特征和领域不同，学部咨询需要针对有重大影响的切入点，结合自身战略定位，响应不同主体的决策需求，针对不同服务对象设计不同的主题、智库产品及咨询服务。学部要服务好国家决策，同时还有责任回应公众、科技界以及国际社会的关切。如面向公众的议题有健康医药、行为与社会科学、环境、信息等；面向科技界的议题有科学革命、技术革命、教育、人才培育等；面向全球治理的议题有气候变化、生物及生命科学、健康医药、科技政策、食物及营养等。不同主体的关切往往会进入政府的考量范围，"那些被决策者选中或决策者感到必须对之采取行动的要求构成政策议程"，智库服务决策需要广泛识别重要的、有决策咨询价值的政策问题。

（4）科学研判（M）原则，决策咨询问题需要科学支撑且科技能助力解决。科学研判原则要求持续关注以科学为基础的领域。学部咨询应结合自身优势，响应决策需求，以科学发现和科学思想服务科学决策。一些全球型智库都有自己的专业特色。作为最高科学技术咨询机构，学部有责任提供需要决策者关注的科技前沿信息及科技发展规律。以科学家为主体的院士专家能在广泛的专业领域对科学决策进行咨询评议，除了常见的科技、教育、环境、食物、能源等领域外，在行为与社会科学、工业与劳动力、冲突与安全等领域也能发挥其功能。学部可以发挥科学优势，长期关注前瞻性、科学性选题，针对特定科技领域进行长期跟踪、深度融通研究，源源不断产出具有创新性、建设性、科学性、前瞻性、全局性和独立性的咨询建议。

4 遵循双螺旋法，综合集成形成《指南》

《指南》研究编制通过专题研讨、定向征集等形式，征集了多决策部门、多智库机构、多情报机构、多利益主体、多学科专家的选题建议。综合集成形成《指南》，本身具有复杂智库问题研究的典型特征，适合以双螺旋法为指导（图1）。

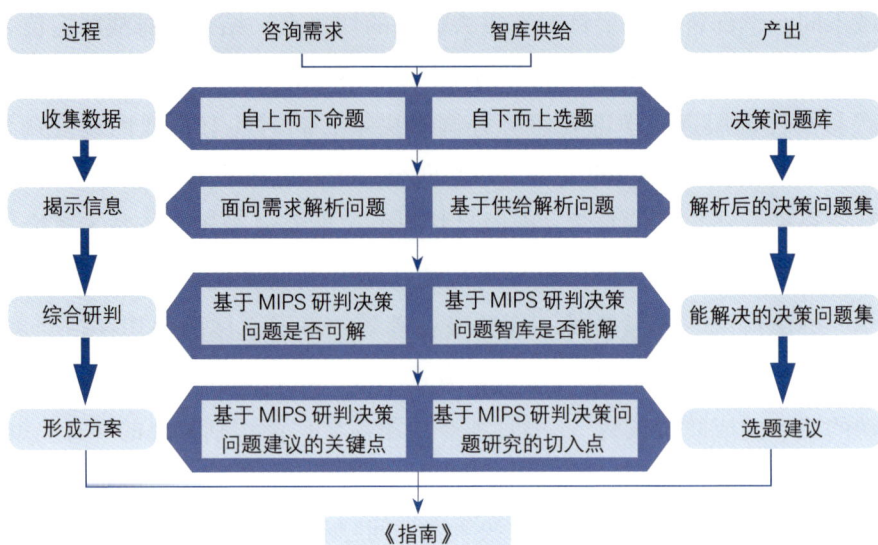

图 1　双螺旋法指导下的指南形成过程

（1）从选题来源上，包括自上而下"交办任务"和自下而上"自主部署"两种形式。"交办任务"是政府向智库机构交办的课题和任务，研究重点是如何落实中央的决策、形成具体可行的政策措施来推动大政方针的落实，决策的政策措施中有自主选题的研究空间，智库在政策落实方面研究具体举措。此外，智库机构可以结合自身优势对相关政策"自主部署"进行研究，服务国家战略政策的制定与实施。

（2）从问题领域来看，有两种知识生产模式。学科导向（知识生产模式1），选题常从问题所属学科来划分，如数学、物理、化学、天文、地理、生物、经济、历史、人文等领域；问题导向（知识生产模式2），选题常从问题所属主题来划分，如科技、经济、政治、社会、环境、教育、文化、卫生健康、军事等领域，需要多学科应对。

（3）从问题时间来看，从历史域、现实域、未来域三个层面展开。可以分为已经发生、正在发生、将来可能会发生；智库研究不仅要总结过去的经验教训、演化规律，还要关注当前的热点难点问题，更要关注未来的战略性、前瞻性问题。

（4）从问题区域范围来看，要有全球视野和本土视角。科技智库和学部咨询都需要全球本地化（Glocalization）。例如德勤成员机构网络已遍及全球超过 150 个国家和地区。

（5）从解决问题的角度看，要明确智库研究问题的层面。包括战略、规划、体制机制、政策、举措。有面向未来愿景的战略性、规划性政策研究，也有现有战略、规划、政策的评估，以及对拟出台战略、规划、政策的预判，有助于决策层深化对有关问题的科学认识，形成更加科学、客观、理性和精准的决策。

5 遵循"组织创新"，提高学部咨询整体效能

《指南》凝练了选题方向，还需要组织好牵头院士和支撑团队来明确问题的边界，确认问题的"切入点"，解析问题、融合问题、还原问题，进而综合集成各方面知识来解决问题。以《指南》应用为起点，发挥好双螺旋法贯通式指导作用，推动全过程组织创新，形成有理论深度、有数据支撑、符合我院科技智库发展特点和研究需求的智库研究范式，提高学部咨询成果质量和咨询评议整体效能。

（1）围绕学部咨询研究创新链全过程，细化咨询项目组织实施细则。以双螺旋法为指导，总结学部咨询研究的组织实施经验，制定适合院士开展咨询项目研究参考的组织实施细则。围绕"Q（问题界定与解析）—M（机理分析）—I（影响分析）—P（政策分析）—S（解决方案）—A（成果应用）"创新链，明确知识层及专家构成，完善全链条参与机制和责任机制。根据咨询项目类型，科学确定项目牵头人，合理组建综合组、专题组项目团队及支撑团队。

（2）针对不同的咨询项目类型，强化项目研究过程管理和质量管理。探索设立项目专员，全程参与项目设计、开题、中期、结题、上报研讨及专家评议、综合集成，专责质量管理，确保咨询评议质量。加强课题开题、中期、末期的专家评议与专题研讨，广泛听取选题专家、业内专家、政策专家、管理专家及相关部门和企业的综合意见，强化咨询研究

全过程评估和审核，确保课题质量优良。根据不同类型的咨询项目实施分类管理，及时报送给相关部门，拓宽研究成果报送渠道，尽量多地扩大研究成果的报送范围，最大程度地实现研究成果的应用价值。

在双螺旋法指导下，咨询中心初步建立起国家决策需求与院士群体知识供给相结合的选题模式，初步明晰了选题导向、选题原则和选题程序。未来将在咨委会、学部局、战略院指导下，做好《指南》研究编制工作，更好发挥《指南》的引导作用；将在总结《指南》作用和深入研究双螺旋法应用的基础上进一步完善选题导向、选题原则和选题程序；明确选题需求、选题目的、选题类型；规范选题来源、选题标准、选题方法；加强选题审核、选题确立、选题评价等工作；完善基于双螺旋法的咨询研究创新链管理与组织创新，提升学部咨询整体效能。

本文作者

万劲波　中国科学院科技战略咨询研究院

袁　秀　中国科学院科技战略咨询研究院

李培楠　中国科学院科技战略咨询研究院

基于双螺旋法的数字化
发展水平指标体系研究

刘昌新　吴　静

开展数字化发展水平指标体系研究是深化数字化发展的"坐标系"，是地方推进数字化建设的"比照卡"。科学指标体系必须有科学的理论作为根本性基础。数字化建设是一项牵扯多部门、多行业、多层次、多学科的系统工程，其发展水平评估工作也很复杂，需要系统性的理论方法加以支撑。由于目前尚缺少顶层设计、部门协作、社会参与和前期统计工作的支撑，这对开展数字化发展水平评估构成了挑战。在研究过程中，我们基于智库双螺旋法对整体工作的思维指导和过程操作指导，构建了具有问题导向、证据导向、科学导向的数字化发展水平指标体系。本文重点回顾总结双螺旋法在数字化发展水平指标体系构建中的应用，以强化规律性认识。

数字化发展水平指标体系研究严格遵循了双螺旋法的"解析—融合—还原"外循环模式。三级指标评估体系的建立是基于对数字化发展整体认识，逐层解析并确立指标细分维度而得，这是双螺旋法外循环的解析的过程；对于每个独立的子层级，都是一个子问题集，需要认真研判指标的合理性以及指标之间的逻辑关系等问题，这是融合研究；最后，需要从整体上汇总整个指标体系，确定各层指标之间的层次关系等，这就是还原问题。数字化发展水平指标体系构建过程则遵循双螺旋法的内循环模式，具体体现在以下几个方面。

1 双螺旋法下的数字化发展水平评估机理分析

数字化发展水平指标体系首先要明确评估目的和内容，这需要基于一个核心点，沿着一条主线，逐步分解细化问题，即双螺旋法强调的问题导向。数字化发展水平评估的目标是准确把握各地方数字化发展进程，助力实现高质量发展。评估的关键问题在于识别数字化发展核心组成部分，厘清数字化发展的内在逻辑关系，即要开展对数字化发展水平评估的机理分析。

研究以 MIPS 为逻辑推进，以 DIIS 方法为操作指导，详细调研收集国内外学术论文、政策文件、研究报告等资料（D），梳理总结了数字化发展的内涵和范畴（I），反复研究讨论（I），最终明确数字化发展的本质（S），可概括为：依托数字技术应用，加速数据流在经济社会各主体间的流动，消除信息不对称，提升知识复用，从而优化技术流、资金流、人才流、知识流的流通和优化配置，为数据价值的发挥提供新的空间。因此，数字化发展评估指标体系也应围绕上述本质，从多方面衡量经济社会各维度对数字技术和数据的利用程度。

从构成看，数字化发展是一个系统性工程。创新能力是数字化发展的根本保障，一方面支撑基础设施维度的数字技术创新，另一方面支撑数字技术在经济社会各领域融合应用。数字基础设施建设是数字化发展的根本保障，5G、物联网、边缘计算、云计算、大数据中心等新一代信息技术既提高了经济社会感知能力，也提高了各部分的连通性，实现人与人、人与物、物与物的跨时空连接。从数字化发展主体看，数字化发展主要包括政府、社会和经济三个部分。其中，经济数字化发展是数字技术应用创造新产业、新业态、新模式，驱动传统产业转型升级的载体；社会数字化发展是数字技术融入民众生活，驱动社会运行方式变革，满足人民日益增长的美好生活需求的载体；政府数字化转型是数字技术和数据要素广泛应用于政府治理，提高服务效能，是实现政府治理能力现代化的必然选择。此外，数字生态为各主体开展数字化发展提供安全有序的网络空间，以及营造良好的制度环境。因此，研究将数字化发展评估分解为数字基础设施、数字技术创新、数字经济、数字社会、数字政府、数字生态六个维度的综合评估，这也初步完成了 MIPS 方法中机理分析的重要任务，即确立了数字化发展水平指标框架体系的总体六维结构，它们相互支撑、相互依赖，构成一个有机整体。

2 双螺旋法下的数字化发展水平指标选取原则

在指标框架体系初步明确的基础上，具体采用哪些指标是下一步工作重点，也是双螺旋法科学导向的内在要求，更是 DIIS 方法中决定 D（收集数据）到 I（揭示信息）质量的关键环节。

基于数字化发展的六个评估维度，在指标体系逐级分解、细化和选取的过程中，还面临着逻辑性和实证性的双向矛盾挑战。从逻辑性看，下级指标的选取应充分考虑对上级指标的代表性；从实证性看，指标的选取需要充分考虑数据的可获得程度，以及选取指标在不同地区是否可比较、指标数据获取是否具有持续性等。因此，在指标细化过程中，为解决指标选取逻辑性与实证性上的矛盾，在指标选取中还需遵循以下 5 个基本原则。

（1）科学性原则。评估指标的选取应符合数字化建设的内涵与逻辑体系，选取最能反映数字化发展规律和发展水平的代表性指标。

（2）完备性原则。评估指标模型应能综合反映数字化建设的各主要组成部分，各分维度指标应涵盖其所属的主要领域，指标选取尽量完备。

（3）导向性原则。评估指标模型应对各省级行政单元有正确的导向作用，使之与国家战略方向和区域布局保持一致，并与地方发展实际相衔接。

（4）可行性原则。指标选取应兼顾数据可获得性，确保数据来源可信、数据采集主体明确，优选有长时序稳定数据来源的指标，保障量化评价工作切实可行、结果可靠。

（5）可比性原则。数字化发展水平评估指标体系应可进行横向与纵向多维度比较，为各级政府科学决策提供参考。特别是在国际可比性上，应尽可能与国际通行标准接轨。

3 双螺旋法下的数字化发展水平指标确定

指标选取需要遵循双螺旋法的问题导向，即在明确数字化发展水平评估体系六维结构的基础上，重点考虑每个维度应当重点评估哪些方面，以及具体采用什么考核指标更合适。这是双螺旋法的融合研究阶段，从过程融合视角看，最终指标的选取过程也遵循了 DIIS 方法中的"D（收集数据）—I（揭示信息）—I（综合研判）—S（形成方案）"过程。

在"D（收集数据）—I（揭示信息）"的过程中，研究首先整理分析了国内外重要的相关评估研究成果和政府报告，如美国塔夫茨大学的《数字经济演进指数》，欧盟的《数字经济与社会指数》（*Digital Economy and Society*, DESI），国内的《数字经济及其核心产业统计分类（2021）》《数字中国发展报告（2020 年）》《数字中国建设发展进程报告（2019 年）》《2019 数字政府发展报告》《2020 数字政府发展指数报告》等。基于这些数据（D），最终所形成的信息（I）是分类的指标库，作为本研究相关维度指标遴选的重要参考信息。

在研判分析（Intelligence）过程中，除了遵循指标选取的原则外，还需要理解和把握两个重点。从指标的评估功能看，指标需要能支撑数字化发展所处阶段和成效水平的评估。从指标的政策功能看，数字化发展的指标体系应当发挥两种功能。一是引导各地方解决问题，即通过指标发展测评引导各级政府解决数字化发展中的堵点。二是形成对各地方数字化发展的风向标引导，即指标应体现未来的主要发展方向。具体来看，指标的六个总体维度可以细化如下。

在数字基础设施维度方面：由于这部分国际国内的衡量指标相对成熟且基本一致，因此这部分主要借鉴国际经验。综合来看，国际上指标体系的构建逻辑是从基础设施发展全过程进行刻画，包括就绪度、使用强度、使用成效三个方面。因此，在数字基础设施维度下的指标中分别确定设施建设、网络普及、服务质量三个指标，其中，就绪度反映数字基础设施的建设情况，即可承载潜力，网络普及和服务质量分别评价数字基础设施的覆盖范围和实际使用情况。

在数字经济维度方面：数字经济是数字化发展评估的核心组成部分。数字经济涉及产业领域广，已有研究从多个不同角度对数字经济水平进行了测度，选取的测度指标丰富多样。从领域范围看，包括核心数字科技的产业化与不同产业的数字化，以及企业数字化转型等方面，相关指标涵盖产值、增加值、营业收入、就业、企业数等规模和占比等。因此，对数字经济的评估主要从两个方面展开：一是数字化产业发展水平，主要考量各区域数字经济核心（ICT）产业的产业规模、就业、投资等指标；二是产业数字化发展水平，主要考量各区域传统重点产业数字化转型的成效。

在数字社会民生维度方面：数字社会所涉及的领域相当广泛，涉及数字教育、数字医疗、数字出行、数字社交、数字娱乐、数字社保等具体领域以及数字城市、数字乡村、数字社区等物理空间。因此，衡量数字社会发展可从建设情况、普及程度、应用深度等方面来综合测度。

在数字政府服务维度方面：鉴于数字政府建设成效往往以公众主观感受为评价标准的特点，对数字政府服务的指标确定可以适当引入主观定性指标。为此，可参考已有研究选取的指标来定性刻画数字政府服务发展水平。

在数字技术创新维度方面：基于产业创新理论，数字技术创新能力主要表现为科技创新效率，即投入产出效率，产出既包括科技成果数量，也包括市场化应用效果。因此，可从各地区数字产业研发投入、成果产出和产业应用等3个方面进行指标测度。

在数字生态环境维度方面：已有研究主要关注数字生态方面的政策支持、营商环境等指标。通过对国家和地方政府的各类发展规划、法律法规、管理措施和工作方案等一系列文件的梳理发现，良好的数字生态环境意味着自由发展与规范管理的统一与平衡，应当构建动态健全的数字规则体系和包容审慎管理体系。因此，综合判断，数字生态环境应包含以下四个方面具体内容：一是建立健全数据要素市场规则，二是营造规范有序的政策环境，三是加强网络安全保护，四是推动构建网络空间命运共同体。

最后，从"I（综合研判）—S（形成方案）"的过程主要形成了两项"解决方案"。一是在前期研究工作基础上，研究汇总形成了最终的三级指标体系；二是基于前期研究过程中发现的问题，从数据、组织模式和工作机制等方面提出了政策建议。

4 双螺旋法下的数字化发展水平指标数据来源

数据是数字化发展水平指标体系的基础，关于数据来源的确定至关重要。实际上，从 DIIS 的内循环逻辑看，数据（D）直接决定了后续工作的质量。数字化发展评估指标体系对决策咨询的功能，除了指标体系本身合理之外，还取决于数据来源的可靠性和可持续性。但对于新兴经济业态，面临突出的统计数据缺失问题。因此，尽管数据只是一个小环节，为保障数据获取的质量和决策支撑效果，仍采取 DIIS 方法来逐步细化工作。在构建完成指标体系之后，研究对计算指标的数据质量认真开展了研究，追溯了数据的最终来源，以获取数据详细信息（I），并进一步研判（I）了相关数据的有效性和连续性。最后，根据数据中存在的问题，形成最终的解决方案（S）。

各指标的数据来源主要包括宏观管理部门的数据、行业联盟和平台企业的数据、地方政府补充填报的数据、专业分析和第三方评估数据等。但经过分析仍存在以下问题，研究针对具体问题采取了不同的解决方案。

一是有数据，但数据掌握在政府部门，个人难以获取的情形。如很多基础设施数据掌握在电信相关单位或企业中，需要通过政府协调处理。对此，通过积极与政府有关部门沟通，明确需要获取的指标信息以及数据所在的机构，最终取得有关数据。

二是有数据，但数据质量欠佳。主要表现为以下几种情形：有些数据的来源为研究机构自主测算或调研得到，缺乏权威性和可靠性；有些数据的权威性很好，但连续性不足，如统计局发布的《投入产出表》能很好地反映ICT产业的产业关联信息，但它是每5年发布一次，且最近的发布日期是2017年。对于这样的数据，一般不予采用。

三是当前数据欠缺，未来可明显改善的情况。如数字经济规模测算数据，国家统计局2021年发布的《数字经济及其核心产业统计分类（2021）》，其明确了数字经济核心产业所对应的国民经济行业代码，尽管当前尚未有统计数据，但可确定未来数字技术核心产业相关数据会较为齐全。对于这类数据，研究暂时采用其他统计数据替代，如可暂时以数字经济核心产业ICT产业作为核算范围，该产业主要覆盖电子及通信设备制造业、计算机及办公设备制造业以及信息传输、软件和信息技术服务业。在后期，将视数据统计情况来调整计算指标。

四是缺乏定量数据情形。如已有研究对数字政府服务的指标评价以非直接的主观定性评价为主，定量的直接指标较少。中央党校《2019数字政府发展报告》构建的数字政府评估体系，从数字基础准备度、数字环境支撑度、数字协同治理度、数字技术使用度、数字公民参与度和数字服务成熟度等维度进行了评估；清华大学《2020数字政府发展指数报告》则从组织机构、制度体系、治理能力和治理效果等维度对数字政府发展情况进行评估，其中多以定性的间接指数为主。对于这种情形，主要沿用主观定性指标，并明确指标含义及判别标准。

总体上看，在数字化发展水平评估中，智库双螺旋法是评估模型构建的思维指导。MIPS和DIIS的融合交互作用，引导数字化发展水平评估模型实现科学性、问题导向性、实证性。以促进数字化发展水平为目标，数字化发展水平评估的逻辑链条应始于数字技术赋能的驱动力刻画，通过衡量数字化转型在经济社会各领域的多维度影响，并考量相关保障政策建设现状，针对数字化发展在技术、基础设施、融合应用、政策措施等各方面存在的不足研提解决方案，体现数字化发展水平的内在MIPS逻辑框架。基于DIIS螺旋，数字化发展水平评估工作将基于现实可靠的数

据，通过科学的计算得到评估结果，真实反映我国数字化发展的进程和
水平。

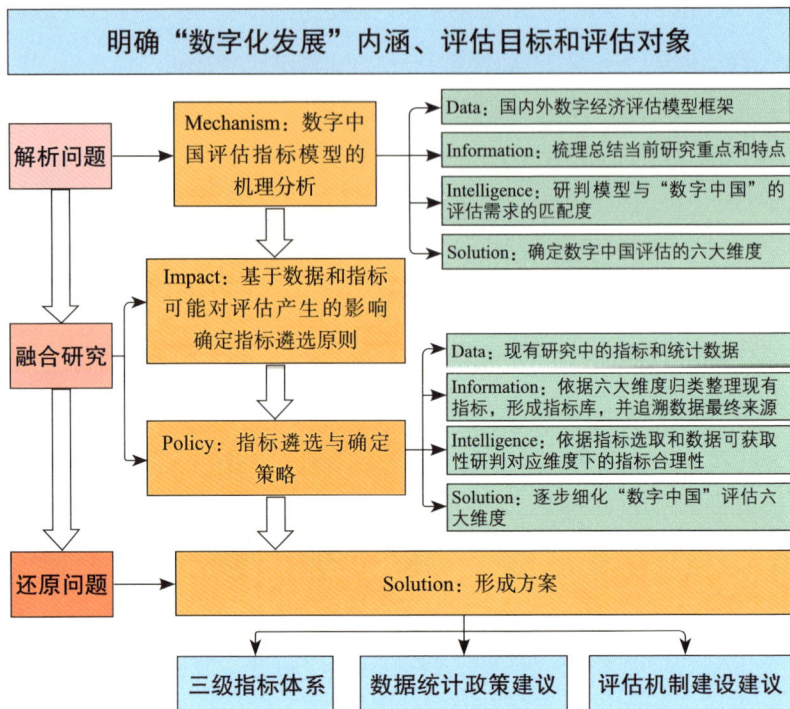

图1　基于双螺旋法的数字化发展水平评估模型研究流程

本文作者

刘昌新　中国科学院科技战略咨询研究院

吴　静　中国科学院科技战略咨询研究院

区域创新规划中的双螺旋法应用

——基于科技合作与区域创新发展战略研究

张　涵

在当前复杂多变的国际形势和多元化竞争的格局下，科技创新和经济发展更加需要全球视野的开放合作。党的十九大报告指出，"创新是引领发展的第一动力，是建设现代化经济体系的战略支撑"，提出"实施区域协调发展战略"。"十四五"时期，我国经济社会发展和区域发展仍然处于重要战略机遇期，国家创新体系进入重组重塑新阶段，区域创新高地建设加快推进，地方科技需求愈加强烈。中国科学院作为国家战略科技力量，应该在促进区域创新发展、推进创新型国家建设中发挥独特作用。中国科学院部署"中国科学院科技合作与区域创新发展研究"项目，包括1个总课题和13个分院课题，由中国科学院科技战略咨询研究院牵头开展研究，充分调动各分院和院内智库研究力量，密切联系地方政府、企业、研究机构，组织超过百位专家学者直接参与研究。

本项目以双螺旋法为理论指导，将区域创新发展涉及的多领域综合性政策研究问题有效分解、迭代、融合、集成，从"五个导向"出发，凝练"五大功能"，围绕"四维目标"，在深入调研基础上，螺旋式递进剖析问题本源，创新性提出科技合作赋能区域创新发展的"135"实施路径。总体上看，这次研究践行了双螺旋法认识论、方法论、实践论的理念，体现了全面谋划、整体布局、各有侧重、协同创新，为院地科技合作促进区域创新发展战略规划研究提供了理论和应用相结合的科学支撑。

1 把握"五个导向"，科学设计区域创新规划研究的战略思路

新形势下，区域创新发展呈现出新的内涵和特征，新旧动能转换对科技促进区域创新发展提出了更高要求。中国科学院科技合作与区域创新发展研究意义重大，体现中国科学院面向经济主战场的担当。中国科学院如何从国家使命定位出发，厘清在区域创新发展中的功能定位，发挥创新引领和带动作用，是区域创新发展规划需要解决的重要问题。双螺旋法提倡深度解析问题，以需求牵引研究，以证据支撑决策，项目组结合研究问题和目标，提出区域创新战略研究阶段要坚持"五个导向"，明晰研究思路，统领规划全局。

一要坚持战略导向，从全局出发把握发展趋势和规律。中国科学院既要考虑区域发展实际，也要考虑国家需求，统筹研判中央和地方经济社会建设大局。从国际上看，全球经济深度调整冲击改变我国区域经济格局，新科技革命和产业变革促使区域经济增长极加速出现，世界百年未有之大变局和新冠肺炎疫情蔓延叠加带来严峻挑战。从国内来看，我国区域发展存在不平衡、不充分的问题日益突出，区域经济高质量发展的科技需求更为迫切。落实"四个面向"要求，提高科技供给体系质量和水平，推动高质量发展的重要动力源加快形成，是大势所趋，也是中国科学院作为国家战略科技力量的责任。

二要坚持目标导向，形成系统研究报告和决策建议。战略研究以智库双螺旋法为指导，从中国科学院在区域创新发展的功能定位出发，以"解析—融合—还原"外循环带动"收集数据—揭示信息—综合研判—形成方案（DIIS）"过程链和"机理分析—影响分析—政策分析—形成方案（MIPS）"逻辑链"双链融合、迭代上升"，分解中国科学院在区域科技合作促进创新发展中的关键问题，组织不同学科领域和专业背景的研究人员开展融合研究，在融合研究的基础上，将一系列子问题还原回归到中国科学院赋能区域创新问题本身，通过循环迭代、集成升华

后最终形成智库方案（图1）。

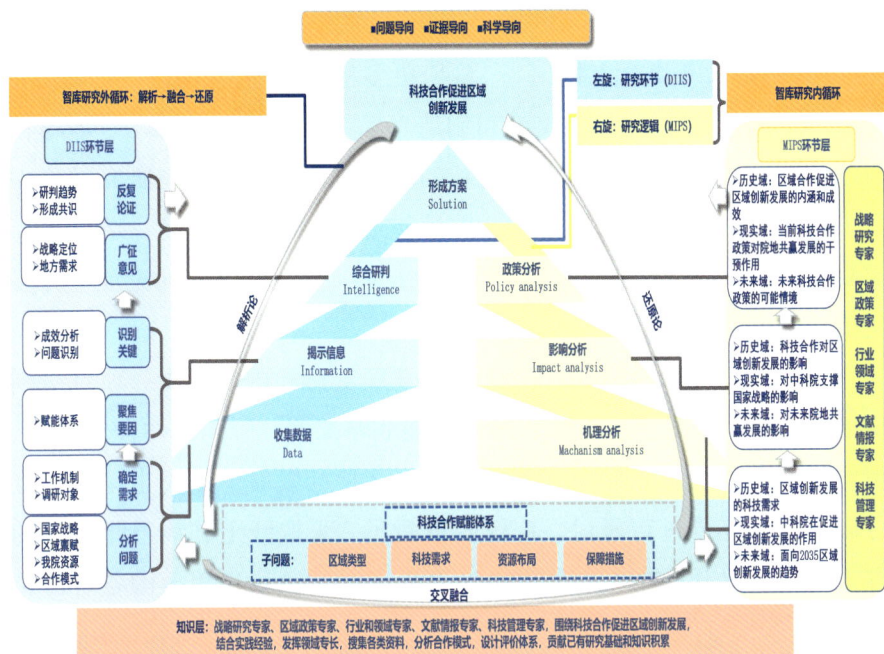

■问题导向 ■证据导向 ■科学导向

智库研究外循环: 解析→融合→还原

科技合作促进区域创新发展

左旋: 研究环节 (DIIS)　右旋: 研究逻辑 (MIPS)　智库研究内循环

DIIS环节层

- 研判趋势 形成共识 ｜ 反复论证
- 战略定位 地方需求 ｜ 广征意见
- 成效分析 问题识别 ｜ 识别关键
- 赋能体系 ｜ 聚焦要因
- 工作机制 调研对象 ｜ 确定需求
- 国家战略 区域禀赋 我院资源 合作模式 ｜ 分析问题

形成方案 Solution

综合研判 Intelligence

揭示信息 Information

收集数据 Data

政策分析 Policy analysis

影响分析 Impact analysis

机理分析 Machanism analysis

MIPS环节层

- 历史域: 区域合作促进区域创新发展的内涵和成效
- 现实域: 当前科技合作政策对地方共赢发展的干预作用
- 未来域: 未来科技合作政策的可能情境
- 历史域: 科技合作对区域创新发展的影响
- 现实域: 对中科院支撑国家战略的影响
- 未来域: 对未来院地共赢发展的影响
- 历史域: 区域创新发展的科技需求
- 现实域: 中科院在促进区域创新发展中的作用
- 未来域: 面向2035区域创新发展的趋势

战略研究专家　区域政策专家　行业领域专家　文献情报专家　科技管理专家

科技合作赋能体系

子问题: 区域类型 ｜ 科技需求 ｜ 资源布局 ｜ 保障措施

交叉融合

知识层: 战略研究专家、区域政策专家、行业和领域专家、文献情报专家、科技管理专家，围绕科技合作促进区域创新发展，结合实践经验，发挥领域专长，搜集各类资料，分析合作模式，设计评价体系，贡献已有研究基础和知识积累。

图1　区域创新规划战略研究的双螺旋结构

三要坚持问题导向，聚焦分析和解决重大重点问题。2020年度院工作会提出中国科学院开放合作与协同创新的三原则：聚焦科技创新主业、坚持"全院一盘棋"、真正互利共赢。项目组系统分析了中国科学院院地科技合作的新要求，总结中国科学院"十三五"科技促进区域创新发展成效以及存在的问题，分析"十四五"应关注的重点领域方向。现阶段，院地科技合作统筹谋划有待加强，对区域创新发展的差异化需求研究不足，创新平台、基础设施等科技资源的区域布局有待优化，协同机制不完善，无法满足新发展阶段院地共赢发展需要。基于此，战略研究聚焦中国科学院在国家创新体系中的定位，围绕解决制约发展的关键问题，分区分类研究院地合作的重点任务。

四要坚持规划导向，发挥引领、先导、带动效能。既要为院规划做准备，也要影响地方规划，并通过地方规划影响国家规划，在规划导向上坚持"最先一公里"和"最后一公里"，前者考虑布局，后者考虑体制机制、队伍、政策等，做到"顶天立地"。习近平总书记在2020年科学家座谈会上指出，"要把更多精力从分钱、分物、定项目转到定战略、定方针、定政策和创造环境、搞好服务上来"。本项目通过战略研究，探索院地协同创新的有效机制。项目组在研究过程中与地方规划起草部门积极互动，推动院地规划的相互表达。结合五年规划目标，研究2021—2022两年工作方案，院地双方共同论证，分步实施具体举措。

五要坚持决策导向，具有清晰的学理支持和内在逻辑。项目组围绕区域创新体系内涵的理解、国家区域战略部署、院地科技合作模式、院地科技合作的重点任务、各省区市经济社会发展的重大主题和重点方向等内容充分进行研讨，广泛听取意见。采取线上和线下相结合的方式，组织召开四场专题研讨会，开展了两个阶段覆盖全国各省区市的调研，召开三十余场与各分院、典型研究所和地方政府部门的系列座谈会。同时，中国科学院战略咨询研究院与中国科学院科发局、前沿局、规划局、重任局、条财局共同组成规划联合编写组，面向未来场景，与地方政府共同开展综合研判和预测，用政策语言提出决策建议，保证战略研究能够科学有效支撑院地决策。

2 融通"五大功能"，强化中国科学院赋能区域创新的战略定位

区域创新规划战略研究是服务宏观战略决策的大规模智库问题，具有多场景互动、多学科和领域交叉特征，是涉及经济、社会、区域的复杂性系统研究。首先要确定研究的领域、范围、方法，通过高效的组织推动、科学的研究方法、多领域融会贯通，最终提出方案。项目组在MIPS逻辑框架下，按照机理分析、影响分析、政策分析分层递进，逐步聚焦战略研究的重点领域和范围。围绕"中国科学院在区域创新发展中的功能定位"这个核心问题，凝练出中国科学院应当充分发挥

的"五大功能"。

一是发挥骨干引领功能。在科技创新促进区域发展中，尤其是在国家规划相关的战略区域，以及关键省份所在区域，与其他研究力量相比，中国科学院要发挥骨干引领作用。2020年中国科学院对深化开放合作提出新要求，区域布局强化集聚集约发展。及时响应国家重大科技部署和重大需求，在重点区域加强布局，巩固强化骨干地位和领先优势；在其他区域积极推动科技成果转移转化。项目组提出结合国家区域战略部署以及区域特色的国家战略需求，分区精准制定实施内涵不同、重点不同的科技合作策略，统筹推进参与区域创新高地建设。

二是发挥强基固本功能。中国科学院赋能区域创新发展，不是提供简单的技术转移转化，而是为区域未来发展提供强有力知识基础和高端人才供给。科学院的基础研究构成了区域创新体系强大的基础能力，通过建大科学装置、平台和载体、区域创新集群等举措，聚集创新要素，发挥原始推动作用。项目组综合分析了中国科学院在区域的创新平台、基础设施布局，研究提出建立平台载体网络，规范有序推进区域创新平台建设，统筹布局中国科学院在区域的创新平台、基础设施、科教园区和分支机构等。

三是发挥源头供给功能。国家进入高质量发展阶段，缺乏的是关键核心技术和新产业形成过程中的源头技术，中国科学院要下决心在未来5—15年起到源头供给作用。项目组结合国家战略、区域禀赋提出创新功能区划分构想，中国科学院在创新引领型地区、创新发展型地区、创新培育型地区发挥不同作用，围绕区域产业链与创新链建设的需要，优化区域创新资源布局，完善共性基础技术供给，助力现代产业体系发展。积极参与国家产业创新中心、技术创新中心、制造业创新中心等布局和建设，打造战略性新兴产业和未来产业重要策源地，推动产业前沿技术创新、系统集成、工程化研发和科技成果转移转化。

四是发挥综合集成功能。中国科学院是一个研究整体，要在整个创新链贯通工作中起到综合集成、有效组织的作用，围绕重大问题，组织全院力量、聚集国内外研究力量，在一个区域进行重大任务攻关，形成集成攻关机制。项目组认为，要统筹策划，充分利用科研机构、人才、设施、成果等相对集中的优势，瞄准人工智能、量子信息、集成电路、生命健康、脑科学等前沿领域，在有条件的区域集中部署一批具有前瞻性、战略性的重大科技任务，解决重大科技问题，服务国家战略需要。

五是发挥协同带动功能。中国科学院不是单打独斗，要与创新体系其他单元和组织协同互动，打破创新孤岛，积极融入创新体系中发挥作用。项目组研究提出发展科技合作赋能体系，统筹组织、资源共享、人才交流、联合攻关、信息互动，加强中国科学院与区域创新体系其他主体的协同创新。建立多样化的组织管理模式，打破区域藩篱，促进跨区域、多方参与的科技合作。通过各类新型研发机构、创新平台建设，赋予全国科学院联盟新的内涵，加快共建区域创新共同体。

3 围绕"四维目标"，统筹谋划区域创新规划建设的战略布局

项目组基于 DIIS 过程融合法，规范研究过程，根据研究目标将主要任务分解，科学收集数据、调研分析、综合研判，贯通历史域、现实域、未来域，回望一步总结、向前一步规划、放眼一步远景、系统评估评价，形成相辅相成的四维融合战略研究布局（图 2）。

收集数据
(D)

确定区域创新发展战略研究的主要内容、时空范围、研究方法等问题

根据目标将区域创新发展研究的任务分解，收集数据

区域创新发展重大主题 → 中科院与省区市科技合作促进创新发展"十四五"规划 → 中科院与省区市科技合作工作"十三五"总结 → 科技合作成效评价指标体系及相关指数

揭示信息
(I)

发展形势分析 → 现状与问题分析 → 机遇与挑战分析

国内外形势对区域创新发展的要求

国家层面促进区域创新发展的战略、规划、举措等部署

省区市促进区域创新发展的政策举措

区域创新发展基础（科技、经济、社会等）

省区市参与国家重大区域创新布局以及发展现状研判

中科院支撑区域创新发展的现状、重点方向和相关举措

院地共建区域创新体系的现状和问题

区域创新发展的科技需求

"十三五"期间院地科技合作的典型案例和经验

中科院"十三五"科技合作成效评价

中长期、"十四五"阶段区域创新发展的目标分析

综合研判
(I)

国内外区域创新发展战略、规划、政策比较分析

基于问题导向、需求导向的科技支撑和科技服务

区域创新发展的社会、经济、环境、资源等综合因素分析

院地共建区域创新体系的模式

形成方案
(S)

新形势下科技促进区域创新发展的战略选择以及中科院的任务部署

战略性科技问题的力量部署 | 科技创新资源的空间布局 | 区域创新发展的体制机制相关建议 | 院地科技合作的重点任务和方向

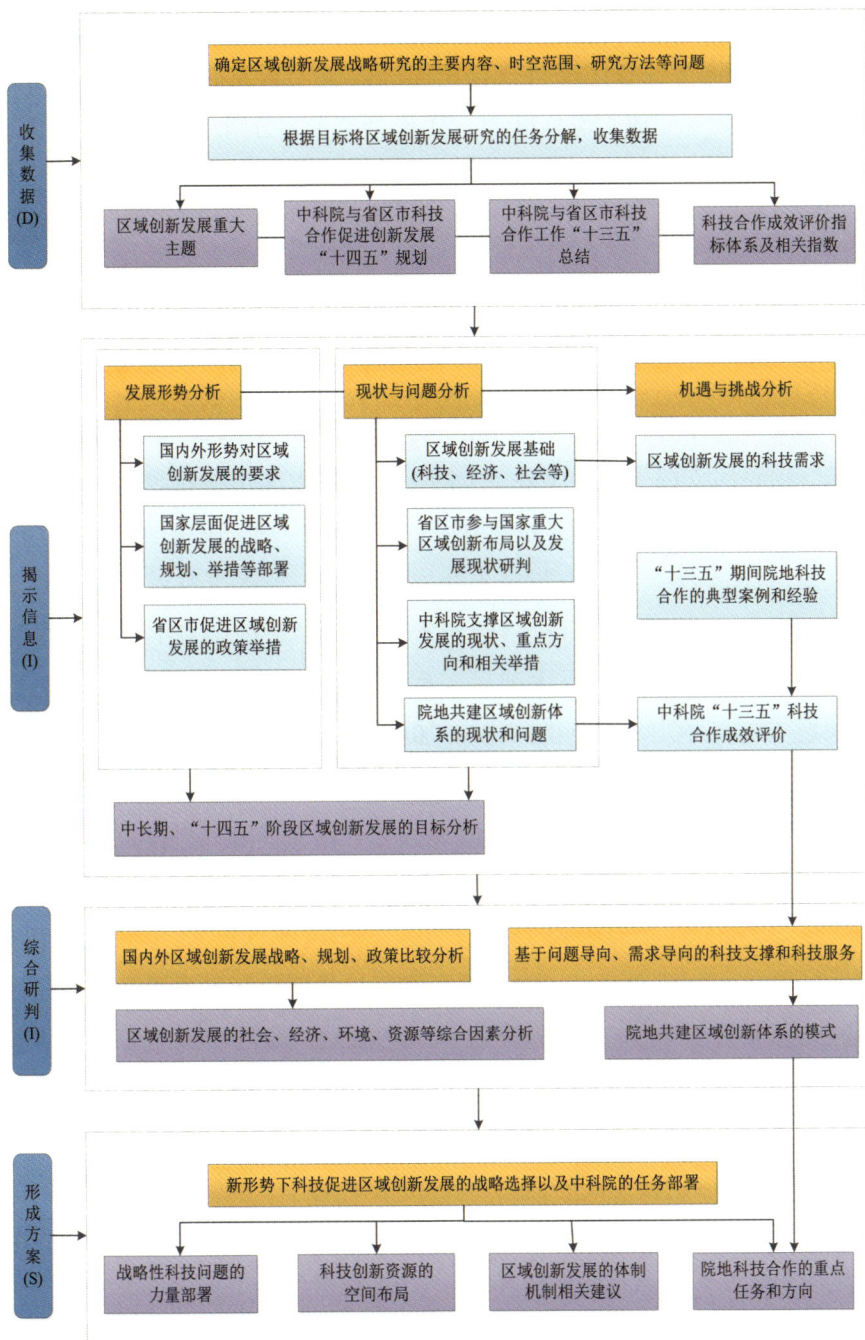

图 2　区域创新规划战略研究的技术路线图

一要夯实基础，完成战略研究报告。总结经验、发现问题，系统总结中国科学院与各省区市科技合作促进区域创新发展的模式、典型案例、工作成效，完成 1 份总报告、31 份分报告，分析中国科学院支撑区域经济发展存在的问题，以及未来院地科技合作面临的机遇和挑战。从区域科技合作的现状出发，结合国家战略需要、地方资源禀赋、研究所主责主业，分析中国科学院在区域科技合作的功能定位和关键影响因素，总结区域创新发展的模式，对中国科学院更为主动地融入区域创新发展提出建议。

二要明确方向，起草"十四五"规划。围绕"十四五"科技合作目标要求，项目组支撑中国科学院"十四五"与各省区市科技合作促进区域创新发展规划研究，完成 1 份总规划、31 份分规划。围绕国家整体与区域发展战略部署，立足中国科学院战略定位，将国家发展战略、院整体布局和地方发展需求有机结合起来，统筹谋划中国科学院促进区域创新发展的重大任务、重大项目、重大举措。在组织机制上，通过分院课题参与到地方规划编制机制，加强对接、内外协同，有利于规划落地实施；通过总课题、分院课题互动研究，院机关、分院、研究所、智库形成合力，自上而下、自下而上，更有效支撑院地科技合作重点任务凝练。

三要着眼长远，描绘中长期愿景。面向中长期发展目标，围绕京津冀协同发展、西部大开发、中部地区崛起、长江经济带发展、长三角区域一体化发展、"一带一路"建设、东北振兴、粤港澳大湾区建设、黄河流域生态保护和高质量发展、成渝地区双城经济圈建设等区域发展的重大主题，凝练科技促进区域创新发展的使命、重点方向和举措，形成"科技促进区域创新发展与面向 2035 的战略选择"系列研究报告，包括 1 份总报告、9 份分报告，与规划体系相互支撑。"十四五"规划建立在"面向 2035"发展趋势判断的基础上，"十四五"的工作目标内容与"面向 2035"的使命愿景相呼应。

四要综合评价，建立指标考核体系。建立科技合作评价指标体系，形成科技促进区域创新发展指数。评价院地"十三五"科技合作工作成效、评估院地科技合作重点任务方向，根据评估结果调整院地科技合作机制，优化科技创新资源布局，提升院地科技合作效能。项目组与院机关、分院共同征集院地科技合作重点任务80余项，聚焦"国家重要、地方需要、院所必要"，结合第三方专家评价，征求31个省区市有关部门意见，开展重点任务评估和遴选。

4 确定"135"实施路径，落实提升区域创新效能的战略举措

双螺旋法引导区域创新发展规划以科学的智库研究范式有效解构目标、凝练问题、组织实施、综合集成，形成高质量智库方案。项目组在充分研究中国科学院赋能区域创新的内涵和功能定位的基础上，紧密结合新发展阶段国家区域战略重点，聚焦中国科学院国家战略科技力量主责主业，研究确定"十四五"中国科学院赋能区域创新以"135"实施路径为重心的战略举措。

加快构建"1个体系"。在继承发展现有科技服务网络的基础上，院地共建新型网络化科技合作赋能区域创新发展动力体系（图3）。其定位是面向国民经济主战场，积极发挥国家战略科技力量的作用，支撑国家战略，有效对接中国科学院创新资源与区域创新发展需求、促进科技成果转化应用，充分利用中国科学院科研机构、创新人才、科研设施、科技成果等领域凝聚、资源集中、空间集聚的优势，有效解决科技供给与地方经济社会发展不平衡的主要矛盾，发挥国家政策优势、中国科学院科技优势和地方资源优势的乘数效应，推动实现新发展阶段中国科学院"四个率先"与区域创新发展。

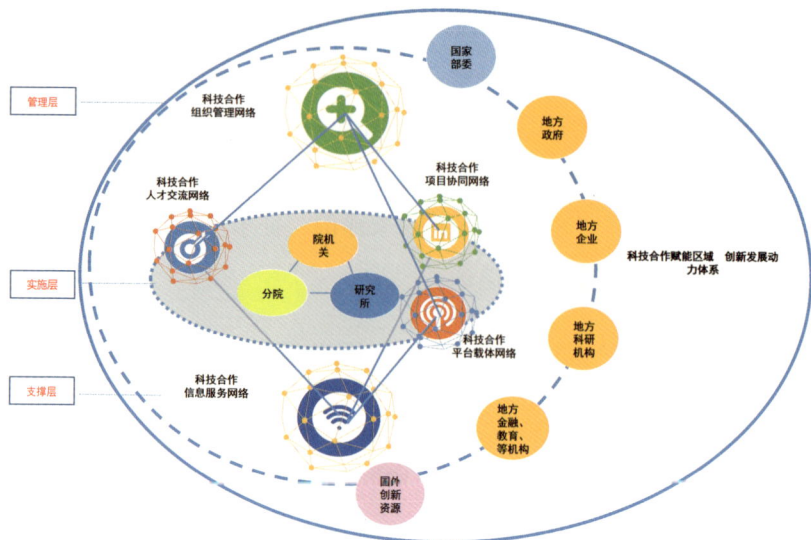

图 3　科技合作赋能区域创新发展动力体系结构图

推动布局"3 个分区"。在京津冀地区、长三角地区、粤港澳大湾区等创新引领型地区，服务于具有全球影响力的科创中心、综合性国家科学中心建设。按照国家创新体系建设的总体要求，推进北京怀柔、上海张江、安徽合肥综合性国家科学中心建设任务实施，深入参与粤港澳大湾区综合性国家科学中心先行启动区规划布局和任务实施，建设具有世界先进水平的重大科技基础设施集群，提升我国在交叉前沿领域的源头创新能力和科技综合实力。在中部、东北、西北等创新发展型地区，围绕武汉、沈阳、西安等区域创新高地，院地共建科技成果转移转化集聚示范基地。支持东北地区转型发展、中西部地区新动能培育，以具有区域集群特征的产业基础再造和产业链提升为主线，聚焦区域重点产业需求，加强科技创新和技术攻关，强化关键环节、关键领域、关键产品保障能力，推动区域产业链现代化和产业高端化。在承担国家生态安全、边疆安全等战略功能的创新培育型地区，优化区域科技创新生态环境，为区域社会可持续发展和公益事业提供科技支撑。

全面发展"5 大网络"。全院一盘棋，围绕科技促进区域创新发展目标，发展科技合作组织管理网络、平台载体网络、人才交流网络、项目协同网络、信息服务网络五大网络。组织管理网络作为管理层抓顶层设计，平台载体网络、人才交流网络、项目协同网络共同作为实施层以平台、人才、项目三大抓手促进实施，信息服务网络作为支撑层提供信息保障。一是持续完善科技合作组织管理网络。建立院地会商协调机制，开展院地双边、多边科技合作，加强中国科学院与地方政府、企业三方合作，建立国际国内科技合作双循环，通过全国科学院联盟、展会加强合作宣传。二是前瞻部署科技合作平台载体网络。统筹区域平台发展，院地共建科技成果转移转化平台、转化型分支机构、中试基地、孵化器等。提升平台支撑地方创新发展能力，院地共同培育一批国家重点实验室。联通重大科技装置、仪器设备、先进计算平台、检验检测设施等各类设施和平台载体，实现开放共享。三是建设高质量科技合作人才交流网络。支持科技副职、科技特派员，建立院地双向多层次的科技人员交流机制。支持科教融合，服务区域学院和人才培养，发挥以院士专家为代表的我院现有人才资源优势，为区域创新发展提供智力支持。四是持续推进科技合作项目协同网络建设。建立院地共同凝练重点任务的合作机制，促进弘光专项、先导专项等项目成果服务区域发展，促进院内外重点任务联合攻关，推动中国科学院项目与国家项目、地方项目协同，健全科技资源投入配置机制和成果共享、科技交流机制。五是加快推进科技合作信息服务网络建设。完善科技合作智库支撑和信息服务平台，加强科技合作政策和供需信息综合集成，对接国家部委、地方政府相关政策库和信息平台，形成多层次的科技合作信息支撑和宣传渠道。围绕科技促进区域创新发展总体目标，五网合一，形成内部高效协同、外部开放协作的新型网络化院地科技合作架构，服务国家战略，为区域经济社会高质量发展提供源源不断的动力，实现院地共赢发展。

本文作者

张　涵　中国科学院科技战略咨询研究院

我国战略性新兴产业发展的双螺旋法思考 [①]

宋大伟

2009 年，我国改革开放和现代化建设面临国际金融危机冲击的严峻挑战，同时也迎来推进经济战略转型和转变增长方式的有利契机。当时，我在国务院研究室综合研究司任司长，根据长期对国内外经济、科技和产业发展规律和趋势的研判，于当年 5 月上报了《关于发展十大新兴产业的建议》的研究报告，之后，不断以国际视野和战略思维深化对发展战略性新兴产业概念和内涵的认识。特别值得回忆的是，国务院主要领导同志于当年 11 月 3 日在首都科技界发表"让科技引领中国可持续发展"的演讲，首次向国内外宣布我国战略性新兴产业的选择标准和主要特征，提出了新能源、新材料、生物医药、信息网络等七个发展方向，在国内外引起强烈反响。令我印象最深的是，潘教峰同志与时任中科院规划战略局规划处处长张凤具体组织的《中国至 2050 年重要领域科技发展路线图战略研究》恰逢出版，对于我们在服务决策中着眼全局和面向未来研究战略性新兴产业起到了科技支撑作用。这套书涵盖 18 个重要科技领域发展战略研究的组织架构、数据挖掘、综合分析、凝聚共识、系统集成等一整套科学方法，为潘教峰同志这几年结合国家高端科技智库建设实践创立双螺旋法奠定了坚实的理论和实践基础。

2019 年，在百年变局和世纪疫情交织叠加的大背景下，我国改革开放和现代化建设即将进入新发展阶段。中科院科技战略咨询研究院受国

---

① 原载于：中国科学院院刊，2021，36（3）：328—335. 收入本书时有增补。

家发改委委托开展"十四五"时期战略性新兴产业发展规划研究，潘教峰院长和张凤副院长组织专业化、高素质的优秀团队，运用双螺旋法确立了这次规划研究的基本原则、基本要素、基本流程、基本标准、基本方向，历时一年多，取得了积极成果，并据此如期完成规划编制工作。我在参与课题研究中通过 DIIS（收集数据—揭示信息—综合研判—形成方案）和 MIPS（机理分析—影响分析—政策分析—形成方案）内外循环的紧密耦合、相互叠加、融会贯通，对战略性新兴产业发展的国际分工与国内趋势、历史演进与成长规律、当前布局与未来产业、传统结构与现代经济进行深入分析研判。总体上看，我国"十四五"时期处在创新驱动发展活跃期、新旧动能转换交汇期、结构优化升级攻关期、数字经济增长关键期、能源战略转型机遇期，推动战略性新兴产业高质量发展、集群式发展、可持续发展至关重要。基于双螺旋法提供的认识论、方法论、实践论的智库研究视角，我深刻感知到在构建双循环新发展格局使命下发展战略性新兴产业，必须始终坚持有利于经济转型升级、资源优化配置、满足市场需求、扩大就业创业、统筹城乡发展、深化国际合作的指导方针，需要从全局和战略的高度认真把握和切实处理好以下七个方面问题。

1 关于产业战略定位问题

"十四五"时期，在新阶段、新征程、新起点上发展战略性新兴产业，要立足服务国家战略需求、产业变革需求、企业转型需求、民生改善需求，充分发挥对经济社会进步的支撑性和保障性作用，对创新驱动发展的先导性和引领性作用，对扩大就业创业的关联性和带动性作用，从而全面提高我国科技供给能力、产业竞争水平、综合经济实力和国际分工地位。

1. 面向世界科技前沿，在战略科技融合创新、推动未来产业发展上取得突破。国家战略科技力量要在全球已经发生和即将发生重大科技事件的领域和方向上，统筹布局、前瞻研究、系统突破一批基础前沿领域的战略性科技问题，优先组织实施半导体技术、脑科学、量子计算与量子通信、纳米科学、基因组学、关键材料技术等重点研发计划，在全球进入以创新为主题和主导、竞争和博弈更加激烈的环境下获得先机。要汇聚众多战略技术、商业模式创新和产业投资机遇融合发展，以量子计算实用化、人工智能认知领域演进、分布式云计算和运营、区块链大规模多维协作、自动化物件智能组合等新一代信息技术为引擎，发展面向未来的高科技产业经济、高技术制造业和知识密集型服务业。

2. 面向经济主战场，在关键核心技术和重大技术装备自主创新上取得突破。要坚持坚持自主创新的问题导向、证据导向、科学导向和产业化导向，锚定重点行业关键共性技术、前沿引领技术、现代工程技术、颠覆性技术，围绕组织"卡脖子"专项攻关，建设新型基础科学与应用科学融通发展的卓越创新研究机构，培育一批拥有核心技术、具有集成创新能力、引领重要产业发展的世界一流科技领军企业、独角兽企业和世界"灯塔工厂"。要在战略必争领域逐步实现用中国创造装备中国，大力推进智能制造装备、节能环保装备、清洁能源装备、绿色交通装备、通用航空装备、卫星应用装备、海洋工程装备、现代农业装备国产化，形成迎接科技革命、促进产业变革、建设制造强国的战略布局。

3. 面向国家重大需求，在新发展格局下保障创新链产业链安全上取得突破。当今世界已经进入发达国家高度重视争夺科技与产业发展控制权的新时代，美国发起贸易摩擦、科技竞争，加之新冠肺炎疫情蔓延，深刻改变世界经贸格局，在新形势下保障我国创新链产业链安全比以往任何时候都重要。要围绕产业链部署创新链，围绕创新链布局产业链，激活与之协同的供应链、人才链、资金链、服务链，大力加强"补链""延链""强链""提链"等系统措施，着力解决"缺芯""少核""弱基""断供"等突出问题，重点部署深地、深海、深空和人工智能、电动汽车、清洁能源、精准育种、集成电路、先进通信、生物医药、新型材料、精密制造等涉及国家科技与产业安全的领域，推动创新链和产业链整体构建、精准对接、双向融合、互动发展，促进传统的劳动密集型、要素驱动型制造业加快转向技术密集型、创新引领型制造业。

4.面向人民生命健康，在创新药物研发与产业化、医疗器械国产化、中医药现代化上取得突破。要研究解决提供全生命周期卫生与健康服务的科技创新和产业化问题，重点发展新型疫苗、组学技术、干细胞与再生医学、生物治疗等医学前沿技术，重点部署肿瘤、心脑血管疾病、糖尿病、神经退行性疾病、精神性疾病、高发性免疫疾病、重大传染性疾病、罕见病等领域创新药物研发与产业化，重点开发数字化探测器、超导磁体、高热容量 X 射线管等关键部件，以及手术精准定位与导航、数据采集处理和分析、生物三维（3D）打印等国产化医疗器械和技术，重点推进中药材良种繁育和现代种植（养殖）、生产技术推广、中药生产流通现代化管理，显著增强重大公共传染病防控、重大疑难疾病治疗和健康产业发展。

2 关于产业创新发展问题

"十四五"时期，战略性新兴产业创新发展的重要路径在于推进智能制造、绿色制造、服务制造，完善产研合作、开源开放、自主可控、集成创新、具有国际竞争力的现代产业科技创新体系，构建多学科、多技术、多领域跨界、交叉、融合、协同为特征的创新生态系统，下大力气大幅提升科技创造力、科技支撑力、科技影响力，加快科学发现、技术发明、工程建设与经济增长、产业升级、民生保障一体化发展。

1.创新发展智能制造。这已被主要工业化国家视为未来制造业的主导方向，对于提高制造业供给结构适应性、培育经济增长新动能十分重要。当前和今后时期，第五代移动通信技术（5G）、人工智能（AI）、物联网、云计算、区块链、数字孪生等智能技术群，可以提供高科学性、高经济性、高操作性、高可靠性的技术服务，"智能工厂""智能物流""智能网络"深刻改变着产业边界、制造方式、组织结构和管理模式，传统制造业将在智能机器人、智能化机床、智能传感器、智能仪器仪表、智能生产线、3D/4D打印等重点领域带动下不断创新发展，建立由智能机器和人类专家共同组成的先进制造系统。这将实现全要素、全产业链、全价值链连接，呈现共享制造、前沿技术助力生产制造以及柔性制造等新型制造模式，推动疫情中和疫情后制造业的升级发展。

2. 创新发展绿色制造。这是资源节约、环境优化、生态良好的闭环生产系统和现代制造模式，我国提出实现"双碳"目标将是世界上史无前例的最大规模、最大范围的能源战略转型。要牢固树立绿色经济、低碳经济、循环经济发展理念，既要推进高碳能源清洁化，又要加快低碳能源规模化，积极有序达到化石能源与新能源及可再生能源交替更迭。要通过推广应用绿色技术推动经济、社会、环境的全方位优化，建设覆盖绿色采购、绿色制造、绿色销售、绿色消费、绿色回收以及绿色物流等环节的绿色产业链和供应链。要推进"绿色工业园区""生态工业园区""可持续工业园区"建设，强制实行节能标准制度、能效标识制度和能效"领跑者"制度，综合考核企业高效生产、资源节约、环境保护和社会责任，实现企业经济效益和社会效益、生态效益有机统一。

3. 创新发展服务制造。这是先进制造业与现代服务业融合发展的新型产业形态，使传统制造企业的业务重心从生产型制造转向服务型制造。服务型制造通过创新生产组织形式、运营管理方式和商业发展模式，构建既包含制造业价值链增值环节又包括服务业价值链增值环节的融合型产业链，推动技术驱动型创新与用户需求型创新相结合，不断增加服务要素在投入和产出中的比重，促进企业相互提供生产性服务和服务性生产，实现"以生产为中心"向"以服务为中心"的转变，在传统制造上、下游两端挖掘和释放"制造价值链 + 服务价值链"的增值潜力。这种增值潜力主要体现在基于产品设计优化的增值服务、基于产品效能提升的增值服务、基于产品交易便利的增值服务、基于产品集成整合的增值服务，在为用户带来更大利益的同时持续提高全要素生产率、产品附加值和市场覆盖率。

当今世界，新一轮科技革命和产业变革方兴未艾，必须坚持把创新作为战略性新兴产业发展的第一动力，不断创立和拓展新业态、新市场、新消费、新动能。"十四五"时期，创新发展战略性新兴产业要坚持发展经济和保障民生相结合，扩大内需和推进开放相结合，优化增量和调整存量相结合，立足当前和着眼长远相结合，既要着力发展先进制造产业、信息网络产业、数字内容产业、绿色低碳产业、节能环保产业，还要大力发展科技服务产业、老年消费产业、医疗健康产业、旅游休闲产业、文化体育产业，加速新经济时代、信息化社会、现代化建设、可持续发展进程。

3 关于产业数字转型问题

近年来，全球已经由工业化时代进入数字化时代，从数据强、科技强、产业强到国家强，成为当前和今后一个时期世界主要国家战略竞争的焦点。数字技术在国民经济各领域广泛渗透、跨界融合、创新迭代、叠加发展，数字转型深刻改变了制造模式、生产方式、产业组织和分工格局，数字创新驱动产业技术变革、生产变革、管理变革、体制变革加速到来，必将成为"十四五"时期战略性新兴产业发展的内生增长动力。

1. 推进产品设计数字化。这样可以极大提升设计效率、缩短设计周期、降低设计成本、提高设计质量。通过应用虚拟设计技术、并行工程技术、资源重组技术、快速成型技术等，更好地将数据、知识、技术和创意转化为产品、工艺、装备和服务，推动产品设计形态的虚拟化、网络化、界面化、平台化、服务化的人机交互设计模式，从根本上发挥产品设计作为产业链、创新链和价值链的源头作用，实现个性化产品设计、差异化市场竞争、规模化定制生产，从而使企业在复杂多变的商业环境中保生存求发展谋转型，以数字化思维、数字化技术、数字化设计打造核心竞争优势的技术基础。

2. 推进生产流程数字化。这应采用数控编程、模拟仿真、精确建模、实时决策等数字制造技术改进生产工艺，建成自学习、自感知、自适应、自控制的智能产线、智能车间和智能工厂，使各类制造装备具有互联互通的预测、感知、分析、诊断、控制功能，及时处置加工环境、加工对象、加工要求、加工过程、加工装备等随机变化因素，适应制造过程复杂性、多样化及工艺技术的实时性、可靠性要求。在生产流程数字化改造后，经过数字赋能的精益生产流程再造能够协同解决各类问题，从信息化系统到自动化系统构成全新的制造流程网络，全面提升企业生产质量、精度、效率、动能、安全水平。

3. 推进市场开发数字化。这需坚持用户至上的战略取向和产品全生命周期管理，引入互联网、云计算、物联网技术分析消费者和用户现实的、未来的、潜在的需求，动态调控产品流、物资流、信息流和资金流的合理运行，进而衍生出远程监控、远程诊断、远程运维等专业性服务，实时向用户提供"研发—设计—制造—建置—维修"的全面解决方案。要最大限度扩展制造企业、市场与用户的协同程度和互动范围，实现消费者驱动、并行式研发、定制化生产、即时化连接、网络化协作、云计算服务的商业模式，使生产者和消费者在数字化环境下逐渐成为相互融合的价值共创者。

4. 推进经营决策数字化。这要从多层级、多模态、多领域深刻理解经营决策数字转型价值，集成优化企业战略管理、资源管理、运行管理、投资管理、财务管理。在数字经济迅速发展的今天，将会有越来越多的企业应用 ERP（企业资源计划）、SCM（供应链管理系统）、MES（制造执行系统）等数字化管理方法，这就迫切需要提高企业领导者、管理者和劳动者的数据思维、数据分析、数据操纵、数据处理能力。同时，要加大对前瞻性、原创性、风险性较强的数字技术应用示范项目的支持，逐步使数字化转型进入"数据＋算力＋算法"为核心的智能化决策、智能化运行、智能化管理的新阶段。

战略性新兴产业数字转型是一项循序渐进的系统工程，营造产业数字化和数字产业化的生态环境势在必行。要在重点企业推行数字装配加工、数字设备维护、数字绩效考核、数字质量管理、数字化可持续发展，又要因地制宜推进数字经济规划研究、数字基础设施建设、数字技术推广应用、数字资源开放保护、数字资产规范管理、数字产业集群发展，特别要加快发展数据密集型科学和数据密集型产业，重塑现代市场经济微观基础和创建数字经济产业体系。

4 关于产业基础能力问题

"十四五"时期，我们要实现的高质量经济发展必定是创新链产业链深度融合、相互促进的发展，我们要建立的高水平创新体系必须是能促进创新链产业链双向互嵌、协同升级的体系，根本的要求是实现高水平科技自立自强，支撑国民经济"双循环"新发展格局。应该看到，技术创新能力不足直接影响产业体系供给的韧性，造成国内经济循环中产生"堵点"；关键共性技术和核心装备严重受制于人，使我国在国际经济循环中存在"卡点"。这种情况在当前复杂多变的国际形势下，给我国高技术产业的供给端和需求端同时造成实质性冲击，增加了我国创新链产业链融合发展面临的外部环境不确定性和不可预见性，尤其是我国创新内循环牵引作用有限的创新密集型行业对外循环技术供给的稳定性需求更强，创新链产业链脆弱性将在后疫情时代进一步凸显。

应该看到，我国经济国内国际双循环遇到的"堵点"和"卡点"主要在产业基础能力上。产业基础能力是衡量一个国家工业化程度和现代化水平的重要标志。我国已成为世界第二大经济体和制造业第一大国，但是产业基础能力薄弱，阻碍了制造业高质量发展和迈向中高端的步伐。例如，新一代制造业核心软件是连接数字制造、智能制造、网络制造的基石，被发达国家视为保证本国制造业"持续掌握全球产业布局主导权"的必要条件。近些年来，我国已培育形成一批国产制造业核心软件制造商，围绕创建高端价值链，攻克一批关键技术，并打破国外软件的市场垄断局面，但外资企业在研发设计、生产控制、信息管理、运维服务等高端软件领域仍占据市场和技术优势。又如，我国是全球唯一拥有联合国产业分类中所有工业门类的国家，提高产业基础能力必须改变部分元器件、零部件、高端仪器和主要原材料严重依赖进口的格局。2019年，我国芯片自给率仅30%，进口金额3040亿美元；国内传感器市场规模达 2188 亿元，中高端传感器进口 80%；仪器仪表行业进口 528 亿美元，90% 的高端仪器来自国外公司；原油进口量超过 5 亿吨，对外依存度达到 70.8%；铁矿石进口量突破 10 亿吨，对外依存度达到 87.3%。仅这 5 种进口产品就已严重制约我国基础工业、加工工业、装备工业和战略高技术产业发展。再如，数控机床是推动我国高端装备制造业加快发展的"工作母机"。数控机床产业链上游包括主要原材料（如钢铁铸件）、主机制造（如基础件和配套件）、数控系统制造（如控制系统和驱动系统）和外围制造（如铸造、锻造、焊接、模具加工等）这四大类；数控机床产业链下游主要是汽车行业、机械行业、军工行业（如航空航天、造船、兵器、核工业等）和以电子信息技术为代表的高新技术产业这四大应用行业。可见数控机床发展对国家制造业竞争力具有基础性、全局性、战略性意义。我国是全球高端数控机床第一消费大国，也是中低端数控机床第一生产大国；但德国、日本、美国在世界数控机床设计、制造和基础科研方面处在绝对领先地位，全球前 10 位数控机床制造商全部来自这 3 个国家。凡此种种，不一而足。

我们要坚持不懈地推进"工业大国"走向"工业强国"、"中国制造"走向"中国创造"、"世界制造业中心"走向"全球产业链枢纽"，坚定不移地实施以解决"堵点""卡点"为目标的产业基础能力提升行动计划。一是在研发高端数控机床和机器人等智能制造基础设备方面取得显著进展；二是在研发专用芯片、传感器、高档轴承等基础零部件和元器件方面取得显著进展；三是在研发自主可控的工业设计、操作系统等工业基础软件方面取得显著进展；四是在研发耐久可靠的高性能关键基础材料方面取得显著进展；五是在研发提高产品质量和性能的先进基础工艺方面取得显著进展；六是在完善以标准、计量、检验检测、认证认可等为核心要素的产业技术基础体系上取得显著进展。

5 关于产业服务体系问题

中小企业是战略性新兴产业的生力军，是我国国内生产总值（GDP）

的主要创造者、税收的主要上缴者、技术创新的主要实践者、就业岗位的主要提供者。"十四五"时期，要进一步健全功能完备、特色突出、规范运作、快捷便利的中小企业服务体系，使中小企业在推动市场竞争、加快技术进步、促进经济发展和维护社会稳定等方面作出更大贡献。

1. 完善科技金融和技术转移服务。要完善财政资金直接支持、风险投资、产业基金、银行信贷、证券融资、投资担保、信用保险等相互协作的多渠道、多层次资金支撑体系。创业投资要发挥政策性、战略性、基础性作用并向实体投资、价值投资、长期投资方向发展，产业投资基金要集成跨行业、跨地域、跨领域的技术研发、产业链条和增值服务融合优势，天使投资要重点投向前沿性技术、"卡脖子"技术、颠覆性技术，畅通科技型企业和专精特新中小企业国内上市融资。要完善技术评估、技术交易、技术转让、技术代理、技术拍卖和技术集成等技术转移服务，实现由零散、线下的技术转移服务向平台化、市场化、互联网化发展，发挥行业协会、产业联盟、创新联合体、创新平台、新型研发机构的作用。

2. 完善信息技术和数据交易服务。云计算与大数据已成为信息技术服务业的热点领域。要推动基础设施即服务（IaaS）、平台即服务（PaaS）、软件即服务（SaaS）等云计算主要服务模式广泛应用，同时发展业务流程即服务（BPaaS）、存储即服务（STaaS）、安全即服务（SECaaS）、数据即服务（DaaS）、网络即服务（NaaS），并向机器学习即服务（MLaaS）、人工智能即服务（AIaaS）等升级，统筹部署和开拓为中小企业服务的公有云、私有云、社区云和混合云市场。要健全由基础层、分析层、应用层构成的大数据生态圈，发展数据自营模式、数据租售模式、数据平台模式、数据仓库模式、数据众包模式，充分发挥大数据产业链在中小企业科技创新、结构调整、资源共享中的作用。应该看到，增强分析和增强数据管理正在驱动数据和分析行业发展，自然语言生成和人工智能将成为未来商业智能平台的主要特征。

3. 完善电子商务和拓展平台服务。电子商务发展已由平台时代进入整体转型期，多元共治的跨境知识产权治理模式正在形成，网络安全和数据保护将影响全球市场，开放、共享、包容、协同的新理念正在塑造电子商务品牌化竞争的新模式，战略方向是营造面向企业特别是中小企业服务的综合平台。要发展在线内容付费电商、会员制电商、区块链电商、跨境电商、移动电商、社交电商、分享电商、众包电商、工业电商、物流电商、农村电商等，推动运营数字化、网络智能化、产品个性化、体验场景化、业务生态化，发展移动生产、移动消费、移动办公、移动会客等基于地理位置信息的应用服务，全面创新产业组织方式、商品流通方式、生产生活方式，加大网络安全、数据隐私和消费者权益保护力度。

4.完善综合评价和技术评估服务。要深刻认识做好综合评价和技术评估是企业的"软实力"和"硬任务"，坚持宏观监测和微观监测、外部诊断和自我诊断、定量分析和定性分析、动态管理和静态管理相结合，科学、全面、准确地咨询和评价企业的可持续发展能力和市场竞争力。一方面，要切实加强企业综合评价，全面提升经营发展能力、技术创新能力、投资收益能力、风险防控能力、资本增值能力和社会责任能力，引导企业树立科学发展意识、创新驱动意识、保值增值意识、风险防范意识、遵纪守法意识。另一方面，要开展产业成熟度评估，系统运用技术成熟度、制造成熟度、产品成熟度、市场成熟度论证方法，分析具体产业方向培育与发展存在的制约因素、发展需求、潜在风险和预期成熟时间及规模等关键问题。

6 关于产业政策研究问题

10多年来，从中央到地方实施促进战略性新兴产业发展的一系列政策取得显著成效，主要包括财税金融政策、科技创新政策、资本市场政策、产业基金政策、技术转移政策、装备技术政策、产权保护政策、人力资源政策、政府采购政策等。"十四五"时期，保持这些行之有效的经济政策和产业政策的连续性、稳定性、可持续性至关重要。应该看到，我国工业化进程已进入重化工业化、高加工度化、技术集约化并行发展阶段，不断迈向产业基础高级化、产业结构合理化、产业发展现代化。我国具有超大规模的市场需求、超大体量的制造能力、超大预期的增长动力，需要深入研判战略性新兴产业的质态、量态、时间、空间分布和演进规律，统筹实施进一步提高企业生产力和发展社会生产力的产业政策。

1.注重研究实施产业布局政策。战略性新兴产业布局要充分考虑产业门类、产业要素、产业分工、产业链环的地域分布与区位优势，认真了解资源密集型、劳动密集型与资金密集型、技术密集型产业的发展层次与关联效应；实事求是地确定产业发展定位与目标、发展方向与重点、发展路径与举措，优化区域布局、优化空间结构、优化资源配置、优化投入产出；特别是要防止结构趋同、盲目投资、重复建设、生态破坏问题。继续支持京津冀、长三角和粤港澳大湾区成为世界超级经济区和建设全球科创中心，大力推进中西部地区传统产业高端化、智能化、绿色化，高度重视东北地区等老工业基地经济社会转型和产业优化升级。

2.注重研究实施结构调整政策。要把推进经济结构战略性调整、提高经济增长的质量和效益作为重大而紧迫的任务，有效改变有些地方需求结构失衡、供给结构失衡、市场结构失衡、增长结构失衡现象，有序度过结构调整阵痛期、进入产业经济转型期、走向创新驱动发展期。要比较研究国内外产业结构、科研结构、企业结构、技术结构、人才结构、产品结构、就业结构调整变化和发展趋势，围绕战略目标、研发设计、制造工艺、管理技术、集成创新、增长动能、商业模式等方面进行对标和达标。要把经济结构战略性调整的重点放在数字转型和绿色转型上，围绕建设"数字中国"和实现"双碳"目标，分行业分类别制定"路线图""施工图"和"时间表"。

3.注重研究实施规模经济政策。战略性新兴产业发展要坚定走好内涵扩大再生产、新型工业化的新路，主要依靠科技进步、转变发展方式、提高劳动者素质实现规模经济效益。要科学合理制定产业总量目标、产业增长目标、产业结构目标、产业质量目标和产业调整目标，立足高标准规划、高水平建设、高质量发展产业园区、产业基地、产业集群，立足发展数字经济，激活存量经济、消费经济、平台经济、共享经济、乡村经济、小微经济。需要指出的是，我国工业互联网产业增加值规模已经成为国民经济增长的重要支撑，要更好发挥其万物互联、数据驱动、软件定义、平台支撑、服务增值、智能主导和组织重构等方面效能。

4. 注重研究实施建设时序政策。战略性新兴产业发展在时序安排上要兼顾当前和长远、需要和可能、投资和负债、局部和全局，始终坚持一切从实际出发来考虑建设时序，全面把握本地发展基础、资源禀赋、技术水平、现有结构、需求强度、财力状况，所有重点工程建设项目都要严格进行经济分析、政策模拟、评估论证和财务预测，既要瞻前顾后、统筹安排，又要量力而行、尽力而为，防止过度投资、过度建设、过度负债，切实做到有所为有所不为。要坚持遵循经济周期规律、产业顺序规律、技术进步规律、优先发展规律、宏观调控规律办事，使决策符合经济和社会发展实际、能够经受实践和历史检验。

7 关于产业国际竞争问题

"十四五"时期，世界经济、科技、文化、安全、政治格局都在发生重大变化与深刻调整，但我国仍然是世界经济复苏的重要动力和全球外商直接投资的主要市场。中国加入了区域全面经济伙伴关系协定（RCEP），今年将更积极推动全球贸易投资便利化，战略性新兴产业将从中发挥越来越深入、越来越广泛、越来越重要的作用。

1. 提升货物贸易档次。我国在货物贸易领域已经是世界第一大国，作为30多个国家的最大出口国和60多个国家的最大进口国，在全球产业链供应链中占有举足轻重的地位，必须进一步形成货物贸易国际竞争新优势。要不断提升技术创新优势、产品质量优势、品牌价值优势、标准制定优势、服务网络优势。同时，要切实应对贸易保护主义和发达国家制造业回流带来的挑战，切实防范境外投资、期货交易、上市融资、汇率变动、国际结算风险，切实健全保障产业链、供应链安全的预警体系和应急处置机制，切实加强对重点行业、重点产品、重点国家和地区市场变化的监测分析及产业安全预警数据库建设。

2. 优化服务贸易结构。我国服务贸易自"十三五"以来平均增速高于全球并连续5年位居世界第2位，发展服务经济、拓宽服务消费、扩大服务出口带来了国际贸易结构的根本性变化，技术密集型、知识密集型和高附加值服务出口持续增长，标志着我国服务贸易进入黄金发展期。新冠大流行使旅游、运输等服务贸易领域因部门和供应方式而受到不同程度影响，也激发了零售、保健、教育、电信、视听以及数字创意等在线业务快速发展。要继续完善服务贸易管理体制，优化服务贸易出口结构，壮大服务贸易领军企业，发展服务贸易新型平台，扩大服务贸易开放合作，做大、做强、做优运输服务贸易、旅游服务贸易、信息技术服务贸易、金融服务贸易等。同时，要深入研究全球服务贸易规则发生的新变化，有效采取针对全球服务贸易壁垒的因应之策。

3. 推动知识产权贸易发展。知识产权贸易与货物贸易、服务贸易并列为世界贸易组织的三大支柱，而专利使用费和技术交易费是衡量知识产权贸易的2项主要指标。美欧日专利使用费和技术转让费出口额占全球80%以上，我国"两费"出口额全球占比很小，但呈现逐年增长态势。要把科技自立自强作为战略性新兴产业发展的根本指导思想，围绕向全球价值链中高端攀升布局技术创新链、产业升级链、贸易供应链，大力提高知识产权创造、运用、保护、管理和服务能力，积极应对西方国家对我国采取的技术出口、投资并购、产业发展、科技合作、人员交流等限制，健全防止滥用知识产权的反垄断审查制度和海外知识产权维权援助机制，推动完善知识产权及相关国际贸易、国际投资等国际规则和标准，逐步缩小专利使用费和技术转让费进出口贸易逆差，并迈向知识产权强国。

4. 抢抓数字贸易机遇。新一代数字技术推动全球加快进入数字贸易时代，正在改变不同类别的贸易组成结构和贸易模式，但对全球价值链贸易的未来影响程度难以预测。我国数字贸易发展步入高速增长、总体向好轨道，战略性新兴产业又面临"双循环"发展中的新契机。目前，主要发达国家纷纷出台数字贸易战略，并重视数字贸易规则制定，大多数发展中国家对数字贸易的认识和把握稍显不足。数字贸易规则制定将是一个异常复杂的过程，势必面临更多的、激烈的商业利益博弈。我们要在世界贸易组织（WTO）框架下研究数字贸易测度问题、标准问题、产权问题、安全问题、利益问题、公共问题、技术问题和商业问题，并同国际社会一道及早谋划迎接数字贸易引领全球新经济浪潮的因应之策，在积极参与国际数字贸易全球标准制定中提升中国话语权。

本文作者

宋大伟　中国科学院科技战略咨询研究院

基于双螺旋法的第三方评估研究
——以健康领域科技重大专项评估为例

王光辉　王　雪　李书舒

　　第三方评估制度起源于英美等发达国家，主要区别于第一方评估（被评估对象的自我评估）和第二方评估（被评估对象主管部门的内部评估）。在评估研究工作中引入第三方可以更为科学、客观、民主地开展评估，而智库机构作为相对独立于政府决策、执行部门并在特定领域具有专长的研究组织，开展公共政策第三方评估具备独立性、客观性、科学性和专业性等特征。独立性强调评估机构应能够更加客观地对政策执行是否到位、是否取得了实际成效进行评估，找出存在的实际问题，了解政策对象的真实需求。客观性是指第三方评估代表着公众的愿望与诉求，并监督政府的行为，有助于保障评估结果的客观性和真实性。科学性强调第三方评估机构应通过问卷调查、座谈访谈、随机抽样、数据挖掘、统计技术等科学评估方法，保证评估全过程的严密可靠。专业性强调第三方评估是技术性很强的专业工作，需要制定有效的评估实施方案，采用专业的评估理论方法知识，充分掌握评估对象相关数据信息，及时揭示、分析及研判有效的评估结论。为保证高质量完成第三方评估，智库研究双螺旋法不仅强调"解析—融合—还原"外循环研究，更强调 DIIS 过程融合法与 MIPS 逻辑层次法的融合，可以有效规范第三方评估的逻辑思维、实施过程和研究结果，对评估的每个环节实行严格的质量控制。

　　依据《国家中长期科学和技术发展规划纲要（2006—2020 年）》，国务院组织实施了"艾滋病和病毒性肝炎等重大传染病防治"科技重大专项和"重大新药创制"科技重大专项（统称"健康领域科技重大专项"）。2020年是健康领域科技重大专项实施的收官之年，也是相关工作成效第三方评估的关键之年。中国科学院科技战略咨询研究院作为第三方评估机构对健康领域科技重大专项实施成效开展评估，全过程应用智库研究双螺旋法倡导的问题导向、证据导向和科学导向，有效支撑并取得了全面、系统、科学的评估结论。笔者作为这个项目的联系人，现将基于双螺旋法的第三方评估研究体会择要如下。

1 坚持系统分析理念，优化开展评估研究外循环解码过程

严格地按照规范的程序进行评估，是减少第三方评估工作误差，保证评估质量和可信度的重要保证。第三方评估"解析—融合—还原"外循环强调评估活动必须按照一定的程序进行，具体包括：确定评估的目标和重点，并与评估委托方形成共识；从评估准则、关键评估问题、评估指标、证据来源、证据收集等方面设计评估方案，评估方案主要包括评估背景和目的、战略与规划的基本情况、评估框架、座谈会或实地调研问题清单、评估任务分工和时间安排等；围绕评估方案，充分调研分析评估数据，形成评估结论，完成评估结果报告，以书面形式提交第三方评估委托方。上述评估流程从"解析—融合—还原"的外循环视角，充分讨论了评估准备、评估设计、评估实施方案、评估实施、评估结果报告等过程。

解析阶段要求在评估工作实施前，根据不同领域评估任务的定义、内涵、目的及主体特征，客观认识评估对象、组成要素及外界环境，厘清评估要素的机理关系、影响路径和保障政策等，并将评估任务分解为多个子问题，确定需深入研究的评估对象，发掘涉及的关键评估要素。解析分析的核心是认识评估工作研究背景、指导思想和实施原则，分解评估任务子问题，明确相关子问题评估的对象、范围和目标。例如，健康领域科技重大专项评估解析的子问题及目标主要包括艾滋病、病毒性肝炎等重大传染病的防治体系建设评估；适合我国国情的重大传染病临

床治疗方案和防控策略评估；突发急性传染病应急处置能力有效手段研究评估；具有自主知识产权和市场竞争力的新药研制评估；我国药业自主发展的新药创新能力与技术体系评估；医药产业由仿制为主向自主创新为主的战略性转变评估等。

融合阶段要求组织不同学科背景的研究人员，根据战略目标，对评估任务进行集成，开展具体研究工作，以期揭示公共政策不同评估问题或子问题间的内在联系、社会影响及政策保障，具体研究流程包括数据资料及信息收集、资料整理及数据分析、集成分析及定向把脉等环节。为全面总结健康领域科技重大专项实施的成效和问题，我们对专项实施以来的情况进行评估，不仅关注基于文献资料的专项成果分析，还关注基于网络大数据的社会影响分析，更强调相关关键技术和核心能力提升的经济社会效益分析。评估强调应用科学的方法进行跨学科、多领域的系统研究，旨在摸清重大专项实施的成果产出、社会影响和社会效益，为后续相关研究计划的提出和实施提供方向性指引。

还原阶段要求在解析和融合分析的基础上，通过系统分析与循环迭代并结合专家研讨及综合研判，确定第三方评估报告提纲、专题报告提纲、政策建议提纲等，撰写评估报告、征求评估意见、完善评估报告、报送评估报告等。以健康领域科技重大专项评估为例，我们在融合研究基础上，主要采用还原论方法将专项科技成果分析、经济社会效益分析、社会影响分析回归至第三方评估智库研究战略目标本身，研判重大专项实施的评估结论及存在的问题，并通过循环迭代得到相应的对策建议和解决方案，给出第三方评估结果。

2 坚持过程融合理念，优化开展评估研究的 DIIS 解码过程

第三方评估是一项集综合性、复杂性、系统性于一身的专业任务，通常具有数据来源多、信息维度多、研判领域多、集成难度高的特点，需要坚持过程融合理念，开展数据收集、信息揭示、综合研判和方案形成，确保第三方评估研究证据导向、目标导向和科学导向（图1）。

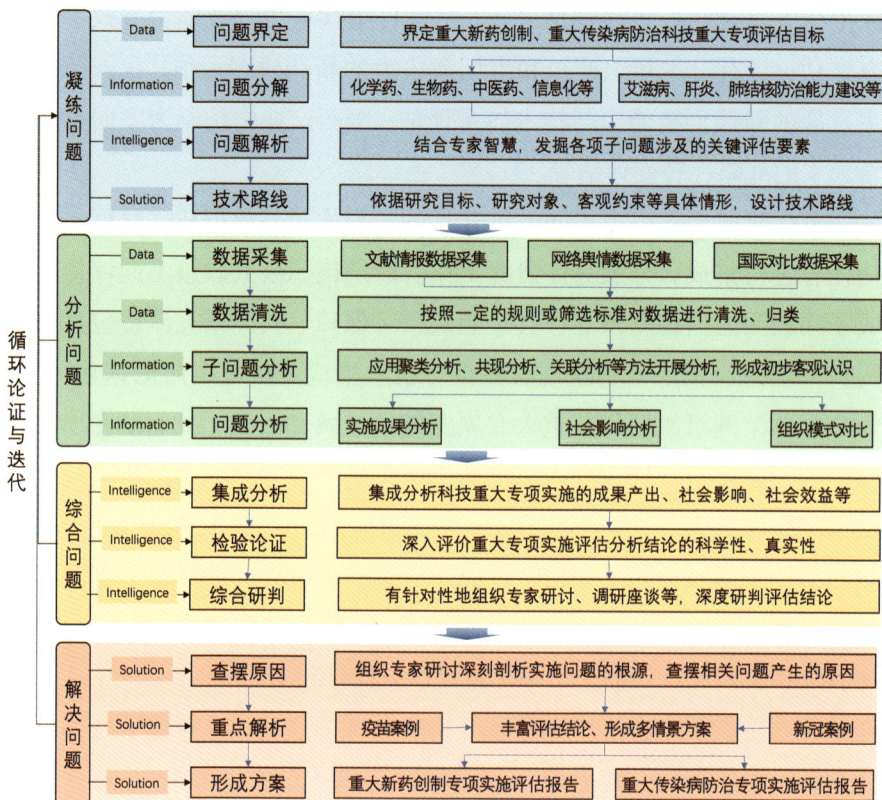

图1 健康领域科技重大专项第三方评估 DIIS 解码示意图

一是收集数据阶段，主要包括问题界定、数据采集、数据清洗、数据补充等环节。问题界定强调第三方评估任务的定义、内涵、目的及主体特征分析、分解；数据采集强调多源异构评估相关数据资料的检索、调查、爬取等；数据清洗强调应按照一定的规则或筛选标准对数据进行清洗；数据补充强调结合第三方评估相关数据资料获取的情况及质量，采用问卷调查、调研访谈等形式，有针对性地补充、完善评估相关的数据资料。健康领域科技重大专项评估主要围绕重大专项所涉及的相关评估问题的界定，从国家科技成果数据库、Web of Science（SCIE）、Derwent Innovation 数据库等，获取专项相关的科研成果产出，从新闻门户网站、新浪微博、微信公众号等平台，挖掘与科技重大专项相关的具有标签属性的网络舆情数据，并采取相应的方法对数据资料进行清洗。

二是揭示信息阶段，主要包括问题分解、子问题分析、集成分析、原因分析等环节。问题分解强调将评估任务分解为多个相对独立的子问题，确定评估任务的海选和精简指标；子问题分析强调应用相关定性定量分析方法，分析评估子问题；集成分析强调采用综合集成研讨厅等方法，将专家群体、统计分析和信息聚类等子问题结论有机结合；原因分析强调坚持问题导向，围绕子问题分析、集成分析主要结论查摆原因。健康领域科技重大专项评估主要结合科研成果数据的统计分析、关联分析和知识图谱等，深度研判重大专项实施的成果产出，结合网络舆情数据的聚类分析、共现分析、关联分析等，客观揭示重大专项主要研究方向落实的舆论反应，并结合定性定量分析结果的集成分析，查摆相关问题产生的原因。

三是综合研判阶段，主要包括问题解析、子问题研判、检验论证、原因研判等环节。问题解析主要确定需深入研究的评估子问题，初步分析问题分析研判可能涉及的领域范围；子问题研判强调结合网络调研、组内研讨等方式，深入评价子问题评估结论的科学性；检验论证强调结合组间研讨等方式，检验相关子问题研判的包容性，完善揭示信息阶段形成的客观认识；原因研判强调组织专家研讨，剖析评估任务实施各项问题的根源。健康领域科技重大专项评估主要结合揭示信息获取的客观认识，进一步采用专家研讨、调研座谈等方式引入专家智慧，结合科技重大专项投入产出效果分析，基于专项研究方向及网络民意焦点的对比分析，综合研判重大专项的实施成效和社会影响，形成新认识和新思路。

四是形成方案阶段，主要包括技术路线、子问题方案、初步方案形成、最终方案形成等环节。技术路线强调依据第三方评估任务要求，设计相应的评估方案及技术路线；子问题方案强调以子问题报告、案例报告或政策建议等形式，完成重点关切问题部分评估报告；初步方案形成强调结合任务分工，集成汇总各专题评估报告，形成第三方评估报告初稿；最终方案形成强调按照委托方要求，形成最终评估报告。例如，健康领域科技重大专项评估主要基于问题导向和专家智慧查摆原因，结合专项成果分析重大传染病防控和重大新药创制的有效性，并由此提出后续相关研究方案或建议。

3 坚持逻辑层次理念，优化开展评估研究的 MIPS 解码过程

第三方评估涉及空间、时间、行业等多个维度的分析。空间维度分析需要明确评估对象及其组成要素的空间属性，客观分析不同区域公共政策的落实情况。时间维度分析需要充分考虑评估对象及其组成要素的时间属性，从历史域、现实域、未来域角度总结公共政策发展演进历程及影响，展望公共政策情景及发展趋势。行业维度分析需要系统认知不同领域公共政策评估对象及其组成要素间相互联系，科学分析其经济社会影响，客观探讨相关的政策实施效果。第三方评估空间、时间、行业的集成研究需要系统开展机理分析、影响分析、政策分析和形成方案的逻辑解码过程（图 2）。

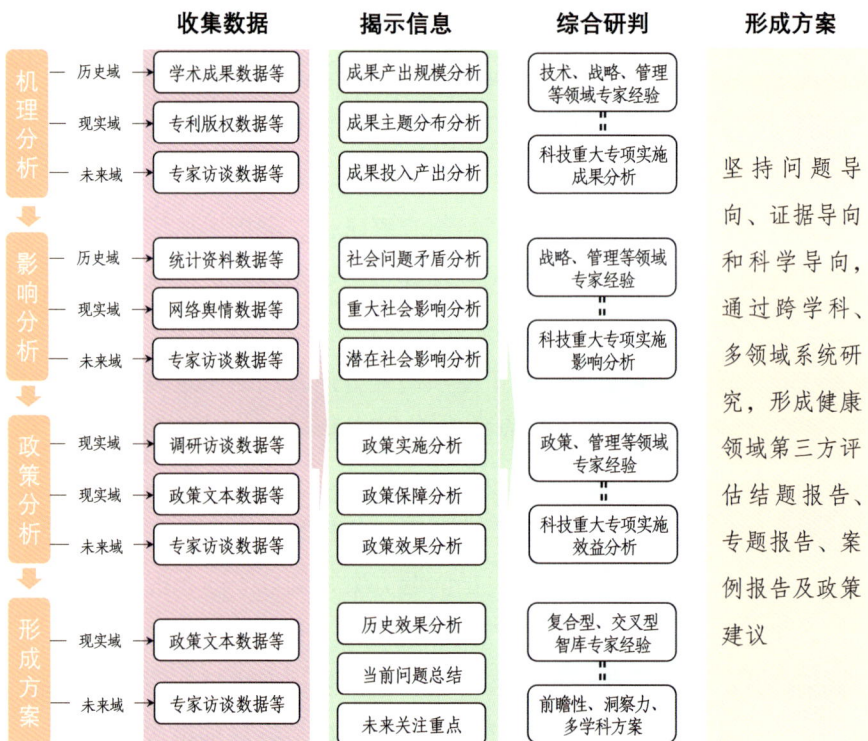

图 2 健康领域科技重大专项第三方评估 MIPS 解码示意图

机理分析强调对第三方评估对象本质特征及自身发展规律的认识。需要围绕不同行业、时间、空间细分的评估子问题，开展子问题及子问题与外部环境的机理分析，包括"历史域"重大行政决策战略回溯、"现实域"行政决策作用机理分析和"未来域"重大决策发展趋势预判等。在机理分析环节，健康领域科技重大专项评估研究主要根据重大专项研究课题设置情况，采集研究论文（包括 SCI 和 CNKI 论文）、科技奖励、新药证书、国际市场获批上市、WHO 预认证等数据，开展文献计量、聚类及统计分析等，并结合科研成果数据的统计分析和知识图谱等，深度研判专项实施的成果产出，总结传染病专项、新药专项实施效果的作用机理。

影响分析强调评估对象本体及其与外部环境直接或间接影响关系的分析。包括数据收集、信息揭示、综合研判、影响分析四个阶段。例如，信息揭示强调系统分析评估对象及外部环境的发展变化，总结重大行政决策的经济、科技、社会及安全等多重影响。综合研判强调引入社会、政策、管理等领域专家经验，系统分析和归纳重大决策以往产生、当前产生、未来可能产生的直接或间接影响。在影响分析环节，健康领域科技重大专项评估全面采集了新闻门户网站、新浪微博、微信公众号等平台具有标签属性的舆情数据，并结合网络舆情数据的聚类分析、关联分析等，客观揭示专项主要研究方向实施的社会影响，评价重大专项实施的社会影响。

政策分析强调围绕机理分析及影响分析结论，开展重大行政决策保障政策研究。这不仅需要对评估对象进行政策效果情景分析，还需要综合集成"历史域""现实域""未来域"分析结论，从感性上升到理性，从个别上升到一般，深刻剖析重大行政决策实施问题的政策根源。在政策分析环节，健康领域科技重大专项评估主要结合项目委托方提供的专项数据，研判重大专项项目关键技术和核心能力数据，科学分析重大专项实施的经济社会效益，总结其实施政策的效果。

形成方案强调主要依据机理分析、影响分析、政策分析获取的评估结论。要依据评估任务研究目标、研究对象、客观约束等具体情形，从评估政策历史实施效果、当前实践案例、未来发展重点等方面，引入前瞻性、洞察力、多学科背景、综合能力强的复合型智库专家经验，以子问题报告、案例报告或政策建议等形式，形成重点关切问题第三方评估报告，并进一步根据委托方要求和评审意见，修改、完善最终研究报告。健康领域科技重大专项评估主要综合研判了专项的实施成效、社会影响、经济效益等，由此提出后续相关研究建议，形成研究方案。

4 坚持循环迭代理念，优化开展评估研究的方案形成过程

第三方评估是面向决策需求的典型智库研究任务，需要根据项目委托方要求，循环迭代、调整优化研究方案及研究结论，有效支撑委托方相关决策需求。循环迭代论证的核心是通过若干轮反复循环的专家研判、对接沟通，实现分歧阶段结论的最终凝练共识。健康领域科技重大专项评估同样坚持双螺旋法的内循环与外循环、DIIS 过程融合法与 MIPS 逻辑层次法的循环迭代，切实保证了评估结论的科学性、有效性。

第一，方案设计环节需要坚持内循环与外循环的迭代，即项目总体组通过与委托方多次沟通，提出并完善评估研究方案。在健康领域科技重大专项评估过程中，我们与评估委托方多次沟通，结合重大专项评估指导思想、目标与对象，通过相互深化认识，最终达成共识，将评估内容确定为科技重大专项实施成果分析、影响分析及效益分析。成果分析主要结合科研成果产出规模、主题分布、热点聚类分析，研判科技重大专项实施成效；影响分析主要应用关键词聚类分析、共现分析、关联分析等方法，研判科技重大专项实施的舆论观点分布，总结专项实施的主要问题和社会影响；效益分析主要结合专项实施的关键技术和核心能力数据，总结重大专项的相关研究进展，开展专项实施经济社会效益分析。

第二，评估研究环节需要坚持 DIIS 过程融合与 MIPS 逻辑层次的迭代，根据研究需要将复杂的第三方评估问题分解为相关评估专题，即从实际出发具体调整研究需求、迭代研究问题和得出研究结论。在健康领

域科技重大专项评估过程中，我们将大规模智库问题分解为机理分析、影响分析、政策分析方面的 3 项中规模智库问题，并从传染病专项、新药专项、国际专项对比等方面，将相应的中规模智库问题分解为多项小规模智库研究问题。例如，传染病专项强调通过核心技术突破和资源集成，实现生命健康领域"三病两率"防治能力构建、新发突发传染病防控、传染病预测预警技术等的提升，其实施成效评估目标包括专项科技成果分析、社会舆情影响分析、社会效益分析等。新药专项强调通过核心技术突破和资源集成，实现生命健康领域新药创制科研能力、关键核心技术体系、医药产业园区聚集等的提升，其实施成效评估目标包括专项科技成果分析、经济社会效益分析、社会影响分析等。针对每项具体问题评估，我们系统开展了问题分析、需求确定、数据采集、客观分析、综合评估、专题评价等迭代工作，确保了各维度智库问题研究的科学性。

第三，报告撰写环节需要围绕第三方评估委托方对评估报告及内容的要求，进行多轮沟通对接，并根据委托方需求完善研究报告。在健康领域科技重大专项评估过程中，我们围绕形成的评估报告初稿，组织相关传染病防控、新药创制领域专家及项目委托方，开展多次评估报告征求意见的论证会和对接会，分专题整合专家及委托方意见建议，完善相关部分的评估结论，最终形成的评估报告获得相关部门高度肯定，并为后续相关研究计划开展提供了有效支撑。

本文作者

王光辉　中国科学院科技战略咨询研究院

王　雪　中国科学院科技战略咨询研究院

李书舒　中国科学院科技战略咨询研究院

生态文明体制改革评估的双螺旋法应用
——以国家生态文明试验区第三方评估为例

苏利阳

我国生态文明体制改革采取自上而下和自下而上相结合的实施路径，前者体现为2015年发布的《生态文明体制改革总体方案》，勾勒了生态文明制度体系建设的"四梁八柱"并确立了8方面47项改革任务，后者表现为设立国家生态文明试验区，鼓励基层探索并期望将成功的地方实践经验总结升华到国家决策之中。第三方评估在"由点及面"的改革模式下承担着特殊使命，打破了由行政系统主导的、相对封闭的公共政策制定和实施过程，从而在决策权、执行权、监督权中分离出相对独立的"评估权"。因此，第三方评估需要有新的信息渠道、新的理论方法、新的工作机制，只有构建科学、高效、规范的评估方法学才能有效服务支撑生态文明体制改革。应当看到，生态文明体制改革和国家生态文明试验区第三方评估是典型的智库问题，它涉及学科众多、问题复杂、综合性要求高，更是一个在不断挖掘事实性知识的基础上形成观点性知识的过程。双螺旋法作为指导智库研究的认识论、方法论、实践论，强调从问题出发、以循证为根本依据、采用科学的研究方法和工具，为生态文明体制改革和国家生态文明试验区第三方评估提升了深度、拓展了广度。本文对应用双螺旋法提升生态文明体制改革和国家生态文明试验区第三方评估进行了总结。

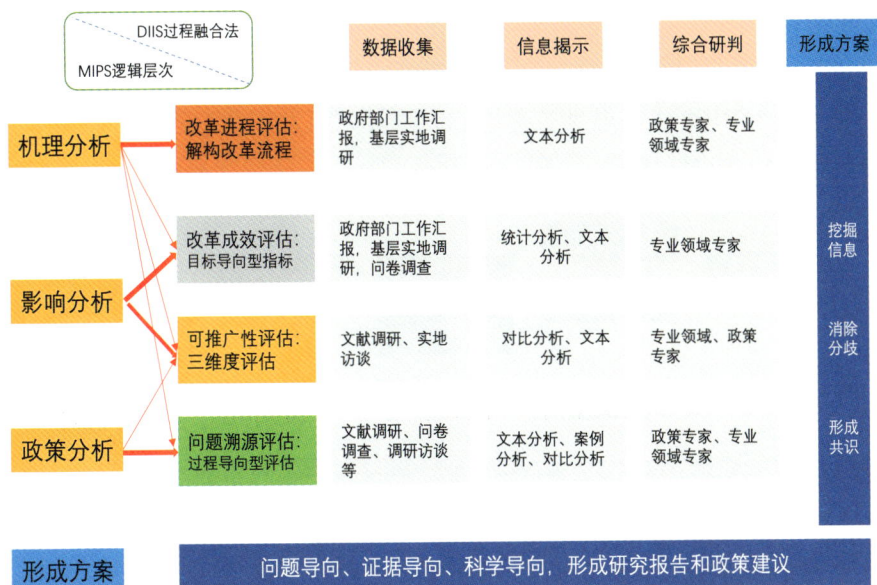

图 1　国家生态文明试验区第三方评估的 MIPS 与 DIIS 耦合图谱

1 从"结果导向"到"全程分析"，双螺旋法为确立评估指标提供科学化分析思路

对第三方评估而言，构建科学合理的评估指标体系是核心。传统评估工作大都以结果为导向构建状态描述型指标体系，但对承担生态文明体制改革数十项改革任务的国家生态文明试验区而言，评估工作的目标和需求相对多元，除了要掌握进度、督促落实外，还需要评价成效、总结经验，更需要发现问题、识别原因。因此，以结果为导向的评估方法学难以符合工作的需求。这里，智库研究双螺旋法的逻辑层次法 MIPS 为我们构建一个面向决策需求、立足对象特征的"全过程"评估框架和指标提供了新的分析思路，拓展了评估工作的深度。从委托方需求看，评估需要准确掌握各项制度的落实情况，对已经落实的改革举措的成效开展客观评价，对成效较好的经验做法评估其是否具有可推广性，对进展不顺的制度要分析其问题根源。据此，可形成"实施进展—成效评估—

可推广性—问题溯源"的评估框架。这些内容与 MIPS 的"机理分析—影响分析—政策分析—形成方案"紧密相连。在下一步构建指标体系这一过程当中，MIPS 将在思维、理论、方法等方面发挥全过程的指导作用，帮助指导构建指标体系。

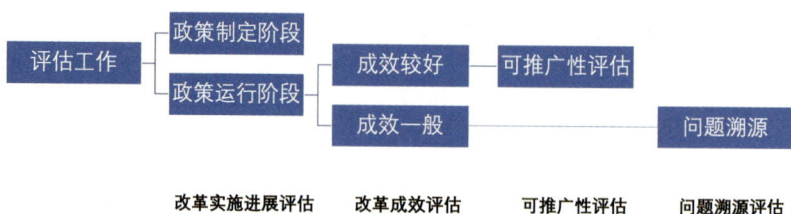

图 2 "实施进展—成效评估—可推广性—问题溯源"的评估框架图谱

第一，应用机理分析构建"改革导向型"指标，开展改革实施进展评估。国家生态文明试验区第三方评估首要任务是，科学客观评价各项改革任务的落实实施情况，掌握制度建设的总体进度，这主要是发现事实性知识。根据双螺旋法中外循环的"解析"要求，评估指标的构建要遵循"能量化就量化、不能量化就流程化"的基本原则。然而，不同改革任务的过程十分复杂且多元，比如一些任务在发文后可直接实施，还有一些任务是发文后需要配套支撑；一些任务的制定者同时也是执行者，一些制度需要层层委托至基层实施。这意味着传统框架下不同改革任务的实施进度缺乏可比较性。为此，评估工作充分借鉴公共政策过程理论，并结合现实中生态文明体制改革任务的特性，开展了深入的机理分析，通过重构和细化改革流程，构建一般化、可比较的政策过程。这在整体上是将其分解为"议程设定—试点阶段—方案制定—建设落实—部分运行—全面实施—调整优化"等环节，使得不同改革任务的进度具有可比较性，以及评估各项改革任务的实施进展情况。

第二，应用影响分析构建"目标导向型"指标，开展改革运行成效评估。在研判各项改革实施进展的基础上，重点对处在运行阶段的制度开展成效评估，需要应用 MIPS 中的影响分析来构建指标体系。从改革举措产生影响的机理和过程可分两个层次，首先是改革措施影响各个主体的行为，随后才产生社会、经济和生态效益。通常情况下，前者是相对直接的、在短期内可以产生的影响，而后者是间接的、需要一定时间且是综合因素的结果。考虑到评估工作的需求，国家生态文明试验区的运行成效评估重点聚焦第一个层次的影响。因此，第三方评估工作需要清晰判断每一项改革任务的初衷与目的，据此构建"目标导向型"指标，形成改革成效的评估指标体系。如生态环境监测垂直管理改革的目标是降低地方保护主义对环境监测的行政干预、增强环境监测对环境监管执法的支撑；生态文明绩效评估改革的目的是转变地方政府领导的执政理念等。在此基础上，构建相应的评估体系，开展数据收集和分析，进而判断相关改革是否完成既定的目标任务。

第三，机理和影响分析构建"推广导向型"指标，开展改革经验循证评估。鉴于国家生态文明试验区是"由点及面"政策过程的一环，评估工作必须重点关注改革成果是否具有复制推广价值，这涉及形成观点性知识。应当意识到，"点上成功"不代表"面上可推广"，因为"由点及面"从来不是简单的复制粘贴，也不仅仅是结合推广地区实际情况的适应性调整，更可能是产生系统性风险而需要系统性变革，比如在全国范围内大规模推广一些地区的生态产品抵押贷款产品可能会引发系统性金融风险。在合理研判制度成效的基础上，可推广性评估重点关注以下几个维度。一是该制度解决的问题是否在全国范围内普遍存在；二是该解决方案是否成本可承受；三是制度从"点上实施"到"面上实施"是否会引发系统性风险和挑战。这三个维度基本上对应着"问题普遍性、成本可承受性和改革有效性"，鼓励引导地方和有关部门善于把面上的问题带到点上去实践探索，把点上的经验拿到面上去推广。基于这些评估维度，对国家生态文明试验区的相关经验做法开展评估，可凝练形成系列经验做法加以推广

第四，应用政策分析构建"政策导向型"指标，开展改革问题溯源

评估。现实生活中的决策者无法掌握全部的理论知识，判断哪些生态文明制度是有效或者无效的。因此，针对改革实施不佳的制度，评估工作还需要回答其是执行出现问题还是决策不科学，这样才能真正切合决策者的需求。因此，开展问题溯源评估工作就十分必要，需要采取构建"政策导向型"评估指标体系的做法。在完善政策方面，要从文件的完整性、科学性、创新性等角度构建指标体系；在执行机制方面，要从领导组织机制、配套措施、激励机制等构建评估指标体系。除此之外，还可参考已有理论如"模型—冲突"模型开展分析。总之，问题根源的判断十分复杂，需具体问题具体分析。

　　总体上看，通过应用双螺旋法中 MIPS 构建合理的评估分析框架，整个研究形成一个不断发现和挖掘事实性知识、最终形成观点性知识的过程。在上述研究基础上形成评估结论和政策建议，又是服务和支撑"形成方案"环节。

2 从"随机组织"到"规范实施"，双螺旋法为生态文明体制改革评估提供专业化组织方法

　　公共政策理论认为，只要方法正确、程序合理，决策的科学性就能够有效提升。传统学术研究对研究组织实施的要求并不高，因为随着专业化分工的细化，研究工作越来越呈现出"单兵作战""三五成组"的特征。但国家生态文明试验区第三方评估涉及的知识面较广、信息来源庞杂、非少数人可完成，因此必须充分调动各方的力量，这就对适合多方参与、沟通协商机制畅通、能有效激励积极性的评估组织形式提出前所未有的需求。尤其是随着评估工作的深入，评估工作越来越注重形成观点性知识，而这对组织实施方法有特殊的要求。因为事实性知识通常是获取的信息越多，就越能够作出准确的判断，而观点性知识往往是有碰撞、有分歧，找到形成共识的路径非常重要。双螺旋法中过程融合法 DIIS 强调流程优化和方法规范，通过实施科学规范的数据收集，加强信息揭示并持续深入挖掘事实性知识，促进各方形成观点性知识的共识，

从而显著提升了国家生态文明试验区第三方评估的科学性。

一是数据收集要注重多重来源。信息和数据收集对智库类研究至关重要，因为这类研究往往是实证性研究，且要求较强的时效性。但以第三方身份参与评估面临的首要挑战是信息壁垒。一方面，委托方希望第三方能够有超越行政系统的、额外的信息渠道；另一方面，第三方还面临着来自被评估方的信息壁垒——信息延迟、信息不对称、信息失真等现象普遍存在，如执行部门存在着"报喜不报忧"的倾向和冲动。与此同时，行政系统内的信息也是相对分散，如存在着多层级信息（不仅关注本级政府政策出台情况，还要看下一级政府的落实实施情况）、跨部门信息（改革任务往往多个部门共同完成）等。因此，课题组采取了两种方式。一是针对行政系统内的数据收集，要建立专人机制。该专人作为第三方评估方与行政系统的连接，主要职责是调度行政系统内部的调研和信息收集工作，参与相关评估工作。这种方式能够在很大程度上调动行政系统人员的积极性，从而避免第三方评估工作成为研究人员的独角戏。二是要注重收集行政系统外的数据，应用问卷调查、大数据网络信息采集等方法，广泛收集各类主客观数据。

二是信息揭示要注重相互印证。信息挖掘的功能是充分挖掘数据和信息下的事实性知识，采用文本分析法、统计分析法、文献综述法等形成客观的认知，合理判断改革进程及取得的成绩与问题。这里尤其强调的是，考虑到信息不对称问题，因此要特别注重数据和信息的相互印证，减少甚至避免信息失真带来的错误判断。一是行政系统内部不同来源的信息相互印证。以绿色发展评价机制为例，作为执行方的统计部门认为取得了较好的效果，但我们查阅了地方反馈的信息，发现地方并没有基于绿色发展评价结果采取针对性措施，由此判断现阶段绿色发展评价机制的成效并不显著，并提议弱化甚至取消该评价；之后很快我们就看到国家发文提出不再开展绿色发展评价机制。二是行政系统内外相关信息的相互印证。对行政系统内部的结论，要与大数据网络信息采集、公众实地访谈和问卷调查等获得的有效信息进行相互印证和判断，形成主观判断和客观数据等之间的对比。

三是综合研判要注重专家多元。综合研判的功能是形成观点性知识，即在事实性知识的基础上，采用德尔菲法、案例分析法、专家研讨法等形式进行研判，得到新认识、新框架、新思路。事实性观点可以通过客观资料分析，但观点性知识如制度是否适合由点及面推广等，需要结合广泛的专家智慧和专业研判。因此，我们进一步构建起适合综合研判的"大团队、小核心"的组织架构。其中，"大团队"指组建不同领域专家学者的团队，包括跨领域专家（公共治理、绿色金融、空间规划、自然资源、生态环境、绿色发展等领域专家）、跨区域专家（来自中央和地方的专家），以及跨界专家（政府系统、高校和企业家等），从而打破学科边界、融合知识体系、衡量利益取向。"小核心"是指综合性、复合型、专业化研究团队。这里需要优先考虑战略思维、系统集成和综合文字能力强的研究人员，其目的是确保有分歧的观点能逐步收敛、形成共识。需要指出的是，观点性知识的共识形成往往是非线性的，并不是会议越多、交流越多就越能形成共识，在很多时候它需要一定的契机如领导层的介入等才能加速形成共识。

综上所述，数据收集、信息揭示、综合研判的整个过程，是一个认知持续深化、各领域知识不停交融的过程。通过收集全方位和相对系统的信息，开展多层次、经常化交流研讨，有利于充分吸收融合各学科、各领域专家知识，提高国家生态文明试验区第三方评估的研究质量，尽可能就事实性知识和观点性知识达成共识，为形成方案奠定基础。

3 从"线性过程"到"螺旋上升"，双螺旋法为深化生态文明体制改革规律的认知提供循环演进式解决方案

在"由点及面"的改革路径下，生态文明体制改革和国家生态文明试验区第三方评估工作必然是一个不断迭代和跃升的过程。一方面，从委托研究本身看，需要按照"始于研究问题，终于解决方案"的智库研

究要求，认真做好 MIPS 和 DIIS 中的形成方案环节，开展多轮沟通对接，不断凝聚共识，汇聚支撑形成既符合客观实际需求、又协调各方利益的解决方案。另一方面，从学科发展需求看，我们还要充分注重加强成果集成和理论提升，持续深化对生态文明建设与体制改革基本规律的认识，不断学习、领悟和贯彻习近平生态文明思想的丰富理论内涵和实践指导价值。从这个意义上讲，要按照智库研究和理论学习是"一个进行时、没有完成时"的要求，持续推动生态文明体制改革和国家生态文明试验区第三方评估研究工作向纵深领域迈进。这一过程中，按照智库双螺旋法的要求，尤其需要注重推动三方面的循环迭代与螺旋上升。

（一）注重"解析—融合—还原"的外循环思维，推动"系统—子任务—系统"的迭代改进。生态文明体制改革是一个系统性工程，目标是通过子制度建设、管理体制变革共同建成生态文明制度体系。因此子制度之间、制度与体制之间是相互联系的。双螺旋法的"解析—融合—还原"的外循环思维为整个评估提供了"个体—系统—个体"迭代改进的指导。通过解析生态文明体制改革，能够将制度体系建设分解成若干个子制度、管理体制改革，相应的国家生态文明试验区第三方评估工作也要对子制度和管理体制改革开展专项评估，明确相关子制度评估的对象、范围和目标。对国家生态文明试验区（江西）的评估就将评估对象分解为 38 项子制度，对每项子制度的改革进展及成效等情况都要开展研究分析。在分类别完成子制度和管理体制改革评估后，要应用 MIPS 中的机理分析和政策分析，评估子制度之间的系统性、制度与体制的匹配性，完成"融合"分析。如生态文明绩效考核评价体系改革与生态环境监测体系改革等紧密相关。最后，还需要重新回到生态文明体制改革的初心和战略目标本身，综合判断生态文明制度体系建设及关键制度的实施成果及可推广性，通过循环迭代得到相应的对策建议和解决方案，给出第三方评估结果。

（二）注重推动事实性知识和观点性知识的交融迭代，形成"局部—

全局—局部"的循环过程。事实性知识是历史性的、局部性的，观点性知识是预测性、全局性的。国家生态文明试验区第三方评估是一项尤其需要处理好局部与全局关系的研究，其需要通过"以小见大"为全国范围内完善生态文明体制改革提供支撑，因此要注重局部性的事实性知识向全局性的观点性知识转型。通过 DIIS 中的数据收集和信息揭示、MIPS 中的机理分析和影响分析，掌握试验区各项制度的实施进展以及改革成效等事实性知识。但历史的、局部的事实性知识不一定完全适用于新的发展阶段和全国所有地区，因此必须辅佐 DIIS 中的专家综合研判等，才能生成观点性知识，掌握经验做法的可复制性可推广性以及失败的改革的问题根源。国家生态文明试验区评估就广泛应用了这一思维，如试点地区厦门市"多规合一"改革取得了成功，减少了规划冲突并提高了行政效率；但在开展可复制性评估时，通过综合研判，发现厦门做法具有显著的当地主官一把手工程特征，没有在体制上取得突破，而其他地区不一定具备类似的条件。实际上，"十三五"期间福建省在全省范围内推广厦门"多规合一"的经验做法并没有取得很好的成效。更重要的是，形成观点性知识后还需要借助双螺旋法与事实性知识进行印证，包括在相关区域进行验证，从而形成持续迭代。

（三）深化生态文明建设与体制改革规律认识的循环迭代，注重形成"理论—实践—提升"的螺旋上升。生态文明建设和体制改革的概念尽管已提出多年，但无论国外还是国内都没有成熟的模式和路径。在实践中推动生态文明建设和体制改革，更多的是一个"试错"并不断修正错误的学习过程。这意味着，我们必须在"理论—实践—评估—升华"中不断深化生态文明建设和体制改革基本规律的认识。这就要求"评估"工作在支撑起"试点—总结—推广"模式的同时，还要承担起理论升华中的承上启下作用，要有效总结理论与实践结合中的差距，并提出未来改进方向。通过 MIPS 中的机理分析、影响分析、政策分析和 DIIS 中的数据收集、信息揭示与综合研判，能够研判生态文明建设和体制改革理论认知与实践的差距，掌握我国各层级政府的决策水平、执行能力及其不足之处。在此基础上，开展生态文明建设和体制改革理论的修正和优化，从而不断地挖掘信息、消除分歧、形成共识，逐步深化对生态文明建设与体制改革规律的认识。应当意识到，在中国国情下，"理论—实践—提升"的螺旋上升十分重要，因为理论是实践先导，实践是理论的源泉。

4 结论与展望

生态文明建设是事关中华民族永续发展的千年大计。生态文明建设及体制改革对第三方评估工作提出了前所未有的需求。作为国家治理体系和治理能力现代化的重要内容，第三方评估需要发挥其独立性作用，利用好专业性优势，形成生态文明体制改革的科学性结论。本文的研究显示，智库双螺旋法为第三方评估的科学有序实施提供了重要的指导和支撑。展望"十四五"，我国将继续保持生态文明建设和体制改革的战略定力，站在人与自然和谐共生的高度来谋划经济社会发展，加快构建绿色低碳循环发展的经济体系。课题组将围绕生态文明建设及第三方评估的双螺旋法应用加大研究力度。一是深化生态文明建设及体制改革的理论体系与实践应用研究。按照 MIPS "机理分析—影响分析—政策分析—形成方案"的逻辑，加强国内外生态文明建设经验和规律总结，按照循环演进的路径继续开展理论和实践研究。二是加强第三方评估流程总结和提炼，按照外循环"解构—融合—还原"、DIIS "收集数据—揭示信息—综合研判—形成方案"的要求，并结合不同的评估需求，进一步推动评估工作的流程化、规范化、科学化。三是充分发挥第三方评估机构的独立性地位和专业化优势，始终坚持服务国家需求、服务生态安全、服务科学决策的方向，拓展历史域、现实域、未来域的时空域理念，对我国立足当前、面向未来推进绿色发展、循环发展、低碳发展建言献策。

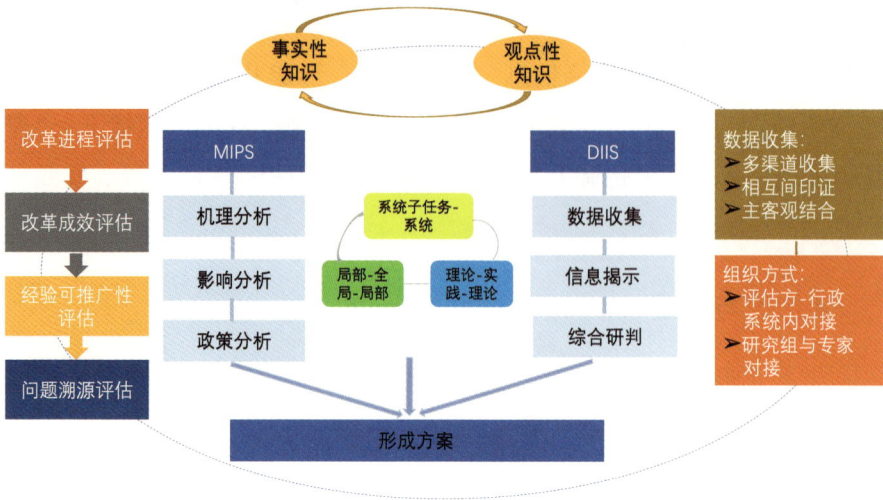

图3　生态文明体制改革评估的双螺旋法应用逻辑图谱

本文作者

苏利阳　中国科学院科技战略咨询研究院

人才评估的双螺旋法应用

王光辉

人才是发展第一资源，是兴邦富国之本，是推进国家富强、民族振兴的强大动力。从历史上看，人才济济、群星灿烂的时代，往往也是国力强盛、经济繁荣的时期。从国际上看，人才也是影响科学中心转移、国家发展、民族兴衰的关键变量。党的十八大以来，以习近平同志为核心的党中央十分重视人才工作，提出了一系列新理念新战略新举措，推动人才工作取得历史性成就、发生历史性变革。在我国开启全面建设社会主义现代化国家新征程、向第二个百年奋斗目标进军的关键时期，科学认识我国人才事业发展的规律性特征、制定未来人才发展规划及政策具有重要战略意义。中国科学院科技战略咨询研究院于 2020 年开展了综合性、全局性、系统性人才评估研究工作，科学研判我国人才发展的态势以及存在的突出矛盾和问题。应该看到，人才评估具有总量大、层次多、主体多、领域多的特点（图 1）。中国科学院科技战略咨询研究院根据研究需要成立总体组以及相关研究任务和数据方法支撑专题组，组织全院 10 个研究单元的 20 余名科研骨干开展研究。作为项目数据方法支撑组负责人，笔者深度参与了人才评估的双螺旋法应用实践工作。在方案设计、数据收集、调查研究、系统评估、报告撰写等各环节，双螺旋法外循环和内循环相关理论和方法的充分应用，有效保障了不同部门、不同领域、不同背景研究人员开展评估研究的科学性。

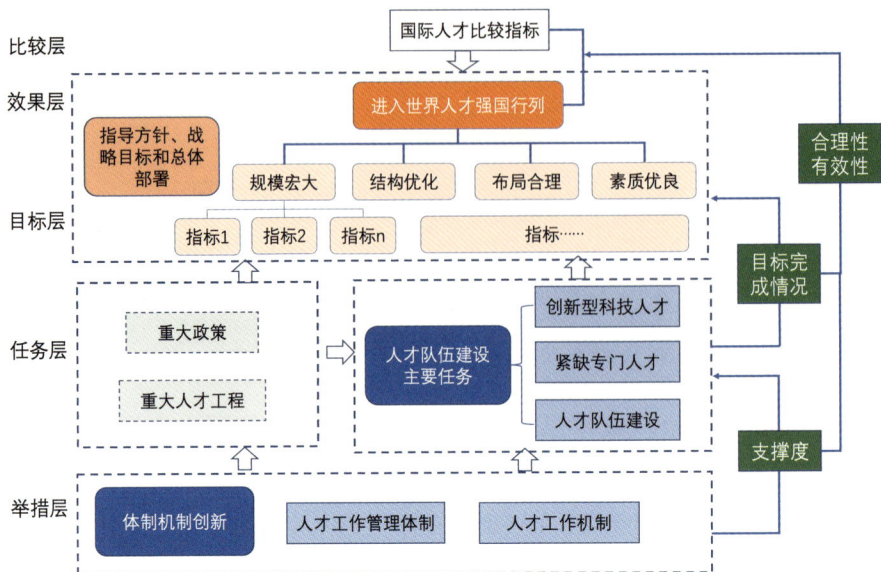

图 1　人才评估总体框架

1 从外循环理论视角，"解析—融合—还原"评估问题

人才评估是支撑服务党中央宏观决策的重大战略问题研究。我们的评估研究首先强调以"聚天下英才而用之"的工作理念，以"人才强促进万业兴、国家强"的工作要求，科学界定和分解人才评估相关问题。一是坚持"全球视野"，根据我国综合国力变化趋势，系统调研各国人才规模、结构、质量、政策，比较国际人才发展的特点与趋势，提炼我国人才政策可资借鉴的经验，有效应对国际人才竞争态势。二是坚持"历史眼光"，结合我国经济社会发展特点和时代需求，系统回顾我国人才发展的阶段性特征，分析取得的成功经验、存在的问题与教训，从历史的视角为人才评估研究提供重要借鉴参考。三是坚持"立足当前"，围绕我国进入新时代的突出人才问题与短板开展深入研究，紧密结合新时代国家经济、社会和安全需求，找准其中的关键痛点、难点、堵点。四是坚持"面向未来"，对接国家战略定位，面向 2035

年建设创新型国家的需求，前瞻研判未来重点科技领域、产业领域新兴态势以及对国家"急难险重"任务的人才支撑能力，提早做好人才应对准备。

围绕四个坚持，研究方案采用"解析—融合—还原"的双螺旋法外循环理论，将人才评估问题分解为：人才队伍目标完成情况及合理性评估；人才队伍举措实施情况及有效性评估；体制机制创新完成情况及支撑性评估；国内外形势对我国人才发展的影响分析；我国人才工作存在的问题和经验总结；人才发展规划制定的方向性建议等。其中，根据不同类型人才队伍建设规律以及不同领域国际人才对比分析需求，我们将上述评估问题进一步细分为：创新型科技人才的总量、结构、布局和质量，以及相应的培养模式、队伍建设、发展环境、文化氛围和诚信体系建设情况评估；紧缺专门人才开发的总量、结构、布局和质量，以及需求和供给状况、培养和培训模式、产业支撑情况以及相应的激励和协调机制建设情况评估；企业经营管理人才队伍总量、结构和国际化水平，以及相应的培训教育体系、选人用人机制、人才评价机制、业绩评价机制评估；专业技术人才队伍总量和结构，以及相应的培训教育体系、职业资格认定体系、收入分配体系评估；高技能人才队伍总量和结构，以及相应的职业培养体系、教学合作模式、资格认定以及人才待遇评估；农村实用人才队伍总量和质量，以及相应的培训教育体系、专业协作组织人才、评价体系及政策支持评估；社会工作人才队伍总量和能力，以及相应的培养体系、专业建设体系、人才评价体系、联动体系建设评估。

根据人才体制机制创新以及人才政策法规涉及的主要方面，上述评估问题进一步细分为：党管人才领导体制建设情况及其效果评估，包括相应的决策机制、协调机制、监督落实机制、工作运行机制、考核评价机制、专家咨询机制等；人才管理体制建设情况及其效果评估，包括国有企业和事业单位等用人制度改革情况；人才法制体系建设情况及其效果评估，包括人才培养、吸引、使用各环节的人才法律建设情况；人才培养开发机制建设情况及其效果评估，包括人才领域和学科布局机制、招生考录机制、质量评价机制以及军队人才培养体系等；人才评价发现机制建设情况及其效果评估，包括各类型单位人才评价机制、公务员分类机制以及特殊领域人才发现、识别机制和社会化机制等；人才流动配置机制建设情况及其效果评估，包括人才市场供求、价格、竞争机制，人才服务业发展状况以及人才资源有效配置机制；人才激励保障机制建设情况及其效果评估，包括人才薪酬工资制度、人才奖励体系以及社会保障制度等。

围绕解析、融合、还原的各项人才评估问题，我们在证据导向、目标导向、科学导向指导下，采用DIIS过程融合法、MIPS逻辑层次法开展了具体问题的评估研究（图2）。相关问题包括创新型科技人才、企业经营管理人才、社会工作人才等各类人才队伍目标完成情况；中国、美国、德国、日本、韩国等各国人才队伍建设成效的对比分析；青年人才培养、人才考核评价、人才激励保障、人才流动配置等各方面体制机制创新情况；人才签证政策、人才国际交流、人才生态环境建设相关政策建设及其反馈解决的闭环等问题。

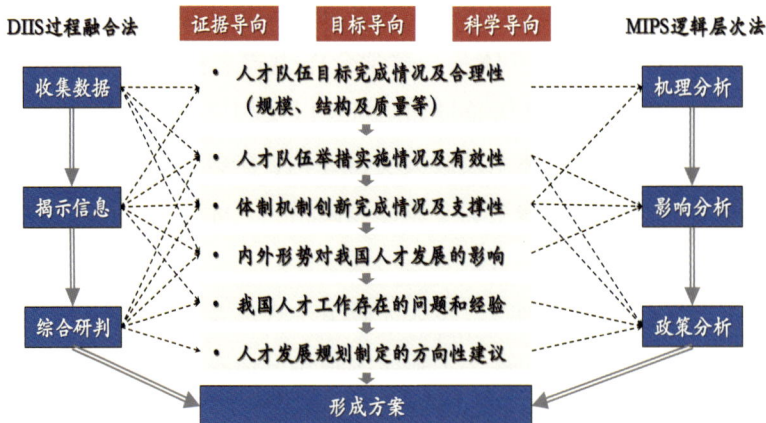

图 2　人才评估双螺旋法应用的框架示意图

2 应用过程融合法，"独立—客观—科学"开展评估

DIIS 过程融合法（Data-Information-Intelligence-Solution，DIIS）遵循"收集数据—揭示信息—综合研判—形成方案"的逻辑框架，有效确保了人才评估的独立性、客观性和科学性，具体研究过程（图 3）为：

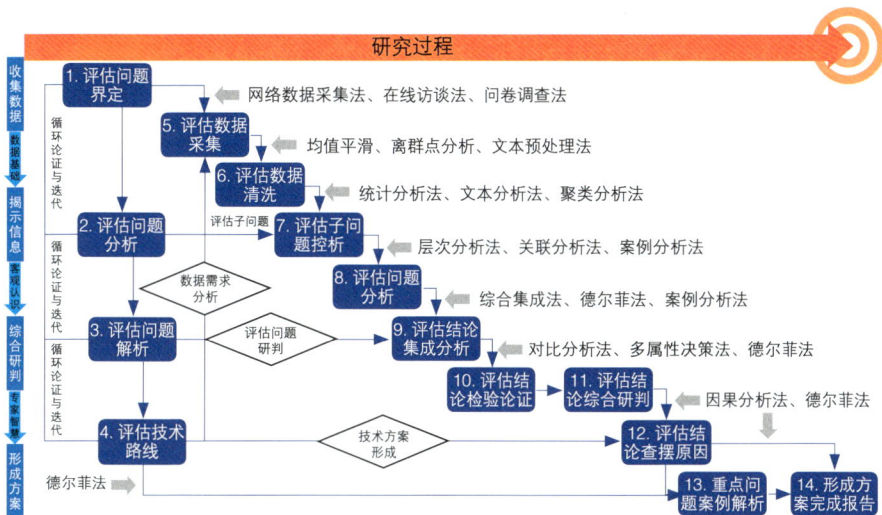

图 3　人才评估 DIIS 过程融合逻辑框架示意图

（一）结合人才评估问题及子问题分解，从"发展目标"完成情况分析、"主要举措"发布实施情况分析、"体制机制"制定落实情况分析等研究需要，充分采集政策文本数据、文献情报数据、统计资料数据、问卷调查数据、网络舆情数据、国际对比数据、专家访谈数据等，并采用均值平滑、离群点分析、文本预处理等方法对数据进行清洗。其中，统计资料数据主要考察各类人才队伍"建设目标"完成情况；文献情报数据主要考察青年人才培养、人才考核评价、人才激励保障、人才流动配置等各方面体制机制问题；政策文本数据主要考察人才签证政策、人才国际交流、人才生态环境建设相关政策建设及其反馈解决的闭环等问题；网络舆情数据主要从网络"民意"的视角，考察上

述人才体制机制及政策实施的社会影响；问卷调查数据、专家访谈数据则主要借助一手数据，评估我国人才发展重要问题解决情况。

（二）结合评估数据收集，采用文本分析法、统计分析法、文献综述法、聚类分析法、对比分析法、关联分析法等，对各类人才队伍总量、结构、布局和质量；各类人才队伍培养、使用、评价、激励举措；国内外各类人才队伍建设情况；人才队伍建设、发展环境、文化氛围；人才工作管理体制改进完善情况；人才培养开发、评价发现、流动配置、激励保障等机制创新情况及重点问题等进行客观分析。例如，对于创新型科技人才评估，我们通过相关数据，揭示分析了我国创新型科技人才队伍绩效规模情况；研发人员、专利和论文等指标情况；研发人员国际对比情况；研发人员总量增速情况；研发人员总量构成中研究人员占比情况等。对于体制机制创新，我们结合相关文献资料及政策分析，重点揭示了我国青年拔尖和卓越人才培养机制、人才评价"破四唯"、人才评价自主权、事业单位岗位绩效工资等问题。对于人才政策改革，我们重点揭示分析了海外人才引进签证政策、人才国际交流、人才生态环境等方面政策建设成效。

（三）结合数据资料信息揭示的客观分析结论，采用德尔菲法、案例分析法、专家研讨法等形式，对我国人才队伍建设的成效和存在的问题、主要国家人才队伍建设情况对比、人才体制机制创新情况以及人才相关政策法规建设情况等评估问题进行综合研判，形成评估结论。例如，对于创新型科技人才评估，我们综合研判发现，我国研发人员总量稳居世界首位，支撑我国科技事业的长足进步，但重大科研产出往往需厚积薄发，目前效果还未突出显现。对于青年人才培养，我们综合研判发现，我国青年人才培养与社会经济发展脱节、人才培养不能满足经济社会发展需要的问题仍然突出。此外，我们在综合研判过程中，还发现当前我国各类人才的培养、使用、评价、激励、环境塑造等方面均有大量具体举措和投入，然而在关系到人才长远发展的重点、难点、深层次问题上突破不大，重大疑难问题没有得到有效解决。

3 应用逻辑层次法,"全面—系统—综合"开展评估

MIPS 逻辑层次法（Mechanism-Impact-Policy-Solution，MIPS）基于
"机理分析—影响分析—政策分析—形成方案"逻辑框架,有效确保了
人才评估的系统性、逻辑性、层次性。

第一,强调人才评估问题的机理分析,我们明确了人才队伍规模的衡
量指标、高层次人才的衡量方式、人才经济社会影响力的表征方式、人才
国际影响力的表征方式等。其中,创新型科技人才队伍规模主要采用R&D
人员全时当量表征,其他人才队伍规模建设评估主要采用人才总量表征;
高层次创新型科技人才,我们主要采用院士、国家科技奖励获得者、国家
人才计划获得者、国家科技计划负责人表征;创新型科技人才队伍建设质
量,我们则主要采用全球高被引科学家、主要国际科技组织的任职比例表
征。此外,在机理分析环节,我们还分析了"全面创新、重点突破"的培
养开发机制、"导向明晰、分类分层"的评价发现机制、"市场为主、宏
观统筹"的流动配置机制、"价值为先、依法保障"的激励保障机制等。

第二,强调人才评估研究的影响分析,我们分析了各类人才队伍建
设对经济社会发展的支撑作用,重点研究了青年人才培养、人才签证政
策、人才国际交流、人才生态环境、人才评价激励等举措对人才队伍建
设的影响。例如,人才评估显示,我国各类人才队伍建设项目或计划稳
步推进,各类人才队伍建设的政策环境持续改善,各职能部门以及各省
市纷纷推出的人才计划、实施方案,有效保障了各类人才队伍建设服务
保障体系的优化。此外,我们从人才管理改革试验区体制建设成效分析、
用人自主权制度改革成效分析、市场机制作用分析、"三评"文件和清
理"四唯"专项行动实施成效分析、高等学校招生及拔尖学生重点培养
制度实施成效分析等方面,系统评估了人才体制机制创新的各方面影响。
例如,通过改革高等学校招生考试制度和拔尖学生重点培养制度,完善
多元招生录取机制,建立职业教育保障机制,创新职业教育模式,我国
人才培养区域布局不断优化。

第三，强调人才评估研究的政策分析，从人才工作管理体制、培养开发机制、评价发现机制、流动配置机制、激励保障机制以及相关政策落实的角度，系统分析了我国人才工作存在的问题和经验，并从相关政策改进完善的视角，提出了后续人才发展规划及政策制定的方向性建议。例如，据青年人才培养机制评估显示，我国青年人才培养适应并服务社会经济发展需求的机制欠缺，亟须建立政府、企业、高校相互协作机制，努力破解人才培养和产业需求"两张皮"难题。据人才评估机制分析显示，我国人才评价政策落地"破"后缺"立"的现象仍然存在，亟须探索建立第三方监察与督导机制，推动实施人才分类评价。据人才国际交流政策评估显示，我国各类海外引才计划的实施导向片面强调对海外人才的输入量和占有量，却很少考虑适用性和实效性，导致引进的海外人才与岗位需求不匹配现象突出。

4 坚持循环演生迭代，"调整—优化—完善"评估报告

研究质量是智库建设的根本，而在影响研究质量的诸多问题中，关键是智库研究理论方法的缺失。作为典型的大规模智库问题，人才评估研究全过程同样需要坚持双螺旋法内循环与外循环、DIIS 过程融合法与MIPS 逻辑层次法的循环迭代。一是方案设计环节，坚持内循环与外循环的迭代，即项目总体组通过与委托方多次沟通，提出并完善评估研究方案。二是收集数据环节，坚持与 MIPS 逻辑层次法不同阶段的迭代，项目总体组通过与利益相关部门或机构的数据调研、资料对接，完成评估研究所需的数据资料收集。三是揭示信息环节，坚持与 MIPS 逻辑层次法不同阶段的迭代，各评估子问题研究组召开小组会议，根据委托方和实施方案要求，及时对评估报告内容进行修订。四是综合研判环节，坚持与 MIPS 逻辑层次法不同阶段的迭代，通过召开总体组专家研讨会以及定期向委托方汇报研究进展，及时开展交流研讨、按时提交相关材料。五是形成方案环节，坚持与 MIPS 逻辑层次法不同阶段的迭代，主要围绕对评估报告及内容的要求，与委托方多轮沟通对接，根据委托方需求，不断完善研究报告。

人才评估研究是典型的第三方评估问题，面临"涉及领域多，分析问题杂""参与人员多，质量把控难""数据来源多，集成难度高"等挑战。首先，人才评估是一项复杂的智库问题，不仅需要综合研判不同类型人才队伍建设情况，还需要深入分析各方面体制机制创新情况等。智库研究双螺旋法的外循环是把握复杂评估问题整体逻辑的方法指导，是科学解析人才评估问题的"模具"。我们通过应用外循环理论，将人才队伍目标完成情况及合理性评估问题分解为规模、结构及质量等，将人才队伍建设举措评估分解为培养、使用、评价、激励等举措，将人才体制机制创新评估分解为人才管理体制、人才工作机制评估等，有效解决了"涉及领域多，分析问题杂"的挑战。其次，人才评估是大规模的第三方评估研究任务，如何科学地凝练问题、分析问题、综合问题和解决问题至关重要。智库研究双螺旋法内循环的 MIPS 逻辑层次法是贯通政策分析、影响分析和机理分析的方法指导，是确保人才评估研究质量的"卡尺"。我们通过应用 MIPS 逻辑层次法，分析了人才评估机理分析、影响分析、政策分析等必备要素，有效解决了"参与人员多，质量把控难"的挑战。最后，人才评估广泛涉及政策文本、学术文献、统计资料、网络舆情、国际对比、专家访谈等数据，相关信息揭示和综合研判存在冗余、冲突、融合等问题。双螺旋法内循环过程的 DIIS 与 MIPS 的演生迭代是解决评估成果集成问题的重要手段，也是确保评估研究成果满足需求的"铣刀"。我们通过应用循环演生迭代思维，有效调整、优化和完善了评估结论及研究报告，有效解决了"数据来源多，集成难度高"的挑战。总之，人才评估应用双螺旋法可以解决上述问题挑战，找准评估问题的"切口"，科学把控评估研究质量，有效集成多元评估信息。双螺旋法作为人才评估的"模具""卡尺""铣刀"，有效确保了评估研究的质量，相关报告获得委托方高度认可。

本文作者

王光辉　中国科学院科技战略咨询研究院

应用双螺旋法重构智库研究分析框架

朱永彬

近年来，党和国家高度重视智库建设，提出要"切实加强中国特色新型智库建设，充分发挥智库在治国理政中的重要作用"。随着智库建设的重要性日益增强，对智库研究系统性、科学性、前瞻性的要求也变得更为迫切。与学术研究不同，智库研究更加强调系统性，不能成为基于有限学科或个别领域的独立研究；智库研究更加强调科学性，不能成为基于研究者或专家个人经验的主观判断；智库研究更加强调前瞻性，不能成为基于历史经验或静态视角的简单套用。

为提高智库研究的科学性，促进产出高质量研究成果，中国科学院科技战略咨询研究院潘教峰院长基于对战略规划研究的长期实践和对智库研究理论的深入思考，相继提出了智库 DIIS 理论方法和智库研究双螺旋结构。智库研究的双螺旋结构是对 DIIS 理论的深入与升华，其由过程融合法（DIIS）和逻辑层次法（MIPS）循环迭代形成双螺旋结构，又与智库研究的"解析—融合—还原"整体分析过程相互呼应形成内外两层循环架构，最终在问题导向、证据导向和科学导向内在要求下，基于智库研究的知识层根基，构成"始于研究问题，终于解决方案"的循环迭代、螺旋上升式整体框架体系。该结构体系不仅为我国智库建设提供了理论遵循，也为具体的智库研究提供了实践指引。本文以笔者参与的具体研究为例，详细阐释如何以双螺旋结构理论方法指导智库研究实践，以期对读者有所启发。

1 双循环紧密结合，科学设计研究流程

党中央历来高度重视国家战略科技力量，把建设一支体现国家意志、服务国家需求、代表国家水平的战略科技力量作为科技事业发展的重中之重。2020 年 10 月，党的十九届五中全会通过《中共中央关于制定国民经济和社会发展第十四个五年规划和二〇三五年远景目标的建议》，对强化国家战略科技力量作出全面部署；同年 12 月，中央经济工作会议将"强化国家战略科技力量，发挥新型举国体制优势"置于 2021 年经济工作重点任务首位。2021 年 3 月发布的《国民经济和社会发展第十四个五年规划和 2035 年远景目标纲要》将"强化国家战略科技力量"作为专章进行部署。

在此背景下，中国科学院科技战略咨询研究院承担了强化国家战略科技力量相关研究。在研究过程中，课题组始终以智库研究的双螺旋法为理论指导，反复研讨确定研究方案、深化研究工作。

外循环提升研究流程规范性。智库研究双螺旋结构的外循环，是从对智库问题进行"解析—融合—还原"的过程而言，首先将研究问题分解为一系列子问题，然后结合各类知识对子问题进行融合研究，最后综合还原提出解决问题的方案。基于这一智库研究整体逻辑，课题组反复讨论并与课题委托方多次沟通，最后将强化国家战略科技力量这一问题解析为七个实施路径及相关政策举措，并与"总体思路"共同构成了"1+7"的子问题集（图 1）。

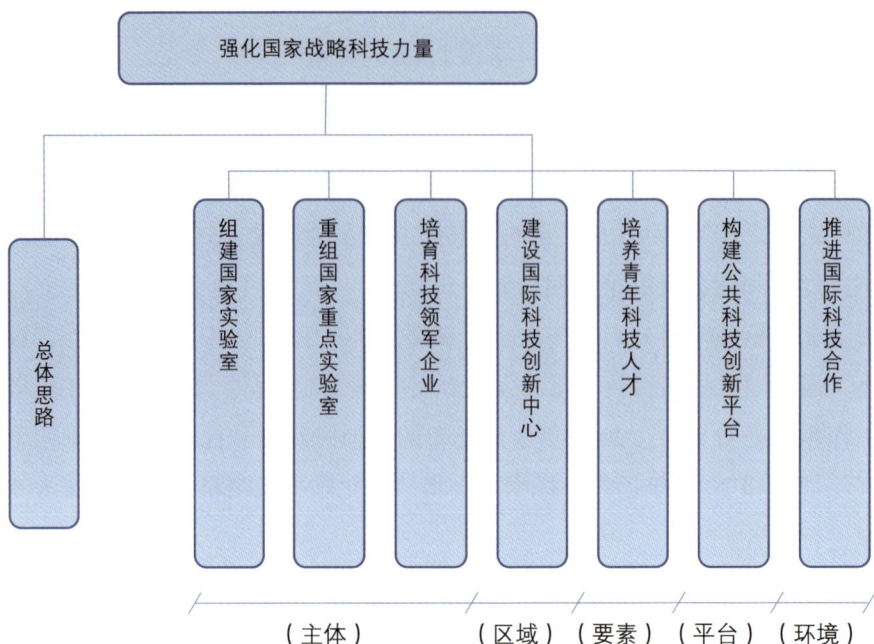

图1　强化国家战略科技力量问题解析

　　问题解析过程实际上已经反映了智库研究的思路。自党的十九届五中全会提出强化国家战略科技力量这一战略目标以来，各级政府部门以及社会各界，尤其是科技界对"什么是国家战略科技力量""国家战略科技力量的使命是什么""哪些可以纳入国家战略科技力量""国家战略科技力量与其他科技创新主体的关系是什么""如何打造国家战略科技力量"等问题高度关注。在本研究中，课题组限于时间和篇幅限制，并没有尝试对这些问题进行全面解读，而是聚焦"国家战略科技力量"的热点和难点问题，选取了目前悬而未决、尚未形成共识的"国家实验室组建""国家重点实验室重组"问题，在"强化企业创新主体地位"的大背景下，首次将"科技领军企业"视为国家战略科技力量，并从区域、要素、平台、环境等维度各选取一个关键问题。在确定子问题集后，课题组每人负责一个子问题，继续深化问题解析。

　　关于如何培育科技领军企业，由于社会各界对国家战略科技力量的认识主要集中在一流科研院所、顶尖研究型大学等建制化科技力量以及国家实验室、国家重点实验室等国家级科研平台，对企业能否承担起国家战略科技力量这一使命普遍持怀疑态度。为此，这一专题研究就要回答"为什么科技领军企业可以作为国家战略科技力量""科技领军企业可以或是应该发挥哪些重要作用""现有创新政策是否有利于科技领军企业的培育""未来如何培育具有全球创新力的科技领军企业"等问题，由此形成了对该专题的问题解析。

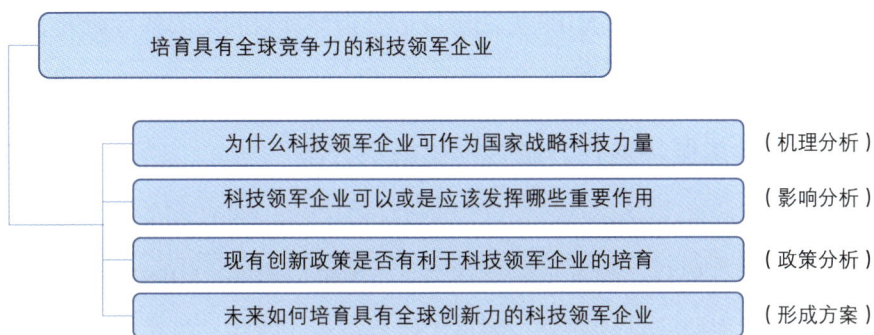

```
┌─────────────────────────────────────────────────┐
│           培育具有全球竞争力的科技领军企业              │
└─────────────────────────────────────────────────┘

    ┌─────────────────────────────────────────┐
    │   为什么科技领军企业可作为国家战略科技力量   │  （机理分析）
    └─────────────────────────────────────────┘
    ┌─────────────────────────────────────────┐
    │   科技领军企业可以或是应该发挥哪些重要作用   │  （影响分析）
    └─────────────────────────────────────────┘
    ┌─────────────────────────────────────────┐
    │   现有创新政策是否有利于科技领军企业的培育   │  （政策分析）
    └─────────────────────────────────────────┘
    ┌─────────────────────────────────────────┐
    │   未来如何培育具有全球创新力的科技领军企业   │  （形成方案）
    └─────────────────────────────────────────┘
```

图 2　培育科技领军企业问题解析

接下来，课题组不仅分工明确，每人围绕对相关专题的问题解析、利用各自专业知识和研究方法进行深入的融合研究（融合研究过程见第二部分），再还原为针对专题的解决方案和政策建议；而且课题组成员之间围绕不同专题同样开展交叉融合研究，最后还原为针对课题的解决方案和政策建议。在智库研究外循环的整体逻辑指导下，课题研究取得了丰硕的决策咨询成果。

内循环提升智库研究科学性。智库研究双螺旋结构的内循环，是针对外循环的"融合研究"环节，采用过程融合法（DIIS）和逻辑层次法（MIPS）所构成的双螺旋方法，对问题解析出来的子问题集开展循序渐进地深入研究。可以说，内循环所对应的双螺旋方法为智库研究提供了规范化的研究流程参考和研究方法指引。

以笔者负责的专题为例，实际上，在问题解析环节，即是按照逻辑层次法的"机理分析—影响分析—政策分析—形成方案"来构建子问题集（图2）；然后在逻辑层次法的各个环节又与过程融合法的"收集数据—揭示信息—综合研判—形成方案"进行交叉融合，即在机理分析、影响分析和政策分析的过程中，都遵循收集数据、揭示信息和综合研判的流程规范，最后形成最终的解决方案（图3）。其中，过程融合法保证了决策研究咨询方案的客观性，体现了智库研究的证据导向；逻辑层次法从问题本身的内在规律出发探索解决问题的有效途径，体现了智库研究的问题导向；DIIS 和 MIPS 方法螺旋嵌套指导针对问题的融合研究，体现了智库研究的科学导向。

2 双螺旋循环迭代，融合提出解决方案

在智库研究的双螺旋结构中，过程融合法（DIIS）是基于研究过程对智库研究进行划分，侧重于研究环节；而逻辑层次法（MIPS）是基于研究内涵对智库研究进行划分，侧重于研究逻辑。因此，两者并不是相互割裂、自成体系，而是具有紧密的耦合关系，相互融合、叠加、循环、迭代，从而形成智库研究的高度交叉融合特征（潘教峰，2020）。在实际应用中，既可以从 DIIS 环节层出发分析双螺旋结构的内部耦合关系，也可以从 MIPS 逻辑层出发分析双螺旋结构的内部耦合关系。在笔者参与的课题研究中，采用的是从 MIPS 逻辑层出发分析双螺旋结构的内部耦合关系（图3）。

聚焦"机理分析"，追根溯源发掘内在规律。在本研究中，围绕"为什么科技领军企业可以作为国家战略科技力量"这一子问题，笔者从国家创新体系的理论研究到世界科技强国的实践经验，收集整理大量的定性资料与定量数据。理论上说，根据 OECD 在 1996 年发布的《国家创新系统》研究报告，国家创新系统由知识创新系统、技术创新系统和产业创新系统三大子系统构成，企业作为技术创新系统和产业创新系统的核心主体，应当在研发新技术、开发新产品、实现产业升级方面发挥重要作用。从历史经验来看，纵观全球，世界科技领军企业均拥有强大的

科技创新实力，并具有将科技成果迅速转化为现实生产力，深刻改变世界科技和经济发展形态的能力。通过理论与实践的数据和资料分析，可以揭示出如下信息，即全球科技领军企业是国家科技创新的主导力量，拥有世界领先的高科技企业是科技强国的重要内涵。进而综合研判得出"具有全球竞争力的科技领军企业是国家战略科技力量的重要组成"的重要结论。

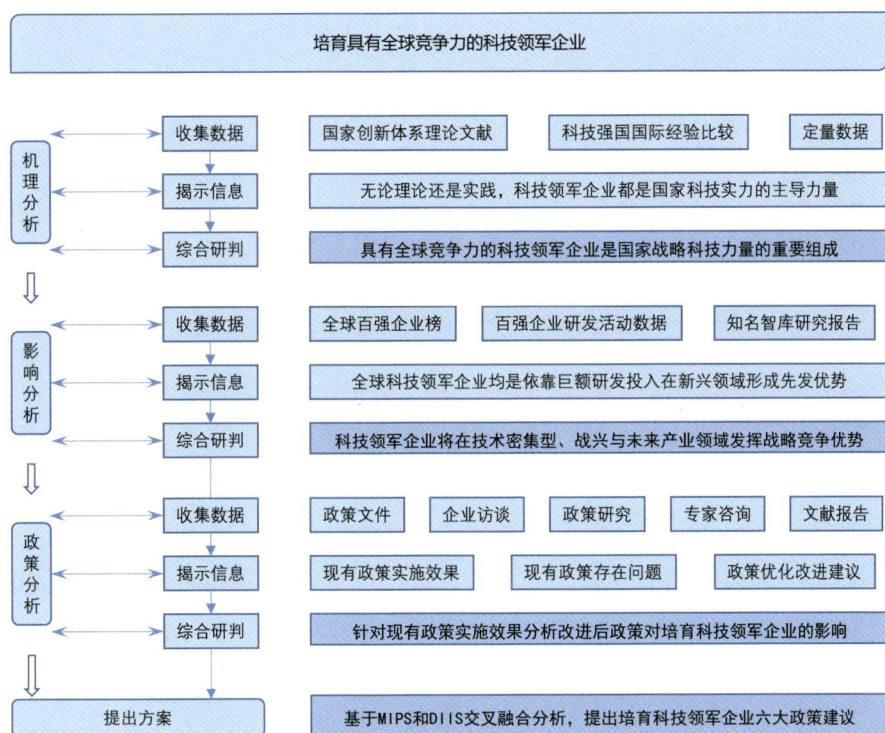

图 3　基于双螺旋法的科技领军企业培育研究框架

聚焦"影响分析"，多源佐证剖析潜在影响。在本研究中，围绕"科技领军企业可以或是应该发挥哪些重要作用"这一子问题，笔者搜集了国际咨询机构发布的各类企业排行榜，如普华永道《2018 年度全球创新 1000 强报告》、美国商业杂志《2019 年全球五十大最具创新力公司》、波士顿咨询公司《2020 年最具创新力全球公司名单》、汤森路透《全球百强创新企业排行》《全球科技企业领导者 100 强》、德温特《2020 年度全球百强创新机构榜单》、欧盟《工业研发投资记分牌》等，以及知名智库研究报告和百强企业科研活动数据等，从中分析全球科技创新领军企业的所属领域、国别分布及研发活动等特征。基于数据分析，可以揭示出如下信息，即"全球科技领军企业均是依靠巨额研发投入，在战略性新兴领域尤其是数字科技领域形成先发优势"。进而综合研判认为，若要培育具有全球竞争力的科技领军企业，并将之打造为国家战略科技力量引领全球科技发展方向，必须面向战略性新兴产业甚至未来产业，在高技术制造业和知识密集型服务业等研发活动最密集、科技创新最活跃的领域加强布局；抓住新一轮科技革命和产业变革的机遇，培育一批全球最具创新力的科技领军企业和科技独角兽企业；发挥我国制造业优势，面向数字制造、智能制造新趋势，打造标杆级世界先进"灯塔工厂"，借力数字科技培育制造行业全球科技领军企业。

聚焦"政策分析"，博采众议评估政策效果。在本研究中，围绕"现有创新政策是否有利于科技领军企业的培育"这一子问题，笔者在收集数据环节进行多源数据资料汇集，包括国家出台的科技体制改革和支持企业科技创新的相关规划、行动和具体政策文件，学界对科技政策的相关研究论文和报告，以及近年来对若干数字科技企业以及部分转制院所和国有企业的调研，为课题研究积累了一手资料。同时在课题研究过程中，课题组围绕如何强化国家战略科技力量这一问题召开专家研讨会，邀请到来自不同领域和性质的科技领军企业高层，听取了他们对科技领军企业担负国家战略科技力量使命的见解和建议。基于以上资料和数据的整理和分析，揭示了关于现有政策在培育科技领军企业方面的积极作用以及具体实施过程中存在的问题，并通过企业访谈和专家咨询的方式与企业家和政策专家探讨了政策应该如何进行优化调整以及相关政策将产生怎样的作用，为最终综合研判提出关于培育科技领军企业的有针对性和有效性的政策措施奠定了重要基础。

聚焦"方案研究"，系统集成研提决策建议。在智库研究双螺旋结构中，逻辑层次法和过程融合法最终均交会于"提出方案"。方案也即决策咨询建议是在深入分析机理、影响和政策基础上提出的，也是基于大量客观数据资料和分析研究而得出的，充分体现出智库研究的科学导向和证据导向。同时，最终提出的方案还应聚焦拟解决的突出问题和拟实现的最终目标，体现智库研究的问题导向和目标导向。宜抓大放小，找准问题关键、对症下药，忌求全责备，避免面面俱到、泛泛而谈。在本研究中，课题组识别出导致我国科技领军企业数量少、科技研发实力弱的六大问题，分别是产业基础能力薄弱制约企业创新能力提升、科技企业创新支持力度不够或支持政策落实不到位、数字领域企业科技创新基础和创新生态不健全、国际竞争中企业核心竞争力较弱、科技金融支撑服务体系有待加强、企业跨国经营和抗风险能力不足。为此，有针对性地提出六大政策建议，分别为实施产业基础能力提升行动计划、全面落实激励企业技术创新政策、推进重点产业全链条数字化转型、着力打造企业核心竞争力新优势、强化科技金融服务支撑体系建设、提升企业跨国经营和抗风险能力。

3 双螺旋时空交织，拓展智库研究视野

科学的研究方法是产出高质量研究成果的根本保障。智库研究问题往往是基于把握现实和预测未来而提出的，而在这一过程中基于历史视角的分析同样必不可少，才能实现服务决策的目标。智库双螺旋法针对智库研究的这一特性，同样反映了智库研究贯通历史、现实和未来的时空域概念，其所构建的过程融合法与逻辑层次法耦合迭代框架，就是为解决实际问题而基于历史演进规律、立足当前现实情况、预测预判未来形势，堪称智库研究而量身定制的科学化理论方法。

智库研究要基于历史。任何事务的发展和问题的出现都与其所处的历史阶段密切相关，脱离历史发展规律研究解决方案是不切实际的。在智库研究双螺旋法中，过程融合法的收集数据阶段即是侧重历史域，基

于以往的数据资料回顾历史演进历程（机理分析）、研究历史重要影响（影响分析）、理解历史政策背景（政策分析），从历史发展中总结经验、吸取教训，为解决方案提供历史经验借鉴。在本课题研究中，我们首先回顾了有关企业在国家创新体系地位和作用的研究，以发达国家历史经验为对比，结合历史数据展开分析，论证了科技领军企业作为国家战略科技力量的使命担当；其次收集了科技企业全球榜单和相关企业的研发活动和经济活动数据，针对其历史发展过程开展深入研究分析；最后是针对过去已经实施的政策等相关资料进行分析，以期对未来解决方案的提出有所借鉴。

智库研究要立足当前。立足当前就是要明确目前所处的阶段，识别当前存在的问题，问题导向既是智库研究应遵循的基本原则之一，也是智库研究的出发点和落脚点。在智库研究双螺旋法中，过程融合法的揭示信息阶段即是侧重现实域，基于对现状问题的信息揭示有助于描述问题的本质规律（机理分析）、认识问题影响现状（影响分析）、评估现有政策效果（政策分析），为解决方案提供现状问题判断。在本课题研究中，我们主要围绕科技领军企业与其他国家战略科技力量的关系、全球科技领军企业的行业和国别分布及其研发活动现状特征、各国不同政策对科技领军企业培育壮大的影响等进行分析，立足当前开展横向对比，揭示科技领军企业发展壮大所需要的条件和环境。在问题导向指引下，重点研判我国科技领军企业与全球科技百强企业存在的主要差距、我国科技领军企业发展面临的主要问题、我国当前科技和产业政策在培育科技领军企业方面存在的不足，从而为政策建议的提出奠定辨证施治基础。

智库研究要着眼未来。基于智库研究的解决方案和决策建议终将是在将来一段时间产生作用，而囿于已发生的历史经验去应用于未发生的未来场景，必将会使政策效果大打折扣。因此要具有前瞻性视角，避免"刻舟求剑"式研究。在智库研究双螺旋法中，过程融合法的综合研判阶段即是侧重未来域，前瞻发展趋势（机理分析）、预测未来影响（影响分析）、开展情景模拟（政策分析），为形成适应未来情景的解决方案提供前瞻预判。在本课题研究中,我们基于事物不断发展演变的动态视角,从历史演进趋势与横向对比分析中深刻认识到企业是不可替代、不可或缺的创新主体,科技领军企业凭借强大的科研实力、科技—产业闭环提供的内生创新动力,将是代表国家参与全球科技竞争的战略科技力量。同时,顺应新一轮科技革命与产业变革的时代趋势,我们也深刻认识到知识和技术将是未来推动产业发展和经济社会转型的根本力量,知识技术密集型产业以及战略性新兴产业、未来产业将是未来各国角力的主战场。这些都为培育科技领军企业这一国家战略科技力量指明了方向。

对照智库研究双螺旋法的理论框架和上述实践应用,可以发现双螺旋法既具有理论高度,又具有实操厚度,在重构智库研究分析框架的同时,也为开展智库研究提供了重要的方法指南。当然,双螺旋法的内涵不限于此,由于课题研究时间较为仓促,双螺旋法涵盖的具体方法也没有得到——实现,未来还可围绕科技革命与国际竞争背景下我国科技领军企业发展趋势、不同政策情景下我国科技领军企业培育等课题开展政策模拟分析,为强化国家战略科技力量提供更坚实的研究基础。

本文作者

朱永彬　中国科学院科技战略咨询研究院

基于智库双螺旋法的舆情治理与智库研究 ^①

李倩倩　刘怡君　马　宁　王红兵

中国科学院科技战略咨询研究院深入贯彻党中央、国务院部署，社会治理与风险研究课题组（以下简称"课题组"）长期开展舆情治理与智库研究，并取得显著成效，尤其是近几年运用潘教峰研究员创造的双螺旋法在拓宽工作思路方面取得了重要进展。课题组在舆情治理与智库研究中，坚持问题导向、证据导向、科学导向，建立包括舆情收集、研判、处置和回应的全链条风险应对机制，完善包括舆情监测、预警、防范、化解的风险评级体系，构筑包括舆论传播力、引导力、影响力、公信力的价值塑造体系，促进舆情智库研究从经验式向科学化、从零散式向系统性、从学科单一向交叉融合、从偏学术性向学术实践型转变，提升了舆情治理与智库研究服务决策的效能。

1 运用智库双螺旋法理论，创新舆情治理与智库研究逻辑架构

1.1 新时期舆情治理研究面临的挑战

舆情治理研究作为网络大数据驱动下的典型智库研究，需要科学化、专业化、规范化的智库理论方法深化其决策价值，舆情治理与智库研究应应对我国经济转轨、社会转型、改革攻坚时期面临的五大挑战（图1）：一是风险关联性挑战。舆情风险关联性强，舆情风险向经济领域、社会领域、科技领域等传导的深度、广度、持续性难以度量。因此，

---

① 原载于：中国科学院院刊，2022，36（6）：773—782.

舆情治理与智库研究需要用好专家智慧，凝聚多方共识。二是建模复杂性挑战。舆情信息量大且杂，如果对决策需求没有清晰的理解，难以精准挖掘舆情价值。因此，需要与决策部门多次沟通，以决策演进规律为牵引，持续提升舆情大数据分析的实践性。三是学科交叉性挑战。舆情是复杂的现实问题，涉及传播学、心理学、社会科学、计算机科学、物理学等，学科之间壁垒难以突破，舆情治理的重大科学问题有待突破。因此，需要有一个综合全面的研究框架来指导不同学科、不同领域、不同类型的知识会聚。四是社会影响性挑战。舆情是民意集合的反映，本身体现的就是"社会影响性"。因此，应建立舆情治理的"稳态"机制，尽早、尽快、尽准预判舆情趋势性变化。五是情景不确定性挑战。舆情治理涉及不同利益相关者、催化舆情要素也众多，治理失当极易引发各种思潮泛滥、政府公信力危机等负面影响。因此，需要聚焦治理举措的科学性评估和遴选。

1.2 智库双螺旋法为舆情治理研究提供指导

课题组运用双螺旋法全过程指导舆情治理与智库研究，立足有效应对五大挑战、服务国家治理需求，深入理解舆情风险与价值之间的关系，开展查找"真问题"的学术研究、寻求"真办法"的决策研究，从中发现双螺旋法为提高舆情治理与智库研究质量提供了系统思维方法。这套方法立足于舆情治理实际，促进舆情学术研究理论方法的交叉融合，提升了智库研究逻辑架构的科学化、专业化水平，破除了从学术研究向智库研究转变的认知壁垒，发挥了思维指导、过程指导、操作指导、组织指导作用（图 2）。

第一，遵循"问题导向、证据导向、科学导向"，重视舆情治理与智库研究同咨政建言与服务决策的系统化对接。舆情治理与智库研究从根本上要在智库研究逻辑框架下，感知社会风险态势和社会治理预期。落实系统思维和系统观念，双螺旋法在舆情智库研究中拓展系统思维、演生思维、循证思维、融合思维和创新思维，要求创新研究理念、研究逻辑、研究方法、研究流程，从反映社会广泛民意的舆情"小切口"，挖掘舆情治理面临的"大问题"，通过严谨、规范、专业的智库研究范式，形成"管用""好用"的策略方案与"真实""务实"的咨询建议。

第二，打通从数据资料采集到知识挖掘路径，夯实舆情治理与智库研究过程中"监测—挖掘—研判"的基础性根基。这需要采集不同传播平台、不同数据维度的海量舆情大数据构建民意传播数据库，收集政策文本、事件要素等构建领域资料库；应用计算机、数学、物理学等方法工具关注决策场景的变化，提升舆情风险传导、演化趋势、情景模拟等数据挖掘算法精度的实践价值；强化管理学、传播学、社会学等开展舆情智库研究的理论内涵、演化机理的探索，在舆情治理实践中交叉融合自然科学、社会科学的学术研究经验。

第三，研判舆情传播到治理预期路线图，贯通舆情治理与智库研究"机理—影响—政策"的科学化体系。舆情传播有其自身的规律，伴随舆情发生、发展和发酵过程，舆情形成的内驱和外驱要素不断演变，舆情风险可能异化，进而影响社会安全、社会诚信、政策落实等。对理性舆情信息开展因果分析，反映过往治理政策、风险应对机制中存在的盲点、堵点等。这是从公众观点、情绪表达的"现象"为切入点，透过经济、社会、安全的多维影响，研判政策体系如何更加健全。

第四，面向舆情风险识别、预警、引导，基于逻辑层次法（MIPS）指导开展过程融合法（DIIS）研究过程，提出舆情治理的"时、度、效"对策。利用"解析—融合—还原"外循环模式，围绕公共政策、突发事件、事故安全等舆情风险重点领域，将舆情治理"时、度、效"需求解构为风险识别、风险评估、风险预警、风险化解等系列子问题。MIPS逻辑层次法和DIIS过程融合法，相互迭代、螺旋式上升，不断收敛至舆情决策服务应对策略中，架构了规范性学术研究和科学化智库研究之间的桥梁。

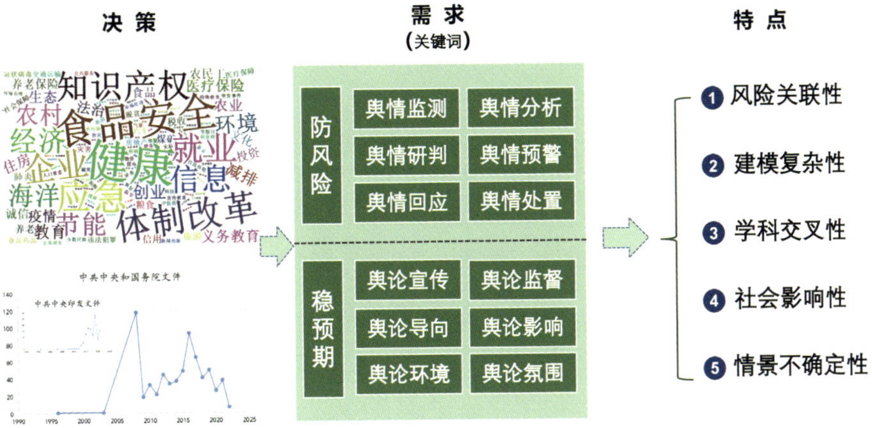

图 1　舆情决策研究需求和特点

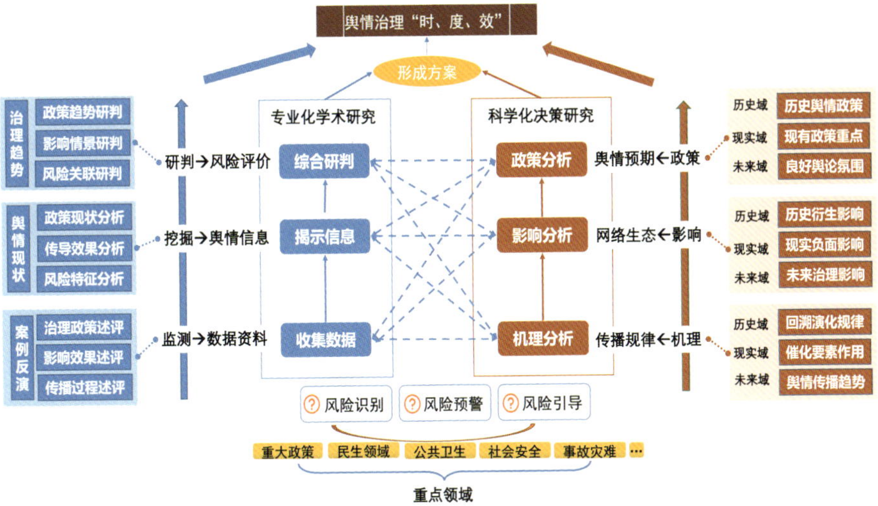

图 2　双螺旋法指导下舆情研究架构创新

2　汇集综合知识信息，DIIS 促进舆情治理与智库研究融合贯通

　　DIIS 过程融合法遵循"收集数据—揭示信息—综合研判—形成方案"的过程框架，开展客观、严谨、规范的学术研究。

2.1 "收集数据"实现舆情数据"多源数据融合"

"收集数据"通过领域、人物、机构、地点、时间等本体信息，可构建面向具体领域的舆情知识表示和风险关联关系图谱，实现舆情治理需要的"多源数据融合"。结合舆情治理与智库研究问题及子问题分解，从"态势评估""民意反馈""趋势预测""预警分析""引导策略"等研究需求出发，采集新闻、自媒体、博客、问答等媒体信息、政务平台网民留言信息、政策文本数据、各领域突发事件数据、利益相关者画像数据、专家访谈数据、调查问卷数据等。其中，媒体信息主要分析舆情传播态势评估、预测；政务留言用于了解国家治理效能，了解公众对治理的预期；政策文本数据分析治理的重点、举措等；领域事件数据用于考察风险传导的过程、演变、成因等；利益相关者画像着重于厘清影响舆情秩序的各方诉求；专家访谈、调查问卷等数据则是借助专家意见，与网络民意相互印证，形成舆情治理的引导策略，优化治理举措。例如，课题组构建了"舆情大数据采集平台"，建立包括重点领域、重点任务和突发事件的网络信息数据库，谈数据库不是局限于简单舆情信息的采集，而是面向社会治理的大数据舆情体系构建。

2.2 "揭示信息"实现决策信息"多维度系统提升"

"揭示信息"过程充分运用不同学科、不同领域分析模型的特点和优势，设计模型耦合的"接口"，实现"异质信息融合"，实现舆情信息来源质量"多维度系统提升"。"揭示信息"阶段侧重于"现实域"的分析研判，通过运用复杂网络分析、文本挖掘技术、因果分析、动力学模型、仿真技术等方法技术分析舆情传播特征、意见领袖识别、舆情观点聚类、情感倾向、传播动力等。例如，课题组研究发现舆情的形成分为渐进模式和突发模式，在渐进模式中要经历从无到有、由弱到强、由隐匿到公开的过程，在突发模式中主要体现了"刺激—反应"的机制。从舆情的传播模式来看，可以分为链状传播、树状传播、放射状传播、漩涡型复式传播。进一步，通过不同模型相互融合，实现不同尺度的特征聚合，可以深入挖掘舆情风险关联的程度、速度、广度以及影响的范围、对象、因素等。例如，运用主题模型挖掘网民观点，划定观点属性特征，利用相关性分析弄清不同观点之间的关联情况，然后通过计量分析了解影响舆情的关键驱动力。凝练突发事件舆情交互动力学机制，然后将这些动力机制应用在无标度网络、小世界网络、均匀网络等不同拓扑结构的社交网络中，研判不同传播结构情境下舆情动向。

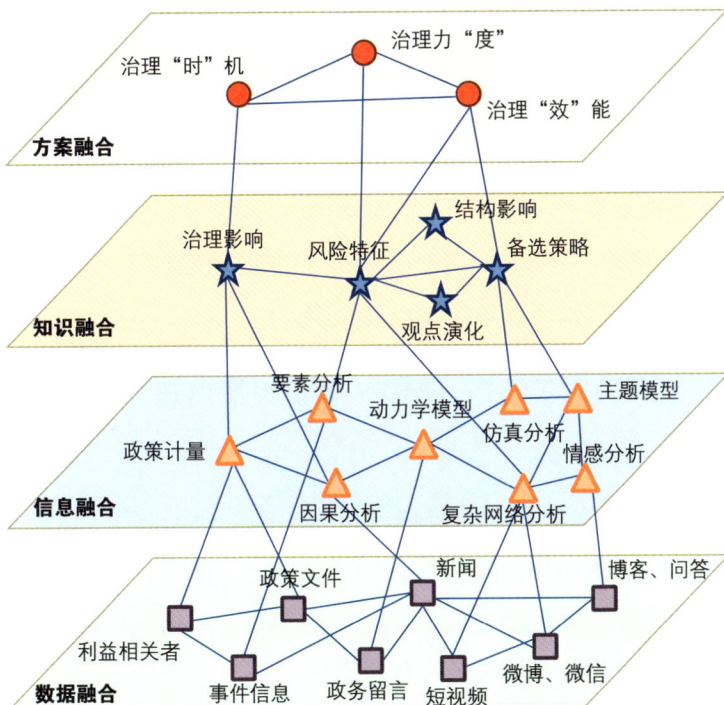

图3　基于DIIS的舆情学术研究交叉融合

2.3 "综合研判"实现舆情决策"多模态知识集成"

"综合研判"引入专家智慧预测/预判舆情风险特征、观点演化趋势、传播结构驱动、备选策略、治理影响等舆情趋势，实现凝练共识与舆情决策的"多模态知识集成"。在专家遴选上，为了增强治理决策的可操作性、实用性，要涵盖决策部门、宣传部门、舆情研究等领域专家，组织综合能力强的复合型专家对舆情治理问题进行全局性把握，凝练不同

环节、不同领域的舆情治理方案。例如，课题组在开展舆情治理举措遴
选时，通过沙盘推演分析了嵌入、隔离策略在不同心理情境下的性能分
析，最后通过与具体决策部门、媒体传播部门沟通，确定最适合的干预
策略。针对谣言风险特征，课题组组织中国科学院心理所、自动化所等
专家凝练谣言的形成要素，从知识维度（信息常识性、信息新奇性、信
息不可证性）、心理维度（信息动机性、信息共鸣性）、环境维度（信息
历史性、信息时空性）、传播维度（信息权威性、信息外推性、信息真实
性），提出了谣言识别预警体系。在对"一带一路"倡议国际传播形势分
析中，与"一带一路"投资企业、国家信息中心"一带一路"大数据中
心等专家研判未来"一带一路"倡议将面临日益严峻的传播数字化风险、
社会两极化风险、民族情绪不断高涨等带来的沿线国家民粹情绪升温，
重大项目推行、投入产出效益等可能受阻。

3 立足服务决策需求，MIPS 解析舆情治理与智库研究发展规律

MIPS 逻辑层次法基于"机理分析—影响分析—政策分析—形成方
案"逻辑框架，为舆情智库研究提供了系统性、科学性、完整性的决策
服务全链条政策分析指导。

3.1 "机理分析"开展舆情规律认识

"机理分析"重在运用学术理论指导认知舆情风险危害社会稳定的
内在动因，结合舆情监测、预警、治理实践，统筹把握舆情形成、演
化、引导和干预等子问题的规律。

3.2 "影响分析"聚焦舆论生态反馈

"影响分析"针对舆情治理的重大公共利益或社会公众切身利益相关
的问题，透过历史域、现实域、未来域视角综合研判风险，作为智库研
究结果服务决策的重要参考。"影响宏观决策"是智库建设的三大功能之
一，舆情的决策影响体现在对决策的反馈效能。①关注舆情中对"政策
工具""政策成本""政策公平""政策预期"的讨论，可以及时了解公

众对决策认可度、接受度。例如，2021 年 10 月《全国人民代表大会常务委员会关于授权国务院在部分地区开展房地产税改革试点工作的决定》发布后，广大网民提出房地产税"为何收""向谁收""怎么收""怎么算""何时收"的"五问"。舆情中反映的突出问题，为下一步政策落实提供了方向指引。②关注舆情的负面影响，动态开展舆情风险监测。例如，课题组构建了网络舆情指数，从数量维度、能量维度、质量维度实时监测舆情风险，建立舆情风险评价体系，实现对舆情关注度、谣言扩散、组织动员等信息的社会破坏力动态实时监测。③关注舆情走势与议程设置如何服务于形成改革的良好社会氛围。

3.3 "政策分析"注重治理预期评估

"政策分析"注重风险管理、风险预测、风险控制，界定政策内涵、政策工具服务舆情治理的问题域，通过风险预测 / 预警、沙盘推演等评估舆情决策与社会预期差异。从舆情治理主体视角，以政府宣传预期为切入点，分析政务信息与社会民意响应之间的不确定性因素，建立决策风险预警机制。分析政策关注焦点、政策关注区域、用户特征分布、政策支持度、政策争议度等，结合舆情风险点、风险发生概率和社会传播影响，形成对决策风险的综合评价。根据舆情的反馈效能，提出决策风险的防范措施，如优化完善政策方案和配套解读文件，加强政策发布过程的舆情态势监测、加强政策利益相关者的重点人群管理，健全舆情回应机制，丰富新媒体舆情传播途径等。围绕国家将"舆情追踪"作为社会风险预警重要内容的决策需求，从舆情治理工具视角出发，以治理预期为切入点，利用情景分析等技术，开展舆情风险治理量化评估。基于情景分析方法，通过仿真实验、数值模拟等对不同治理举措的舆情治理效果进行量化评估，对舆情治理不同策略开展适用分析、比较分析、因果分析。

4 集成 DIIS 和 MIPS，提高舆情治理与智库研究质量时效

舆情治理是社会治理体系中的重要内容，面向新时代舆情传播环

境、传播媒介、传播人群、传播技术、传播影响变革带来的舆情治理新形势和新挑战，舆情智库研究亟须准确把握新时代社会治理对舆情工作提出的新要求，重视舆情研究与决策需求对接，增强舆情研究的实践性、操作性。双螺旋法构建基于学术研究与决策需求的舆情智库研究科学范式，建构系统性的理论方法，打通不同学科之间的研究边界，提升舆情研究服务党和国家治理的决策效能。遵循还原思维和演生思维，利用"解析—融合—还原"外循环模式，对舆情风险因素、传导机制、应对策略等进行解构，通过领域知识融合，形成整体解决方案。面向舆情治理的重点领域，将舆情治理问题进行解析，分解为我国舆论演化的规律认知、舆论生态的多维影响、治理举措的预期评估等子问题，进一步通过集成优化决策部门、治理机构、专家意见，形成舆情应对的方案集合。内循环下 DIIS 和 MIPS 指导舆情决策要素与循证思维进行有机结合。双螺旋法指导下舆情研究的架构创新通过"收集数据—揭示信息—综合研判—形成方案"过程将舆情研究的技术手段融入"机理分析—影响分析—政策分析—形成方案"的舆情决策需求中，在每一个子问题上都通过数据层、模型层、知识层的科学分析，形成各个子问题的研究结论。具体来讲，双螺旋法指导舆情智库研究的先进性、科学性体现在 3 个方面：

一是通过 DIIS 和 MIPS 相互迭代、螺旋式上升，实现舆情研究"过程"和决策"逻辑"的有机统一，实现舆情治理学术基础性研究和智库决策性研究的有效融合。长期以来，学术研究和智库研究存在"平行线"问题，研究交叉的结合点和方式成为影响舆情决策效能发挥的痛点。双螺旋法以"会聚"思想为牵引，面向舆情"海量""异质""多源"的分析难点，通过"收集数据、揭示信息、综合研判"横向和纵向之间的过程会聚，实现从数据之间、信息之间、知识之间，数据和信息之间、信息和知识之间的交叉融合，破除学科研究范式之间的屏障。面向决策从舆情"小切口"找准治理"大问题"的实践需求，运用"机理分析、影响分析、政策分析"厘清舆情形成演化内因、规律，分析舆情政策影响、社会影响、负面影响，全面掌握舆情生态真实情况，通过引导和调整民众社会预期，切实提升舆情监测、舆情决策、舆情治理实效。

二是双螺旋法指导构建舆情"生态—治理"正向反馈系统，在治理实践不断拓展的时空域中对舆情研究的再认识、再升华，逐渐丰富舆情治理与智库研究内涵和外延。舆情和经济社会发展的各领域、国家治理的全过程都有广泛联系和深度影响，风险传导速度快、级联性强。要充分认识舆情治理具有长期性、复杂性，围绕舆情风险监测预警难、新兴风险阻断难、社会风险管控难、技术治理监管难、舆论异化引导难等症结，双螺旋法立足舆论生态系统的整体规律把握，重视拓展数据"量"、强化监测多领域"源"、综合判断风险波及"面"，系统解构治理问题、层层递进形成方案。这就需要对某个具体领域的舆情情况有长期跟踪，例如课题组服务国家相关决策部门，开展政务舆情的年度分析、季度分析，针对长期持续出现的系列舆情议题，建立包括舆情信息传播、态势演化、案例库等，分析相关舆情事件爆发的周期、频率等规律，形成对系列事件趋势预测和主动应对的长效机制。

三是双螺旋法理论体系符合舆情治理与智库研究规律和治理逻辑，是深入研判我国新发展阶段经济社会转型、安全风险挑战的认识论、方法论和实践论的总集成。从认识论来看，双螺旋法是对舆情研究边界"质"的拓展和拔高，以系统性思维为统领，突破单一学科认知局限，从决策者视角锚定了舆情支撑决策的关键问题，全面分析和揭示舆情风险与价值的内在逻辑和现实关联。从方法论来看，双螺旋法为开展舆情智库研究提供了"理论方法库"和"分析工具箱"系统化方案，清晰界定和描述了舆情决策研究的治理内涵和实现路径，避免唯"数据"、唯"模型"，而是突出其对决策的科学支撑能力。从实践论来看，社会思潮纷繁复杂、舆论形势瞬息万变，必须做好储备性、前瞻性研究，才能对决策需求进行"快速响应"，提升研究时效性。例如，课题组基于全球开源媒体信息库 GDELT，持续跟踪媒体报道视角下的全球风险态势。在新冠肺炎疫情暴发后，课题组迅速报送了全球媒体下的中国风险画像研究，增强了智库研究满足决策需求的时效性。

本文作者

李倩倩　中国科学院科技战略咨询研究院

刘怡君　中国科学院科技战略咨询研究院
　　　　中国科学院大学

马　宁　中国科学院科技战略咨询研究院

王红兵　中国科学院科技战略咨询研究院

粮食安全问题研究的双螺旋法应用

夏　炎　张　凤　郭剑锋

粮食安全问题是中国社会发展的永恒课题，我国的粮食安全不仅是事关国计民生和社会政治稳定的根本问题，而且也是事关国家经济发展战略、国家安全战略和国际粮食产业竞争战略的首要问题。

粮食安全问题的研究必须面向国家全面深化改革的大背景，深入推进粮食安全保障体制机制创新，用改革的视角和智库研究的创新思维，把粮食安全及保障问题置于新视角重新审视。中国科学院科技战略咨询研究院课题组在认真学习和深刻领会党的十九大精神基础上，运用智库研究双螺旋法，围绕我国粮食供需分析与粮食安全等问题展开研究，进行了大量统计数据收集与分析，组织专家开展研讨和实地调研，对我国粮食供需结构、粮食相关政策的重大变化给出了系统的分析，对我国粮食安全面临的诸多问题给出了科学判断，提出了为确保我国农业可持续发展、建立多元化的补贴机制、发展粮食产业经济的政策建议。回顾该课题研究过程，课题组从认识论、方法论和实践论出发，系统分析了我国粮食安全问题面临的挑战。基于已有研究基础和长期研究积累，综合研判了我国粮食供需结构的重大变化趋势，总结归纳了运用智库双螺旋法的"四个融合创新"，系统还原了粮食安全这一复杂智库问题，并形成综合解决方案。

1 运用双螺旋法实现从认识论、方法论到实践论的融合创新

粮食安全问题的智库研究是以哲学为起点、发展为视角、理论与实

践相融合的系统分析，把粮食安全放在国民经济与社会发展的大局中去考量，放在以人为本的执政理念中去谋划，全面剖析各关联方的相互影响，驱动制度融合创新。重新审视粮食供需的新变化，在不同的发展阶段制定科学的粮食发展战略。

从认识论出发，基于哲学角度，整体认知和把握粮食安全问题在智库研究中的新思路。课题组研究发现，中国的粮食概念与国际通用的粮食概念并不一致。在我国，主食统称为"粮食"，主要是指稻谷、小麦、玉米、豆类和薯类。其中，属于我国"粮食"的大豆被联合国粮食及农业组织归类为油料。此外，国际组织及世界各国政府高度关注"食物"（包括蛋白质、碳水化合物和脂肪），而不仅仅是"粮食"。这就意味着，立足全球粮食安全观，全面分析我国粮食安全的新变化和新形势，必须要满足国民的食物需求与营养发展需要，在根本与长远上保障我国粮食与食物安全，有必要从现有的传统的粮食安全观过渡到整体的全新的食物安全观。

从方法论出发，研判我国粮食需求形势及消费侧风险，满足双螺旋法所提出的需求牵引下的顶层战略布局。基于科学角度，从研究环节和研究逻辑上凝练粮食安全问题在智库研究中的新框架。当前我国粮食供求整体呈现紧平衡状态，面临结构性紧缺矛盾凸显、内外粮食价格倒挂、粮食对外依存度变大的综合难题。从研究环节上，保障我国重要农产品的有效供给，我国粮食安全战略必须与时俱进，以农村改革促进农业农村现代化优先发展，贯彻和落实国家粮食安全战略。从研究逻辑上，构建国家粮食安全保障体系，把握国家粮食安全保障与农村改革深化的内在联系，应对农业农村现代化进程中的粮食安全问题。

从实践论出发，基于管理学角度，融合多领域多学科的科学认识，全面合理布局全产业链的生产体系是智库研究的新解决方案。粮食安全问题研究具有双螺旋法所提出的学科交叉性、政策实用性、社会影响性和不确定性的特征。课题组基于从全产业视角，以关联产业升级转型为契机，扩展农业功能，提升农业效益；以市场需求为导向，依托新型农业经营主体和农民，建立优质优价的粮食生产、分类收储和交易机制，增加多样化、定制化、个性化产品供给。构建新型国家粮食安全保障体系，更好地保护粮农利益，形成粮食供给侧结构性改革的核心政策支撑。

2 运用双螺旋法实现从学术机理研究到社会经济影响分析的融合创新

粮食安全问题的智库研究充分体现了从学科领域的学术观点向智库研究的决策思维模式转变，既源于长期的学术研究积累，也拓展了更开放、更发展的科学新规律与新模式。

从学术机理研究分析发现，粮食供给侧和需求侧的关系及其面临的挑战，是新时代粮食安全战略的关键机理，为推动粮食供给侧改革提供新思路。课题组全面认识到，我国城乡居民膳食结构发生显著改变，口粮需求下降、饲料用量需求增长、膳食结构从以植物性食物为主向植物性与动物性食物并重演变，是我国粮食安全面临的新形势和新变化。与国际卫生组织健康膳食建议以及我国居民膳食指南相比，当前我国膳食实际消费与摄入结构存在不尽合理之处，带来营养及健康隐患。此外，随着居民膳食结构的变化和收入水平的提高，消费者对优质绿色安全产品的市场需求愈益旺盛，但优质品种、品牌产品的粮食供应量不足，可追溯产品较少。玉米、稻谷阶段性过剩特征明显，小麦优质品种供给不足，大豆产需缺口巨大等。中国粮食形势已从总量不足转变为结构性矛盾，粮食消费需求升级与优质粮油供给不足的供需错位的矛盾凸显。由于优质品种结构失衡，特别是优质蛋白饲料缺乏，我国每年进口粮持续增加。因此，我国粮食安全战略也要顺应消费需求的新变化，满足国民营养发展新需求，在确保口粮绝对安全与谷物基本自给的前提下，推动相关产业健康协调发展。课题组提出，应深入实施创新驱动发展战略和藏粮于地、藏粮于技战略，以推进农业供给侧结构性改革为主线，保障国家粮食安全。

从社会经济影响分析发现，科技创新驱动下粮食安全问题也面临着新挑战。要素驱动型的传统农业生产方式已经被科技创新驱动型的现代农业所取代，农业产业链协同不畅。现代农业产业链条不断延伸，产业附加值不断提升，需要开发农业多种功能和多重价值，推进农牧结合，实现一二三产业的融合发展。因此，需要在智库研究中构建新的研究框架，将科技创新纳入到新框架中，研究促进传统农业向新型现代农业转型升级的新方法。通过新研究框架，课题组提出粮食科技安全观应重视种子产业链条的中下游，逐步改变现有种业科技研发集中支持产业链上游的状况。加大力度支持与农业生产综合配套技术的开发相结合的品种选育项目，在对企业和科研机构的育种项目支持中明确提出产业链条后端的示范与服务要求，以增强种业科技研发的产业带动能力，同时通过产业发展拉动育种技术创新。

3 运用双螺旋法实现从定性研判到定量分析的融合创新

粮食安全问题的智库研究包含宏观政策分析、中观产业发展和微观农户行为的综合研判，是从定性分析到定量建模的反复迭代的复杂系统科学问题。

从宏观经济政策分析角度，课题组利用爬虫工具和人工智能识别等技术对全球主要粮食生产国和贸易国的粮食生产政策、价格政策、贸易政策等开展动态监测数据分析，利用分词技术和热点分析，聚焦国内外农产品及相关大宗商品价格走势。

从中观农业产业发展角度，课题组将农业视为具有多层次结构的典型复杂系统，利用系统科学方法和数学模型进行农作物产量预测，研判各个子系统之间以及系统与环境之间存在的复杂作用机制。课题组通过定性与定量融合创新发现，社会经济技术因素（如政策、价格、良种、农村劳动力要素投入等）在我国粮食生产中发挥着更重要的作用，是影响我国粮食生产和粮食价格的关键影响因素。例如，我国土地制度改革之后，农村剩余劳动力的退出与城市资本、技术等要素的进入不同步，高素质农业劳动力的转移与新型经营主体成长不同步，农业要素替代效率不高，资源配置组合不优。城镇化水平不断提高的同时，大量的劳动力从农村转移到城市，但是资源和技术的要素投入并没有同步地从城市回流到农村，以填补农村劳动力流失的损失，造成了农业要素投入的长期结构性失衡。

从微观农户存售粮行为角度，课题组认为农户作为粮食生产的一线参与者，是粮食市场价格的接受者，农户存售粮行为直接反映粮食市场价格走势以及我国粮食生产与粮食安全格局的现状及其变化形势。农户存售粮所获得的种粮收益是激发农户种粮积极性的重要保障，直接影响我国供给侧的粮食生产安全。课题组测算发现，农户的存粮行为与粮食产量和粮食价格波动密切相关，粮食价格对农户存粮行为的影响具有两面性；农户售粮渠道和时机的选择是其存售粮成本与收益权衡后的决策行为；规模户议价能力下降，粮食价格波动对规模户的种粮积极性影响较大；农户存售粮行为与其种粮品种的选择密切相关，直接影响粮食种植结构优化。

4 运用双螺旋法实现从封闭科学到开放科学的融合创新

粮食安全问题的智库研究基于政策演进、历史数据、国家案例、预测模型等综合集成工具，从领域科学研究走向回应政策需求的新认知过程，是从封闭到开放逐步走向解决方案的实践层面。课题组通过典型地区和案例的调研分析，借鉴世界主要国家保障粮食安全措施，引入专家智慧，形成了智库双螺旋法指导下的开放数据驱动型智库研究的新范式。

基于典型地区和案例的调研分析研究。农业科技是确保国家粮食安全的基础支撑，是突破资源环境约束的必然选择。课题组提出，应加大生态保护力度，推进农业节水增效，发展旱作农业、节水农业和雨养农业，重点推广水肥一体化技术，提高水资源和肥料利用率；加强耕地质量保护提升，防止耕地退化，提高地力水平；支持各地因地制宜推行耕地轮作模式，扩大粮改饲的试点范围，加强农牧结合，促进饲草生产与畜牧业养殖业的协调发展。

基于世界主要国家保障粮食安全做法借鉴。课题组通过文献情报分析典型国家的粮食安全政策，通过比较分析发现，保障粮食安全的普遍做法要从保障粮食生产和供给两个维度，建议我国应在社会经济不断发展的过程中，根据国内国际粮食的供需变化，对粮食安全战略及政策进行调整，以保障国内的粮食安全。

基于开放数据驱动型的智库研究范式。课题组先后组织中国科学院十余个相关研究院所，近百位科技专家，开展联合攻关研究，最终形成了以政策文本库、历史数据库、微观调研库、国家战略库和专家库等综合集成的开放数据驱动型的新研究范式。课题组提出倡导绿色健康的生活方式，应树立"营养、绿色、多元、开放"的粮食安全观，以营养健康和合理消费为目标，引导民众健康饮食、杜绝浪费、保护环境，改善粮食需求格局；充分发挥市场作用，引导农业种植结构多元化、优质化和高效化发展，延伸农产品产业链和价值链，加强农业生态环境保护和多功能、多业态农业发展；实施"以我为主、立足国内、确保产能、适度进口、科技支撑"的国家粮食安全战略，统筹国际农业资源开发和利用，实现国内和国际市场有效对接；构建公平竞争的市场机制，促进资源的合理流通和有效配置；构建国家粮食安全监测评估体系，系统分析和准确把控国家粮食安全状况，保障政策和市场适度且有序开放。

本文作者

夏　炎　中国科学院科技战略咨询研究院

张　凤　中国科学院科技战略咨询研究院

郭剑锋　中国科学院科技战略咨询研究院

"垃圾围城"风险与对策研究

——基于 DIIS 方法的实证研究 [①]

陈　安　陈晶睿　崔　晶　范　超　韩　玮

据统计数据显示，我国 2011 年城市生活垃圾年产量已经达到 29 亿吨，全国垃圾存量占地累计达 75 万亩，超过 450 座城市被垃圾包围，形成了"垃圾包围人群"的态势。

垃圾治理问题已经迫在眉睫，而垃圾治理的痛点和难点在于非正规垃圾填埋场的治理。首先，由于垃圾填埋曾经一度是我国主要的垃圾处理方式，并受制于当时技术和工艺的限制，难以达到无害化处理标准，因此当前一半以上的垃圾填埋场属于非正规垃圾填埋场。非正规垃圾填埋场封场后，存在大气、土壤、水源等多方面污染隐患。例如，2014 年，某市发生垃圾堆镉污染事件，造成了 2 人死亡、500 余人尿镉超标；2015 年 12 月，某市因垃圾堆坍塌导致滑坡事故，造成 70 余人遇难。其次，非正规垃圾填埋场因分布广、难以被识别的特征，导致对其的监管及治理工作难以开展。那么现在我国究竟有多少非正规填埋场？各省市"垃圾围城"的风险性有多大？是目前我国"垃圾围城"现状下亟待解决的关键问题。

通过对已有研究梳理发现，学术界对非正规垃圾填埋场及"垃圾围城"风险的既有研究主要集中于环境科学与工程、地质资源与地质工程、公共卫生与预防医学等学科角度，偏重于垃圾风险的物质辨

---

① 原载于：中国科学院院刊，2019，34（7）：797—806.

识、环境影响和医学后果的"硬科学"研究。徐亚等通过对非正规垃圾填埋场的建设、运行和关闭阶段及其环境特征的系统分析，将渗滤液渗漏的技术风险分为3个阶段，并用不同模型评估不同阶段的技术风险。对"垃圾围城"风险社会科学层面的"软科学"研究集中于宏观的制度建设、政策建议和治理方法。岳金柱提出从源头破解"垃圾围城"与污染的治本之策在于垃圾分类，并具体提出社区垃圾分类处理的"政府主导—市民为主—社会参与—市场运作—激励手段—科技支撑"的原则。

总结既有研究可发现，学界尚缺乏对"垃圾围城"风险"软硬结合"的实证研究，缺乏对全国主要城市周边非正规垃圾填埋场和"垃圾围城"风险的有效识别，这将阻碍人们对于垃圾风险的全面认识。"垃圾围城"风险是指，一座城市在已有垃圾存量的基础上，因为管理措施、治理能动性、人口基数、城市产业定位等因素造成城市周边非正规垃圾填埋场面积继续增大的可能性。一方面，当前对"垃圾围城"风险的研究主要采用资料搜集、现场调查与测量等方法，辅以少量的勘探工作，该类研究难以对大规模乃至全国性的非正规垃圾填埋场进行识别及风险分析。另一方面，当前对"垃圾围城"风险的评价指标体系研究主要集中于对环境污染风险的衡量而非综合性风险评价体系。韩华等根据非正规垃圾填埋场垃圾危害特性和所在场地水文地质条件特征，利用层次分析法对垃圾危害因子和地下水污染环境风险因子进行分层研究，建立了非正规垃圾填埋场风险评价分级方法和指标体系。但该方法仅适合做精细的案例分析，研究本身只对小区域非正规垃圾填埋场进行识别，并且缺乏对整体风险的综合考量。

本研究以潘教峰等提出的科技智库"收集数据—揭示信息—综合研判—形成方案"（Data-Information-Intelligence-Solution，DIIS）方法为研究思路，运用多维空间数据软件——"谷歌地球"（Google Earth，GE）及地理信息系统（Geographic Information System，GIS）识别31个直辖市和省会、首府城市周边非正规垃圾填埋场的个数和面积，绘制其分布图；并建立指标体系，并对 31 个直辖市和省会、首府城市的"垃圾围城"风险进行识别评估；结合评估结果分析当前 31 个直辖市和省会、首府城市"垃圾围城"现状及垃圾治理所面临的问题，并对此提出解决措施和政策建议，以期响应国家"十三五"规划中垃圾治理的必要性与紧迫性。

1 方法与数据

本文基于 GE、GIS 软件及实地调研方法，排查 31 个直辖市和省会、首府城市建筑群周边 10 公里以内非正规垃圾填埋场的面积、位置及数量情况。通过 GE 软件的历史成像功能，观察垃圾堆不同时间段的状态，以追踪已被覆盖的非正规垃圾填埋场。例如，通过这一技术手段可以观察到 2002 年某市某村田间存在一块"7"字形池塘，2006 年被部分填埋，2007 年被全部填满，2009 年池塘被绿植覆盖形成平地。

不同类型非正规垃圾填埋场在卫星影像中呈现不同形态。按垃圾填埋场所处位置分，城市中非正规垃圾填埋场多呈亮白色，形态呈环形、扇形、带状等；乡镇中非正规垃圾填埋场多呈乳白色和深褐色，形态呈圆形和直线带状。按垃圾的类型分，由生活垃圾构成的非正规垃圾填埋场多呈现出黑色或亮白色，分布散乱，多集中于道路、池塘及建筑物附近；由建筑垃圾构成的非正规垃圾填埋场主要呈现出黄褐色或是红褐色，多分布于建设施附近和山涧中。

GE 软件卫星成像时，渣土堆与垃圾堆存在形状、颜色等方面的区别。俯瞰渣土堆，整体呈梯形形状，其边缘呈扇形；俯瞰垃圾堆，整体呈块状，其边缘不规则。

通过 GE 软件的历史影像功能确定非正规垃圾填埋场，并在 GE 中建立图层，圈画垃圾填埋场的面积，最终将 GE 数据导入 GIS 软件，确定各地区垃圾填埋场的位置及面积信息。

本文对 GE 识别出的该市非正规垃圾填埋场进行了实地调研，以确保非正规垃圾填埋场的准确性；并对 GE 软件绘制的垃圾填埋场形状运用 GIS 软件进行面积计算，以确保计算过程的规范性和数据结果的准确性。

2 信息揭示

2.1 "垃圾围城" 风险评价指标体系构建

本文建立 "垃圾围城" 风险评估指标体系，以衡量各城市对于垃圾包围城市这种现象的驱动力、现状及抵御状况。本文基于 "驱动力—状态—响应"（Driving Force-Status-Response, DSR）模型这一概念框架，衡量 "垃圾围城" 风险大小，强调经济运作与环境影响之间相互作用关系，以更好地识别非正规垃圾填埋场对于居民生活带来的危害。基于 DSR 模型衡量 "垃圾围城" 风险，其中 "驱动力"（D）表示经济的发展、人口的扩张等人类活动对产生 "垃圾围城" 风险的驱动力；"状态"（S）表示人们所处的社会及自然环境现状；"响应"（R）表示基于风险驱动因素及现状，个人和相关机构所采取的规避 "垃圾围城" 风险的行为与措施。通过 DSR 模型评价 "垃圾围城" 风险，核心是看在促使垃圾增长的驱动力下，一个城市的垃圾治理响应能力是否能与之相匹配——如果能够匹配，则 "垃圾围城" 的风险小。

参照相关研究并进行一定改进，构建了 31 个直辖市和省会、首府城市 "垃圾围城" 风险评价指标体系（表 1）：①驱动力指标，包括生活垃圾清运量、存量垃圾面积、城区人口、国内生产总值（GDP）增速；②状态指标，包括建成区面积、绿地覆盖面积、生态环境类非企业组织、生态环境类社会团体；③响应指标，包括城市维护建设资金支出、垃圾处理相关文件、生活垃圾无害化处理能力、环卫车辆数量、水利、环境和公共设施管理从业人员、垃圾处理 / 市容环境卫生资金支出、焚烧能力 /卫生填埋能力、焚烧能力 / 生活垃圾无害化处理能力等。

表 1　基于 DSR 模型的 31 个直辖市和省会、
首府城市"垃圾围城"风险评价指标体系

目标层	一级指标	二级指标	单位	性质
中国 31 个直辖市和省会、首府城市"垃圾围城"风险	D：驱动力指标（A1）	生活垃圾清运量（B1）	万吨	正
		存量垃圾面积（B2）	万平方米	正
		城区人口（B3）	万人	正
		GDP 增速（B4）	%	正
	S：状态指标（A2）	建成区面积（B5）	平方公里	负
		绿地覆盖面积（B6）	公顷	负
		生态环境类非企业组织（B7）	个	负
		生态环境类社会团体（B8）	个	负
	R：响应力指标（A3）	城市维护建设资金支出（B9）	万元	负
		垃圾处理相关文件（B10）	份	负
		生活垃圾无害化处理能力（B11）	吨 / 日	负
		环卫车辆数量（B12）	台	负
		水利、环境和公共设施管理从业人员（B13）	人	负
		垃圾处理 / 市容环境卫生资金支出（B14）	万元	负
		焚烧能力 / 卫生填埋能力（B15）	%	负
		焚烧能力 / 生活垃圾无害化处理能力（B16）	%	负

　　本文研究数据来源于相关统计年鉴及网络资料。其中查阅的年鉴包括《中国城市统计年鉴》《中国环境统计年鉴》《中国城乡和城市建设统计年鉴》《中国人口与就业统计年鉴》《中国统计年鉴》等。网络资料来源包括中华人民共和国生态环境部官网，各直辖市和省会、首府城市生态环境局官网等。

2.2 "垃圾围城"风险评价结果

　　基于 DSR 模型对 31 个直辖市和省会、首府城市进行评价，采用两轮专家打分，得到驱动力、状态、响应力指标权重分别为 0.5834、

0.1032、0.3234。

从总体上看，自《"十二五"全国城镇生活垃圾无害化处理设施建设规划》发布以来，非正规垃圾填埋场的数量和规模得以缩减。基于 GE 的历史影像功能查看非正规垃圾填埋场的历史数据可知，在过去的 5—10 年，随着城市化建设的推进和城市边缘的不断外扩，特别是经过"十二五"规划的重点治理，非正规垃圾填埋场的数量在逐渐减少。但仍可观察到非正规垃圾填埋场的位置逐渐向远郊或使用价值低的土地转移。随着人类活动的进一步扩张，更远郊区非正规垃圾填埋场的数量在逐渐增多。

一半的特大超大城市"垃圾围城"风险等级较高。过高的人口基数、治理工作不被重视，以及较弱的卫生处理能力是造成高风险的主要原因。重庆市与成都市非正规垃圾填埋场存量大，其城市垃圾焚烧发电厂及卫生填埋场的数量少，从信息公开内容中并未看出政府与社会积极投身垃圾治理工作的举措，因此"垃圾围城"风险较高。位居中等风险的特大超大城市，如西安市与郑州市，其垃圾卫生处理能力较弱，但由于较大的城市面积，以及政府与社会积极开展的垃圾治理工作，使其"垃圾围城"风险并未因过高的人口基数而增大。

特大超大城市存在垃圾跨省外排的情况，增加了周边城市的"垃圾围城"风险。北京、上海两市的垃圾处理能力相较于广州市而言较弱，但城市周边垃圾存量较少；反而是相邻省会城市，如石家庄市、杭州市周边地界的垃圾存量较大，其中石家庄市的垃圾卫生人均处理能力是北京市的 2 倍。这表明特大超大城市存在垃圾外排、外运的现象，而这无疑增加了被排放城市的"垃圾围城"风险。

一半以上的特大超大城市"垃圾围城"风险较大，但垃圾治理能力较弱。沿海城市的垃圾治理工作较为积极，经济增速缓慢的城市次之，增速快的城市治理懈怠。特大城市的"垃圾围城"风险多数居中，平均人口虽与超大城市相差 34%，但其治理相应程度与超大城市相差 67% 以上。特大城市普遍存在治理积极性不足，城市周边垃圾存量相对较大的现象。例如，郑州、武汉、福州、西安等城市所颁布的垃圾治理性相关文件不足 100 份，而上海关于垃圾治理的文件数量多达 2000 余份。

具有特殊定位的直辖市和省会、首府城市"垃圾围城"风险较低，主要表现在昆明市、海口市等。

3 综合研判

本文从垃圾治理的目标、参与者、参与者间关系、规制等 4 个方面入手分析现状中存在的问题。

（1）城市环境保护工作目标混乱是导致"垃圾围城"风险较大的主要原因。多数城市环境保护工作的目标混乱，"垃圾治理"作为一级目标还是基于"管理"之下的二级目标的问题值得治理主体深入探讨。目前，政府大力开展的治理工作，主要聚焦于垃圾末端处理产业的发展，对于前期垃圾分类的管理力度低，垃圾分类装置虽已遍布于各个角落，但是真正运用管理手段监督市民分类的程序缺失。然而，环境保护工作的最终目的是达到人与自然和谐发展的共生阶段，如果前期"管理"工作不到位，将会为后期的"治理"带来更大的压力。

（2）在积极投身治理工作的城市中，单一的参与主体导致治理工作缺乏预见性、治理方法缺乏层次性，这将增加"垃圾围城"风险。目前环境治理的主体是政府，因此一旦政府懈怠治理工作，其垃圾存量会不断增大，"垃圾围城"风险也随之提高。其主要原因是治理工作中参与者单一，缺乏社会资源的参与；次要原因是治理政策的制定大多依赖于基层政府对于问题严重性的认知，这往往导致治理政策成为权宜之计，缺乏预见性及全局性，最终增大"垃圾围城"风险。

（3）参与者之间利益划分不清，影响整体治理进度，从而增加"垃圾围城"风险。绿色发展是社会成员健康可持续生存的关键。但从实际行动来看，个体行为因局限性更关注眼前的既得利益，这与集体的全局性行动往往相互矛盾。个体追求快速的经济利益，但垃圾治理是一项投入多、回报不明显的公共福利事业。因此，当集体治理行动受到个体局限性利益诉求的抵触时，个体时常出现"搭便车"行为。垃圾治理政策因缺乏对社会成员进行深层次的全局性和长远性垃圾治理思维的塑造，导致垃圾治理集体行动动力不足现象的产生，最终增大"垃圾围城"风险。

（4）动力规制的缺失，直接导致"垃圾围城"风险增大。"垃圾围城"治理及其效益的产生过程具有特殊性和复杂性。一方面表现为经济效益及社会效益释放缓慢；另一方面，垃圾治理效益不具有杠杆作用，无法对其他经济结构产生带动效果。这两方面原因导致各主体的垃圾治理主观能动性不足，当外部激励机制缺失时，直接导致"垃圾围城"风险增大。

4 政策建议

针对综合研判中提出的关于垃圾治理的目标、参与者、参与者间关系、规制等4个方面存在的问题，本文给出4个方面的政策建议。

4.1 明确垃圾处理目标

明确垃圾处理目标首先需要明确垃圾处理需求。为实现垃圾处理的"善治"，保持处理的有效性和可持续性，需构建一个政府有力主导、社会公民参与、发挥市场作用、依法依规运行的新型垃圾处理模式。当前的垃圾处理工作需从"事后治理"转变为"前端管理"模式：① 政府应从政府本位的直接包揽转变为通过政策引导、提供服务和市场监管来形成政府主导，市场、社会有序参与治理的格局。②管理方式要从旧有的被动应急、突击整治转变为源头治理、长效管理，调节手段应从行政主导转变为以法律规范和经济手段调节为主。③ 治理流程从当前的"末端处理"向"分类—收集—清运—利用—处理"全过程、综合性治理模式转变。这些转变需要更多部门参与规划的编制和实施，如生态环境部、商务部、农业农村部、工信部等。治理理念的转变需要体现在垃圾排放考核目标的制定上，如控制各省市垃圾焚烧、堆肥、卫生填埋等的处理量，明确规定人均垃圾日清运量。

4.2 增加垃圾治理中参与主体的数量

垃圾处理作为一项准公共服务，政府履职不等于包办，因此从法理上增加垃圾治理的参与主体是解决参与者单一问题的必经之路，也是规避"垃圾围城"风险的根本途径。政府需积极与环境非政府组织（NGO）、专家学者、新闻媒体等寻求共识，发挥社会组织及个人力量。具体做法包括：培育统一开放、竞争有序的垃圾处理的市场环境，为企业盈利提供多元渠道；形成"减量与分类"为导向的政社协同垃圾治理模式，鼓励和规范社会组织、企业、个人（志愿者）依法从事垃圾处理工作，从而形成网络化、法治化的垃圾处理体系。

4.3 明确垃圾治理各主体间关系

明确划分中央与地方各级政府在垃圾处理上的事权，从根本上规避参与主体间利益划分不清的问题。

（1）分清各级政府在垃圾处理上的工作职责，确保各项工作有序推动，避免重叠交叉、相互扯皮。具体表现为中央政府重点负责垃圾处理的法律法规与政策制定、对地方进行监督等；省级政府重点负责辖区内垃圾处理统筹协调、监督检查等；区县政府则要承担垃圾处理的主体责任。

（2）为政府部门主体间关系设计动力规制。动力规制的设计将有助于发挥各级政府的能动性，保证治理工作的有效实施展。① 建立治理官员与环境保护项目的终身责任追究制度，并将环保成效作为官员晋升的绩效考核标准，从而避免假治理、劣工程、发展到才治理、检查到才治理的现象出现。② 建立沿海与中西部城市关于治理经验的对话与合作机制，完善基层治理能力建设机制，积极培养一线工作人员对垃圾风险的识别与评估能力。鼓励沿海发达地区，如上海、广州等城市对中西部地区进行技术支持，组织专家学者进行关于垃圾治理技术开发、政府与市场合作机制确立等系列讲座，促进中西部地区明晰自身治理理念和提升治理技术。基层政府及其工作人员是治理工作的基础，基层人员对风险的辨别和对问题的处理能力是治理工作的关键。③ 联合城市各级政府，共同打造城市品牌计划，为治理工作添加动力。打造城市品牌计划，给城市树立一个长远的品牌形象，开展公民生态教育、环境保护意识培育和健康生活方式的倡导，避免个体狭隘性利益与整体利益的冲突，让市民以所在城市为骄傲，从而维护城市形象，共同谋求城市未来发展。

4.4 建立垃圾治理动力规制

（1）推动垃圾不落地机制，建立和完善垃圾治理资金收费机制。通过社区层面的社会监管力量，在确定的时间，让市民将分类好的垃圾投放于规定的地点，并对私自倾倒垃圾的行为进行教育及惩罚。垃圾清运人员对分类垃圾进行分类处理与回收，最终通过焚烧、填埋与堆肥等方式减少垃圾存量，从而降低"垃圾围城"风险。

（2）建立和完善垃圾治理资金收费机制。①扩大增收范围。将不同性质的企业及个人纳入征收范围，从而补充垃圾治理资金量，用于提高垃圾治理能力及水平；有区别地实行垃圾处理收费政策，所收费用作为政府性基金，单独管理，专项用于垃圾处理工作。②建立垃圾动态收费机制。对生活垃圾要按照"动态收费制"来征收。依照"多排放多付费、少排放少付费，混合垃圾多收费、分类垃圾少收费"原则控制垃圾总量的产生和增加垃圾治理资金，从而降低"垃圾围城"风险。收费时需充分利用已成熟的技术平台，从而提高收费率。

（3）以技术推动垃圾治理方法及效果的变革，运用先进科技促进垃圾减量化、资源化和无害化处理的根本性变革。先进科技的研发支持和落地运用将是从"垃圾围城"风险突围的保障，有助于垃圾排放、运输、处理的高效运作和无害化处理。目前垃圾处理已经在卫生填埋、生化处理和焚烧的基础之上，涌现出具有探索性、应用性、前瞻性的技术成果。在垃圾渗滤液的处理技术上，国际上已存在物化处理技术、膜分离技术等先进的技术方法，而我国还停留于以生物法为主的老旧垃圾渗滤液处理工艺，处理效果不理想。为实现垃圾处理的绿色可持续，我国必须积追踪国际先进技术课题研究，形成以反渗透工艺为尖端技术、多种技术组合治理的垃圾治理技术体系。

本文作者

陈　安　中国科学院科技战略咨询研究院
　　　　中国科学院大学

陈晶睿　中国科学院科技战略咨询研究院
　　　　中国科学院大学

崔　晶　中国科学院大学中丹学院

范　超　河南理工大学应急管理学院

韩　玮　中国科学院科技战略咨询研究院
　　　　中国科学院大学

双螺旋法筑牢智库研究基石

徐　芳

党的十九届五中全会提出强化国家战略科技力量的目标，这一大事迅速成为政府管理部门、科技界等社会各界高度关注的议题。笔者有幸作为骨干成员参与到相关研究中，重点负责国家重点实验室体系重组的相关研究工作。笔者与课题组其他成员一起经历了有磨炼、有成长、有收获的过程，课题研究也取得了一系列成果，得到了委托方的认可与好评。回顾这段经历，对比研究初期的交流讨论和后期的研究成果，深刻认识到智库研究与一般性学术研究的差异和难点，而以 DIIS 过程融合法和 MIPS 逻辑层次法为核心的智库研究双螺旋法，在学术研究向智库研究的转型中给予了理论和方法上的指导，为形成高质量的、有影响力的智库成果奠定了坚实的基础。结合自身经历和参研过程，笔者有三点体会和感受。

1 遵循"解析—融合—还原"的智库研究过程逻辑，抓重点抓核心，不求全但求精

面对复杂而影响重大的智库研究任务，首先面临的问题是如何认识和理解任务要求。针对这个问题，双螺旋法提出了"解析—融合—还原"的过程逻辑，即首先将智库研究问题打开并分解为一系列子问题，然后结合各类知识、数据、事实，在集成相关专家智慧基础上，对子问题进行融合研究，最后再回归智库研究问题本源进行综合还原，从而提出解决问题的方案。这一套解题与思考逻辑综合了化繁为简、循证决策、还

原论和系统论等理念理论，为重大智库问题的破题和解题思路提供了基本遵循。课题组在接到强化国家战略科技力量的研究任务后，先是组织课题组成员集思广益并分享已有研究积累和相关素材，明确了已有的研究进展和未解的研究难点；过程中执行负责人多次带领团队成员与任务委托方进行讨论明确任务需求，与业内资深专家和战略科学家开展洽谈，明晰研究方向；通过线上与线下相结合、课题组集中讨论与小组成员互动沟通相结合等形式，按照抓重点抓核心的思想对研究任务进行了问题剖析和内容解析，最终实现了智库研究问题的"解析"，确定了"一个总体思路＋七条实施路径和政策举措"（简称"1+7模式"）的解题思路，即在深化对国家战略科技力量的总体认识指导下，聚焦组建并管理国家实验室，统筹推进国家重点实验室体系分类重组，大力培育具有全球创新力的科技领军企业，加快北京、上海、粤港澳大湾区国际科技创新中心建设，着力造就世界一流的青年科技人才队伍，构建开放共享的国家公共科技创新平台，推进以合作共赢为导向的国际科技合作等七个方面提出具体举措和政策建议。最终成文上报的咨询建议坚持"不求全但求精"的原则，确定了上述七方面的关键内容，即政府部门和科技界高度关注的"国家重点实验室体系重组"这一关键核心问题为题撰稿，并融入了其他研究部分的核心思想。可以说，较好地实现了"解析—融合—还原"这一过程逻辑。这种"1+7模式"打破了固有的智库报告框架模式，创新了智库问题的研究思路，得到了委托方的高度认可和赞同。

2 坚持问题导向、证据导向、科学导向，找真问题、做真学问

智库研究问题的复杂性以及研究成果对决策制定的影响力，加上社会各界对智库研究工作的高度关注，决定了智库研究工作的重要性。正因如此，这对智库研究的客观性、专业性、独立性、科学性提出了高要求，对智库研究人员的能力和水平提出了高挑战。这就提出了新的疑虑与困惑：如何才能做好智库研究课题，产出科学有效、有影响力的智库

研究成果？这就需要有智库研究理论和方法论——双螺旋法的指导。双螺旋法提出智库研究要遵循问题导向、证据导向、科学导向，同时在研究过程中要践行"收集数据—揭示信息—综合研判—形成方案"（DIIS）的过程融合法。这不仅是从方法论角度丰富了智库研究的方法体系，同时也是强调智库研究人员要以科学的理性态度与务实求真精神找真问题、做真学问，切实做到负责任地开展智库研究工作。双螺旋法提出的问题导向、证据导向、科学导向和过程融合法的路径，为提升智库研究工作质量和智库研究成果有效性提供了方法保障。在强化国家战略科技力量的研究中，课题组深挖文献资料、研阅各类数据证据和事实材料、积极发挥政策专家和战略专家的智力优势，同时借助"科学家月谈会"这一高端平台，听取了来自政府部门、科技界、产业界等高层次科学家和管理者对这一问题的认识和观点。可以说在整个研究过程中汇集了数据、事实、经验判断、专家意见等各类证据材料，既为研究人员拓宽了思路，加深了对问题的认识，同时也为研究观点的形成和报告的撰写提供了丰富的一手素材。特别是在整理报告内容并计划刊发于《科技智库报告》之时，外审专家对报告内容严谨负责，要求对照中央和部委最新文件精神要求，重新梳理与审查观点并开展必要的调研工作，以提升智库研究工作的时效性和先进性。足以见得，"问题导向、证据导向、科学导向"十二字已经深入人心，并在具体研究过程中落到实处。

3 贯通 MIPS 研究逻辑，探索学术研究到智库研究的升级

近年来，来自国家和部委直接委托的各类研究任务变多了，委托方对研究成果质量和高度的要求也提高了。对于研究人员而言，在不断加强理论学习与厚实研究积累的同时，更重要的是探索学术研究升级到智库研究的路径与方法，才可能完成各方都满意与认可的研究成果。MIPS研究逻辑的提出，恰好可以回应这种需求。智库研究的特点决定了需要对研究问题进行系统认知和预见，并进行综合预判，这就要求构建一种既符合认知逻辑又需要循环迭代的研究过程，即 MIPS 的核心要义。在强

化国家战略科技力量的研究中，按照"1+7"模式细化为七条实施路径之后，相当于一个研究任务解析成七个小问题。针对每一个小问题，课题组遵循了 MIPS 的研究逻辑展开研究工作，以国家重点实验室体系重组为例。现有国家重点实验包括学科类、企业类、省部共建类、军民融合类和港澳类。不同类型的国家重点实验室的建设目的、组织方式、建设情况与发展阶段都各有特色，面临的问题与挑战也各不相同，重组的思路与方向也存在共性与个性并存的特点。课题组从问题角度出发，通过文献调研、案例研究、不同类型/专业专家的座谈调研、集体研讨、与委托方沟通座谈等方式，深入剖析了每一类国家重点实验室当前存在的突出问题，旨在从认识规律和本质角度重新梳理与总结问题；继而对问题产生的影响进行多维度分析，包括正面和负面影响、短期和长期影响、对相关利益方的影响等；再从问题根源出发，结合新形势新挑战要求，从机理和本质层分析了问题的源头；最后汇集专家智慧和课题组讨论提出解决方案，并在资深专家指导下不断进行修正与完善，直至形成最终的课题研究报告和上报咨询建议。可以说，整个智库研究始于学术研究，坚持以高水平的学术研究为起点，但是又不局限于学术研究，而是朝向解决问题、找到系统的解决方案服务决策的目标，逐步实现从学术研究到智库研究的升级。

回顾三个月的研究过程，笔者深感双螺旋法对指导智库研究的重要性、必要性和有效性。从提升个人智库研究能力和水平角度来看，未来一方面要持续深入学习双螺旋法，通过多交流多沟通，加强对智库研究理论和方法的理解和认识；另一方面，更需要在实践中善用双螺旋法，做到理实融通，筑牢智库研究基石，真正做到掌握这套方法体系，为我所用。

本文作者

徐　芳　中国科学院科技战略咨询研究院
　　　　中国科学院大学公共政策与管理学院

我国猪肉供应风险及对策研究

——基于 DIIS 方法的实证分析①

牟　笛　许静斯　冯佳昊　陈　安　李雪娇

2018 年 8 月，我国首例非洲猪瘟在辽宁省境内出现，随后迅速蔓延至全国多个省市。我国对病猪采取了大力扑杀的措施，对疫区养猪场进行关停，这从源头上减少了生猪的供应量。而我国的猪肉需求量基本稳定，供应量的下降导致猪肉供求的严重失衡。生猪产业是我国畜牧业中最重要的一环，猪肉产量占全国肉类的六成以上。生猪产业的发展在一定程度上决定了我国畜牧业的效益。此次非洲猪瘟疫情分布范围广，发酵时间长，影响逐渐加深，直接导致我国猪肉价格上涨、供应风险增加。从风险管理的角度看，应用智库 DIIS 方法对目前我国生猪产业的供应风险进行研究，能够为缓解猪肉价格持续上涨提供对策，有利于维持农业农村建设稳步发展，为畜牧业的长期规划提供理论指导。

本文首先介绍猪肉供应风险的 DIIS 研究框架，然后给出猪肉供应风险的要素，再通过统计数据探讨猪肉供需平衡的维护方式，并调查、整理国内外应对动物疫病的经验，最后在以上研究的基础上总结概括出应对本次国内猪肉价格上涨突发情况的具体政策建议。

1 猪肉供应风险 DIIS 研究框架

智库 DIIS 理论方法坚持问题导向，收集和整理相关数据，系

---

①原载于：中国科学院院刊，2020，35（3）：363—370.

统运用各学科研究方法揭示研究对象的本质和特征，选定相应专家进行研判，形成解决问题的方案。本研究采用智库 DIIS 理论方法，从收集数据（Data）、揭示信息（Information）、综合研判（Intelligence）、形成方案（Solution）4 个方面开展我国猪肉供应风险的研究（图 1）。

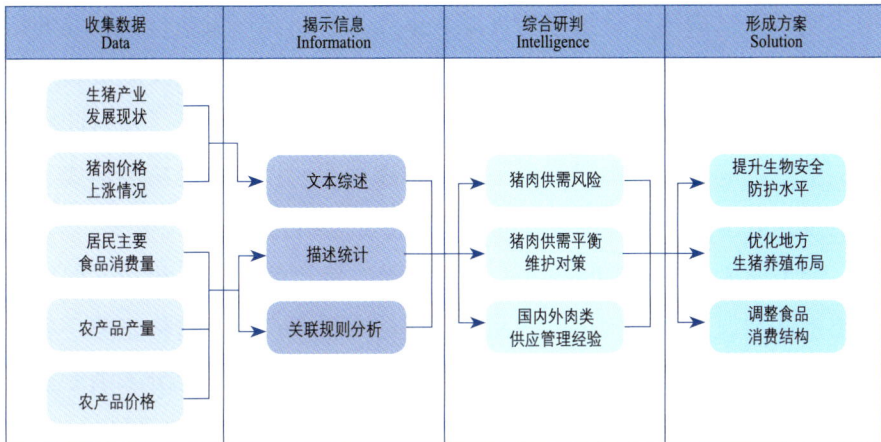

图 1　智库 DIIS 理论方法在猪肉供应风险中的应用框架

（1）收集数据（Data）。全面调研我国生猪产业发展现状和近期猪肉价格上涨的具体情况，广泛收集准确可靠的生猪产业数据，并进行分析。本研究用到的我国人口数量、农产品产量、食品消费量数据主要取自《中国统计年鉴》，2017 年及之前的主要食品价格数据主要取自《中国农产品价格调查年鉴》，2018 年至今的主要食品价格来源于国家发展和改革委员会价格监测中心官网数据。

（2）揭示信息（Information）。在初步掌握我国生猪产业发展现状和近期猪肉价格上涨情况的基础上，本研究对收集到的数据进行分析，描述统计我国居民主要食品消费结构、猪肉产量、猪肉价格走势、各省猪肉产销量差额。利用 FP-growth 关联规则算法，得到我国猪肉产量下降、猪肉价格上涨和其他食品销量的关系。设包含"猪肉"项为先导，预设支持度 0.9，取一级及二级节点，置信度大于 0.98，可信度大于 2，寻找高频项目组和关联规则。

（3）综合研判（Intelligence）。根据所揭示的主要食品消费结构、猪肉产量和价格走势、各省份猪肉产销量差额、猪肉与其他食品关系等信息，走访调研相关部门，综合专家研讨结果，重点研讨我国猪肉供应风险、猪肉供需平衡维护对策、国内外食品风险管理经验等核心问题。猪肉供应风险以描述统计结果为支撑，重点考察猪肉产量与价格波动的情况，分析我国生猪产业的困境。猪肉供需平衡维护对策以文献资料、描述统计、关联规则分析为基础，力图创新解决方式。此后，针对此次受非洲猪瘟影响导致猪肉供应量下降的特殊情况，以案例分析的形式，对疫病条件下国内外肉类供应管理经验进行了总结。

（4）形成方案（Solution）。面向我国生猪产业发展现状和近期猪肉价格上涨情况，以我国主要食品消费结构、猪肉产量和价格走势、各省猪肉产销量差额、猪肉与其他食品关系等信息为基础，充分采纳专家研讨、综合研判的意见和建议，得出应对我国应对猪肉供应风险的对策，提出相关的政策建议。

2 我国猪肉供应风险分析

2.1 猪肉产量与价格波动

近几年，我国居民主要食品消费结构基本稳定。以 2018 年为例，粮食占比 35.86%，蔬菜占比 27.09%，瓜果占比 14.68%，禽类占比 2.54%，蛋类占比 2.73%，主要肉类占比 7.36%。其中，猪肉的消耗量占我国居民主要食品消耗总量的 6.44%，牛肉占比 0.56%，羊肉占比 0.36%（图 2）。可见，与牛肉、羊肉、禽类、蛋类相比，猪肉在我国居民主要食品结构中占有较大比重。猪肉价格变动的影响将远大于其他肉蛋类食品价格变动的影响。

2002—2018 年，我国猪肉年产量、猪肉价格均呈现出缓慢上升的趋势；在我国居民主要食品结构肉蛋一类中，猪肉价格的上涨较牛肉和羊肉更为平稳（图 3）。2014—2016 年，我国猪肉产量出现下滑，猪肉价格上涨趋势明显。2017—2018 年，猪肉年产量和价格较为稳定。2019 年 7 月以来，我国猪肉价格急剧上涨，2019 年 7 月、8 月、9 月、10 月的猪肉价格环比增长分别为 12.54%、41.62%、8.64%、30.27%。截至 2019 年 10 月，猪肉价格已经为当年 6 月的 2 倍。

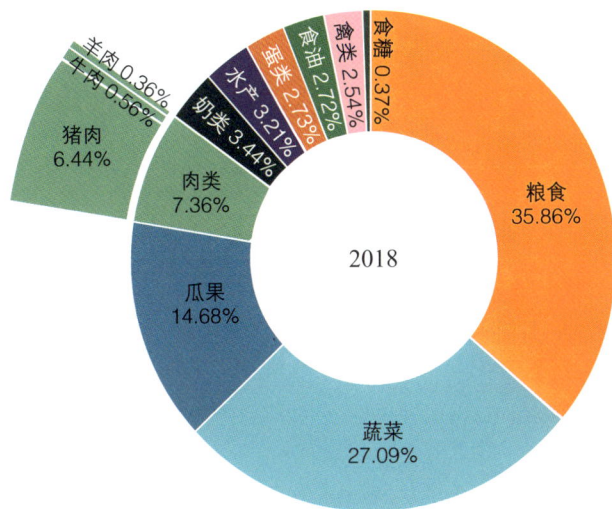

图 2　2018 年我国居民主要食品消耗结构

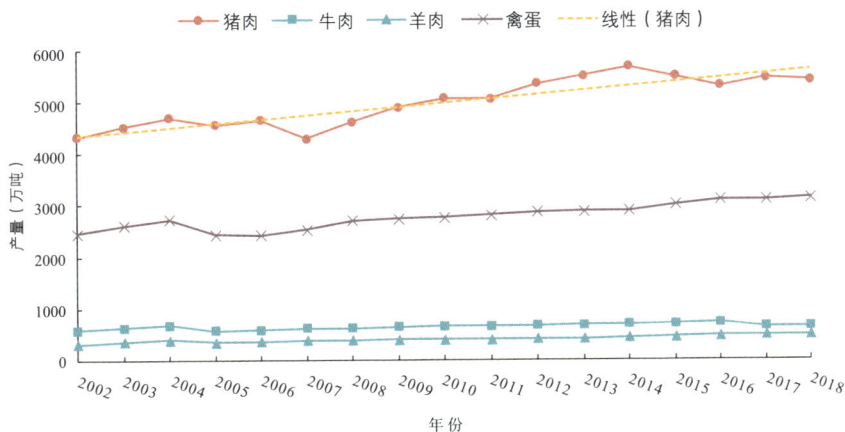

（a）2002—2018 年我国主要肉蛋类食品产量

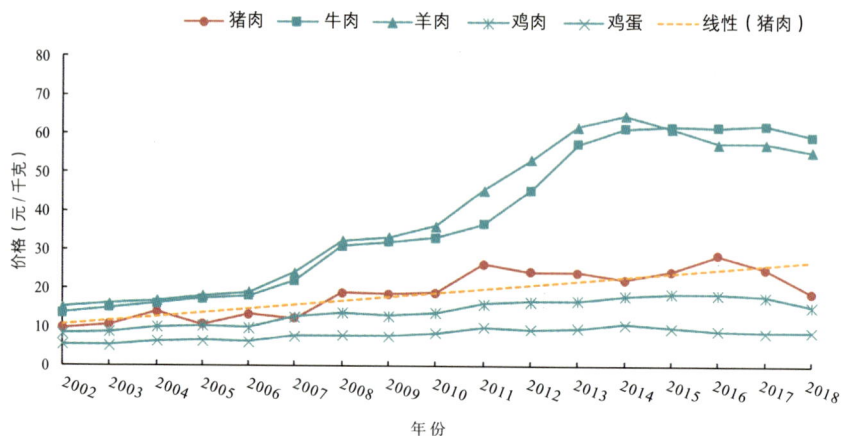

（b）2002—2018 年我国主要肉蛋类食品价格

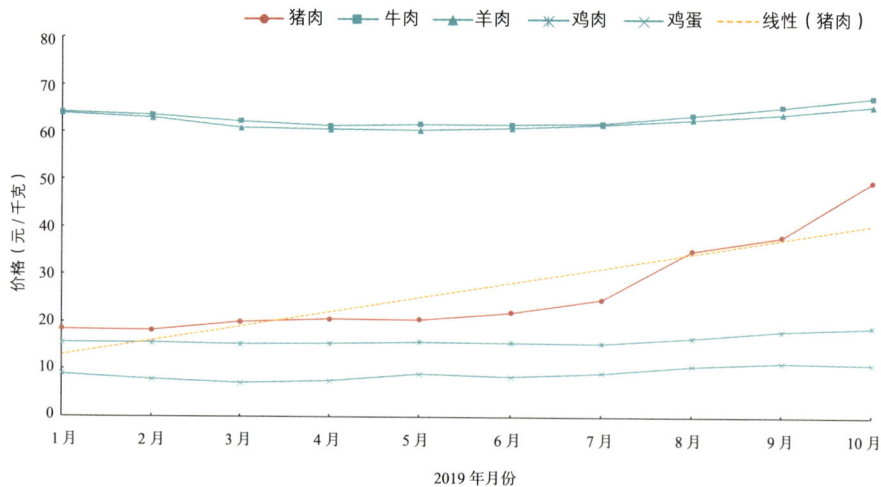

（c）2019 年 1 月—10 月我国主要肉蛋类食品价格

图 3　我国主要肉蛋类食品产量及价格走势

2.2 生猪产业困境

虽然现今我国生猪产业的供给能力有所提升，但是产业体系尚不成熟，产业布局不合理、生产规模化和集约化不足、防疫体系不健全等问题较为突出。长时间的非洲猪瘟疫情更加凸显了生猪产业的短板，产生了猪肉供应和价格保障的困难，直接影响了居民的基本生活。总体来说，生猪产业的问题可以主要总结为以下5类。

（1）生产养殖问题。生猪的养殖生产问题体现为生产效率低，投资回报率低，生产方式落后。自2007年起我国推广生猪养殖规模化，但散养仍是目前生猪养殖的主要模式，仅有5%的养殖户为规模养殖户。大量养殖户未形成规模化、专业化的高质量养殖模式，导致效率低下、技术落后、投资回报率低，环境污染严重等问题。在生猪生产和加工的流程中，由于资金投入大，实现技术难，追溯体系尚不健全，难以实现对猪肉安全质量的跟踪和监管。

（2）市场价格问题。市场价格问题体现在近20年猪肉价格的明显波动上。我国生猪养殖大体呈现出"一年涨、一年亏、一年平"的趋势，被称为"猪周期"。"猪周期"恰恰说明了生猪产业的不稳定性和脆弱性。猪肉价格还与其他农产品价格挂钩，其波动会带来农产品市场价格的整体不稳定。

（3）疫病问题。生猪养殖中猪蓝耳病、古典猪瘟、伪狂犬病、圆环病毒病、口蹄疫、非洲猪瘟等重大疫病，容易在猪群中暴发流行。其中，口蹄疫是人畜共患传染病，直接危害人类健康。疫病的蔓延不仅造成养殖户的健康、财产损失，也会引起社会恐慌，对整个国计民生都有重要影响。

（4）环境问题。环境问题一般是指生猪养殖带来的清洁卫生问题和环境污染问题。由于缺乏科学管理和规划，许多养殖场的废弃物不能得到有效处理和利用，对空气、水、土壤造成了污染。另外，散养户的清洁工作难以落实到位，小型养殖场内清洁明显不够。

（5）从业人员问题。生猪产业的从业人员问题突出表现在专业化和职业化兽医人员的缺乏。畜牧兽医人员是防疫体系的基础，基层畜牧兽医队伍不仅直接服务于生猪产业，还能为其他畜牧业提供服务。但是现今我国畜牧兽医从业人员的学历水平较低，福利、待遇有待改善。

3 猪肉供需平衡维护方式分析

3.1 改变生产模式，扩大养殖规模

我国是猪肉消费大国，但我国的猪肉消费基本上维持自给自足的状态。进口猪肉需要满足我国的检疫要求，获得准入资格后，才能够参与我国国内的市场竞争。我国国内的猪肉采购方会根据价格等因素自行选择想要合作的国外供应商。国际市场上的猪肉供给量有限，因而此次我国猪肉供应短缺导致的猪肉价格上涨、进口需求增加，难以依靠国际市场缓解国内猪肉供应压力。

然而，此次猪肉价格上涨，将是我国改变生产模式、形成规模化养殖的契机。小规模散点式的养殖方式、多环节的销售方式带来了监管困难，使得疫病容易扩散，并且难以追踪。近几年来，我国小型养殖场普遍拆除，为大规模、集约化养殖提供了发展契机。应鼓励生猪产业扩大养殖规模，兴建大规模养殖示范区。简化生猪养殖扩建审批流程，提高审批效率。支持生猪产业相关科学技术的研发、引入、推广，提高全产业链自动化水平，创新生产和消费理念。

3.2 实行生猪畜牧指标配给政策

我国的畜牧业存在产销地不一致的现象。截至 2018 年，我国多数省份的猪肉生产量大于本地居民猪肉消费量，能够实现自给自足，并有充分资源开展加工和出口（图 4）。仅北京、天津、上海、浙江、福建、广东、西藏 7 个省份出现消费量大于生产量的现象。

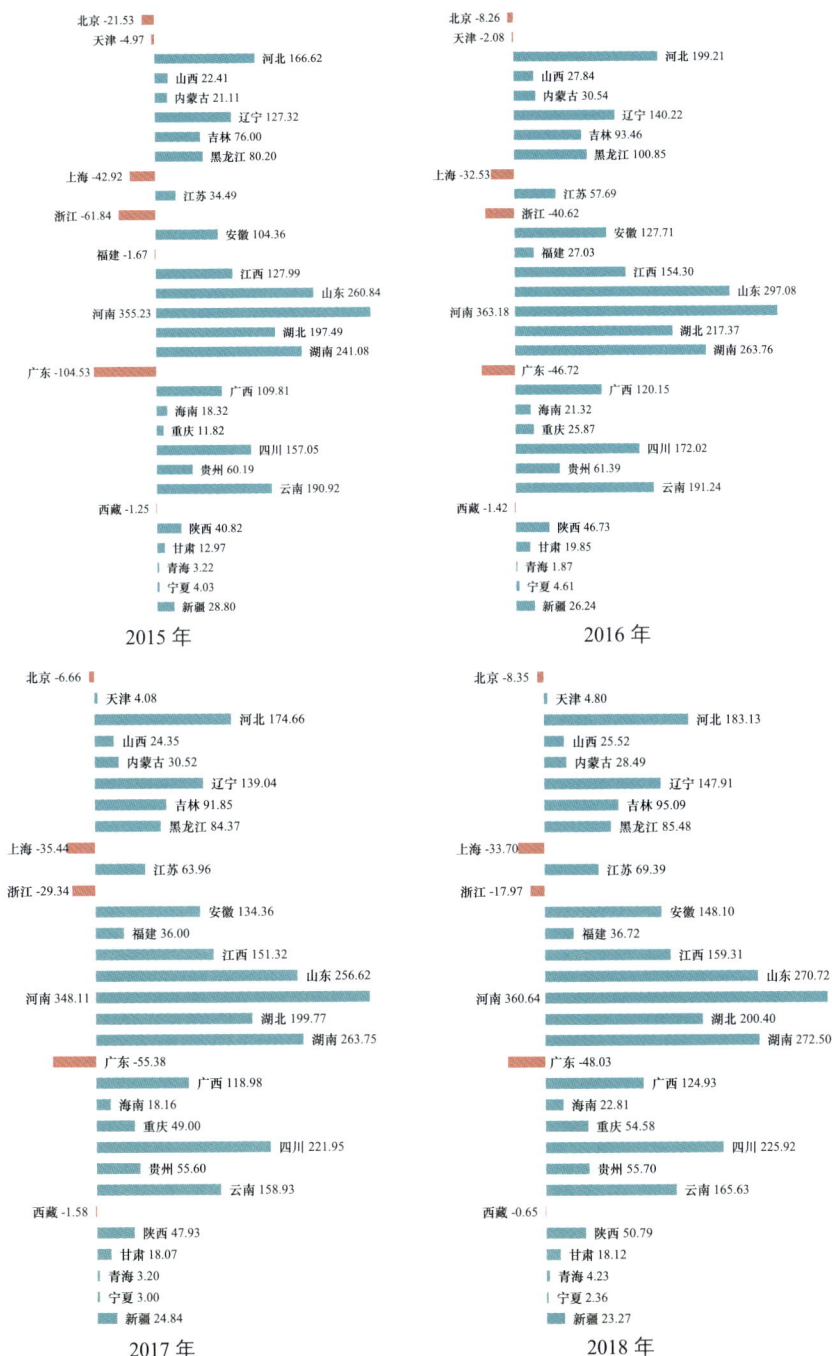

图 4　2015—2018 年我国各省份猪肉产销量差额（万吨）（未含港、澳、台数据）

猪肉的生产和销售遵循市场价值规律，难以进行微观调控。下级政府在执行上级政府的政策时可能出现的层层加码现象，从而可能影响供应地的养殖积极性。建议使用畜牧指标，以便国家更好监管。应该根据历年各省份的生猪消费量，配给生猪畜牧生产指标。不能满足本地生猪消费量的省份，要通过地方财政手段向其他省份购买生猪畜牧指标。生猪畜牧生产指标的应用，能够提升地方政府发展畜牧业的动力，从生产源头保障生猪产品的供给。

3.3 保障干鲜瓜果类、水产类、肉蛋类营养型食品的供给

在盘活地方生猪产业的同时，调整居民食品消费结构，积极寻找猪肉替代品也是解决猪肉价格上涨的有效手段。据关联规则分析结果显示，1998—2017 年，我国猪肉产量下降与瓜果、禽类、水产、蛋类、牛肉、坚果销量的上涨呈现强关联性，猪肉价格上涨与瓜果、新鲜蔬菜、豆类、坚果、水产、禽类、蛋类、食油销量的上涨呈现强关联性。猪肉价格的变动与谷物、薯类、奶类、食糖、酒类销量的关系较小（表 1）。

表 1 我国居民饮食关联规则分析结果

分类	编号	关联规则	置信度	可信度
猪肉产量下降食品销量上涨	A1	{ 猪肉 } → { 瓜果 }	1	2
	A2	{ 猪肉 } → { 禽类，瓜果 }	1	2.6
	A3	{ 猪肉 } → { 水产，瓜果 }	1	2.2
	A4	{ 水产，猪肉 } → { 瓜果 }	1	2
	A5	{ 禽类，水产 } → { 瓜果 }	1	2
	A6	{ 禽类，猪肉 } → { 蛋类，瓜果 }	1	2.2
	A7	{ 牛肉，猪肉 } → { 禽类，坚果 }	1	2.1
猪肉价格上涨食品销量上涨	B1	{ 猪肉，鲜菜 } → { 豆类 }	1	2.4
	B2	{ 瓜果，猪肉 } → { 坚果 }	1	2.2
	B3	{ 坚果，猪肉 } → { 瓜果 }	1	2
	B4	{ 瓜果，猪肉 } → { 禽类，坚果 }	1	2.8
	B5	{ 坚果，猪肉 } → { 禽类，瓜果 }	1	2.6

续表

分类	编号	关联规则	置信度	可信度
猪肉价格上涨食品销量上涨	B6	{猪肉，鲜菜}→{禽类，豆类}	1	2.55
	B7	{瓜果，猪肉}→{水产，坚果}	1	2.4
	B8	{瓜果，猪肉}→{牛肉，坚果}	1	2.4
	B9	{坚果，猪肉}→{牛肉，瓜果}	1	2.4
	B10	{猪肉，鲜菜}→{蛋类，豆类}	1	2.4
	B11	{坚果，猪肉}→{水产，瓜果}	1	2.2
	B12	{奶类，猪肉}→{禽类，食油}	1	2

　　猪肉属于营养型食品，与其同为营养型食品的干鲜瓜果类、水产类食品能够满足居民类似的饮食需求。牛肉、禽类、蛋类等与猪肉同属肉蛋类食品，也能够在调剂猪肉短缺方面发挥作用。而谷物、薯类等解决基本温饱问题的粮食和奶类、食糖、酒类等佐餐食品难以代替猪肉在我国居民饮食结构中的作用。在猪肉产量下降、价格上涨的前提下，保障干鲜瓜果类、水产类、肉蛋类营养型食品的供给，将有利于缓解猪肉供需不平衡带来的社会风险。

4 疫病环境下国内外肉类供应管理经验

4.1 我国应对高致病性禽流感疫情的经验

　　非洲猪瘟是我国 2019 年猪肉价格上涨的重要原因之一。与之相似，高致病性禽流感疫情也曾造成我国禽类食品价格的波动。高致病性禽流感是人畜共患传染病，在禽类中传播快、危害大、病死率高，被世界动物卫生组织列为 A 类动物疫病。与此次非洲猪瘟相似，在我国，高致病性禽流感是影响范围较大、程度较深的重大动物疫病，曾多次发生大规模疫情事件，被列为一类动物疫病。畜禽市场价格对动物疫情的发生较为敏感，当动物疫情暴发时，相应的畜禽产品价格会出现暴跌、暴涨。例如：2005 年 5 月，我国发生 H5N1 高致病性禽流感疫情，肉雏鸡价格从

2.55 元 / 千克下跌至 1.42 元 / 千克，活鸡价格则从 11.17 元 / 千克跌至 9.09 元 / 千克，价格近乎"腰斩"；2013 年 3 月，人感染高致病性禽流感疫情导致当年 4 月份活鸡和肉雏鸡全国均价分别下降了 10.15% 和 23.43%，均为年内最大降幅。疫情过后短期的供需矛盾又推动价格飙升。

面对时常发生又来势汹汹的高致病性禽流感疫情，我国制定了一系列政策措施，使我国对高致病性禽流感疫情的防控逐步走上法制化、规范化轨道。当前我国出台的相关法律有《中华人民共和国动物防疫法》和《中华人民共和国进出境动植物检疫法》。除此之外还有一系列的办法、规范、标准、条例，如《肉禽无禽流感生物安全隔离区标准（试行）》《动物疫情报告管理办法》《国家突发重大动物疫情应急预案》等。总结起来，我国应对高致病性禽流感疫情的政策主要包括以下 5 点：①对禽流感地区的家禽进行大规模扑杀，并根据补贴标准对农户进行补贴；②实施严格的隔离措施，对未感染禽流感的家禽进行疫苗注射；③采取积极的隔离和防护措施，防止禽流感向人传播；④发现疫情及时上报，同国际组织保持密切联系；⑤对现有家禽养殖、加工业者进行财政补贴，给予免息贷款等优惠条件，出台鼓励政策，鼓励家禽养殖从业者积极恢复产能以确保禽肉供应。

4.2 美国应对古典猪瘟疫情的经验

古典猪瘟是猪的一种接触性传染病，美国于 1833 年首次发现古典猪瘟。1903 年，古典猪瘟病毒分离成功。1906 年，美国开始生产古典猪瘟高免血清。1912 年，美国已有 30 多个州开始应用高免血清。1950 年前后，许多养殖业户和兽医开始转向使用弱毒疫苗。到 1956 年，美国已经有 2/3 的猪群使用疫苗来预防古典猪瘟，其中弱毒疫苗占 90% 以上，其余为灭活疫苗。安全、高效疫苗的成功研制和推广应用使消灭古典猪瘟成为可能。各州政府极力倡导养猪户使用疫苗接种来降低发病率，免疫费用由养殖户承担。1961—1977 年，美国通过实施古典猪瘟消灭计划，历时 17 年消灭了古典猪瘟。然而，古典猪瘟疫苗的不当使用也带来了严重后果。古典猪瘟消灭计划开始后，因接种疫苗引起的生猪疫病暴发率呈直线上升。其间，超过3500万头猪接种疫苗，部分引起疾病，约29%的接种猪成为新的传染源。随后，美国在全国范围内开展禁止使用灭活疫苗的行动，各州相继禁止使用古典猪瘟灭活疫苗。

除主要靠疫苗消灭猪瘟以外，美国政府还重点对养殖地进行防控与排查，主要措施包括：①通过培训提高养殖者对猪瘟的认识能力和防控意识；②提高州政府、镇政府对猪瘟的重视程度，制定防控应急预案和防控技术指导规范；③及时上报最新疫情进展等情况；④对发现疫情的猪及时扑杀等。

5 结语

本研究应用智库DIIS理论方法，调研我国生猪产业发展现状和近期猪肉价格上涨情况，收集我国主要食品产量、价格、消费量数据，通过统计和分析，提出应对我国猪肉价格上涨、缓解猪肉供应风险的政策建议。

与其他肉蛋类食品相比，猪肉在我国主要食品结构中占比较大。因此，猪肉产量下降、价格变动对人们生活的影响将远大于其他肉蛋类食品。近年来，我国猪肉年产量呈现下降趋势，猪肉价格在2019年7—10月间急剧走高。猪肉供需不平衡现象，暴露出我国生猪养殖生产效率低、非洲猪瘟疫病影响广泛、养殖环保压力大、从业体系不完善等问题。为缓解我国猪肉供需不平衡所带来的价格上涨问题，可从以下3方面入手。

（1）提升生物安全防护水平。建立监测预防系统，提升生物安全防护水平，落实关键防控措施。落实屠宰自检制度，规范生猪产地检疫管理，着力研制和推广高效、安全的非洲猪瘟疫苗。加快构建现代生猪产业职业体系，提高养殖场、养殖户综合素质和养殖技术能力。

（2）优化地方生猪养殖布局。发展适度规模养殖，发挥地方政府的作用，优化生猪养殖布局。因地制宜地挖掘地方产业优势，引导生猪产业资金和技术的投入，缓解环境监管的冲击，创新现代化生猪养殖模式。

（3）调整食品消费结构。尊重市场规律，重视居民生活需求，迎合居民需求调整食品消费结构。繁荣我国食品市场，丰富居民的饮食选择，注重质量管理和安全管理，积极寻找猪肉替代品，缓解猪肉价格压力。

本文作者

牟　笛　中国科学院科技战略咨询研究院
　　　　中国科学院大学

许静斯　中国科学院科技战略咨询研究院
　　　　中国科学院大学

冯佳昊　中国科学院科技战略咨询研究院
　　　　中国科学院大学

陈　安　中国科学院科技战略咨询研究院
　　　　中国科学院大学

李雪娇　中国科学院科技战略咨询研究院
　　　　中国科学院大学

运用双螺旋法破解兵团筹融资瓶颈

索玮岚

新疆生产建设兵团（以下简称"兵团"）是我国现存的唯一一个生产建设兵团，也是我国最大的兼具戍边屯垦、实行"军、政、企合一"的特殊行政区划单位。兵团交通运输行业在促进当地人口集聚和产业发展、履行维稳戍边职责使命方面始终发挥着先行和战略支撑作用。"十三五"时期，兵团经济社会发展对兵团交通运输基础设施建设提出了新的要求。要以"交通强国建设"为契机，加快兵团交通运输基础设施建设，为满足经济新常态下发展方式转变、打造丝绸之路经济带核心区、实现"四个交通"发展战略等需求提供有力支撑。面对新形势新需求导向下兵团交通运输基础设施建设筹融资面临的严峻考验，课题组将 DIIS 过程融合法和 MIPS 逻辑层次法为核心的智库研究双螺旋法应用于整个研究过程中，将破解兵团交通运输基础设施建设筹融资瓶颈作为核心目标。同时，广泛凝聚专家智慧、有序推进课题研究、重点把握研究质量，以便明确研究问题的导向性和成因性、确保解决方案的科学性和实效性。

1 遵循"解析问题—融合研究—还原问题"的智库研究外循环思维，探寻研究问题切入点，构建研究方案的基本框架

在承接课题之初的审题过程中，课题组成员以"解析问题—融合研究—还原问题"的智库研究外循环思维为指导，通过需求调研、资料查阅、集体会商、多轮探讨，逐步理清了课题委托方的主要需求。

1.1 全方位解析问题，抓准问题短板

在解析问题环节，侧重对兵团经济发展形势、战略规划布局和重点项目推进等相关资料的全方位梳理与多角度解读。结合兵团交通运输基础设施建设筹融资的主要举措，抓准当前存在的主要问题短板。一是自我发展能力不足，资金短缺问题突出。二是筹融资能力有限，社会资本利用率低。三是管理主体经验缺乏，投资收益难以保障。

1.2 多角度融合研究，汇聚研究储备

在融合研究环节，侧重将筹融资常见模式的典型特征和潜在风险与兵团交通运输基础设施建设筹融资的供需现状和问题短板进行融合研究。通过综合汇聚筹融资常见模式的概念界定、典型特征分析、示范案例经验教训总结、相关风险识别分类等研究要点，形成兵团交通运输基础设施建设筹融资的适用模式库和风险防范库，作为下一步工作的重要研究储备。

1.3 深层次还原问题，理清问题本质

在还原问题环节，侧重从筹融资体制改革、筹融资主体多元化障碍、筹融资风险分散调控机制、筹融资项目管理规范性、筹融资绩效评价制度、筹融资收益保障制度等方面深层次还原兵团交通运输基础设施建设筹融资瓶颈的内生机理。探索拓宽筹融资渠道、创新筹融资模式的有效举措，为加快兵团交通运输基础设施建设提供强有力的筹融资政策保障。

以此为指导，通过细致分析探寻，明确了以兵团交通运输基础设施建设筹融资问题解析为研究问题切入点，并构建了以"现状问题明晰—模式特征识别—风险类型划分—政策建议提出"为主线的研究方案基本框架，为破解问题瓶颈、形成解决方案提供了重要的支撑。

2 遵循"收集数据—揭示信息—综合研判—形成方案"的DIIS过程融合思维，明晰研究问题导向性，强化解决方案的科学迭代

在课题有序推进的破题过程中，课题组成员始终坚持遵循"收集数

据—揭示信息—综合研判—形成方案"的 DIIS 过程融合思维，将问题导向、证据导向、科学导向融会贯通，逐步形成了解决方案的数据支持端、信息挖掘端、问题分解端和瓶颈突破端。

2.1 多来源收集数据，确保数据可靠可信

在收集数据环节，一方面，连续收集了"十三五"期间每年发布的《新疆生产建设兵团国民经济和社会发展统计公报》，整理出兵团社会经济发展的宏观数据。另一方面，通过实地调研和资料收集，整理出兵团交通运输基础设施建设的微观项目数据。这些不同来源的数据为准确研判兵团交通运输基础设施建设筹融资的现状与问题提供了可靠可信的分析依据和支持。

2.2 多视角揭示信息，挖掘信息潜在价值

在揭示信息环节，一方面，从总量、均值、增量、增长率、占比等全方位量化分析视角，揭示兵团社会经济发展宏观数据呈现出的规律特征，明确了兵团交通运输基础设施建设的条件保障。另一方面，从重点项目进展与成效等全过程定性分析视角，揭示兵团交通运输基础设施建设微观项目数据呈现出的亮点突破，明确了兵团交通运输基础设施建设的发展契机。

2.3 多方面综合研判，优化问题逐级分解

在综合研判环节，以全方位量化分析得到的兵团社会经济发展规律信息和全过程定性分析得到的兵团交通运输基础设施建设亮点突破信息为研判依据。从发展能力、社会资本利用、管理经验等多个方面入手，研判兵团交通运输基础设施建设筹融资存在的主要问题短板，将其细化分解为资金短缺问题、筹融资能力问题、投资收益保障问题。

2.4 多迭代形成方案，明确瓶颈突破抓手

在形成方案环节，以数据多角度迭代分析揭示出的兵团交通运输基础设施建设现状信息和综合研判细化分解出的筹融资问题短板为重要依据。课题组成员围绕如何突破瓶颈进行了多轮探讨，并征集了交通运输、筹融资、基础设施建设等领域多位专家的意见和建议，进一步明确了将

"拓宽筹融资渠道、创新筹融资模式"作为瓶颈突破的重要抓手。

3 遵循"机理分析—影响分析—政策分析—形成方案"的 MIPS 逻辑层次思维，明晰研究问题成因性，强化解决方案的有效循证

在课题深入探索的解题过程中，课题组成员严格遵循"机理分析—影响分析—政策分析—形成方案"的 MIPS 逻辑层次思维，将研究问题成因的历史域、现实域、未来域有机整合，逐步形成了解决方案的机理分析端、风险影响端、政策解读端和规则指导端。

3.1 多维推进机理分析，明晰研究问题的现实域

在机理分析环节，结合兵团交通运输基础设施建设筹融资常见模式的概念界定，从独特优势、自身不足等维度分析了政府投资及政府经营模式、政府投资下市场化运作模式、投资主体多元化下市场运作模式、项目融资模式等筹融资常见模式现实应用过程中的作用机理和风险诱发机理，明晰各个模式在兵团交通运输基础设施建设筹融资中进行现实应用的潜力。

3.2 多点开展影响分析，回顾研究问题的历史域

在影响分析环节，结合德国、墨西哥以及我国的北京、上海、香港、乌鲁木齐、厦门、珠海、东莞、深圳等城市一些交通运输基础设施建设筹融资示范案例的经验教训总结，回顾了筹融资常见模式在缓解地方政府财政压力、提高交通运输基础设施运营效率和服务质量等方面取得的历史成效，并明确了各模式所涉及金融风险、政治风险、技术风险等造成的影响后果。

3.3 多重支撑政策分析，预见研究问题的未来域

在政策分析环节，通过对《新疆生产建设兵团国民经济和社会发展第十三个五年规划纲要》《新疆生产建设兵团综合交通运输体系发展第十三个五年规划》等相关政策规划的解读，征询相关领域专家对兵团交通运输基础设施建设未来发展趋势的看法和意见，明确了兵团交通运输

基础设施建设前瞻布局筹融资渠道拓宽和模式创新的方向。

3.4 多轮循证形成方案，实现"历史域—现实域—未来域"的有机整合

在形成方案环节，通过机理、影响、政策三个层面的多轮循证，将研究问题的历史域、现实域、未来域进行有机整合。从全局视角出发，以共性维度和个性维度为第一层级切入点，以风险承担责任主体为第二层级切入点，制定了筹融资常见模式的风险类型划分多层级规则，为形成兵团交通运输基础设施建设筹融资的适用模式库和风险防范库提供了指导。

4 遵循"DIIS+MIPS 交叉融合"的智库研究内循环思维，着力突破研究问题瓶颈，确保解决方案的科学实效

在课题任务收尾的点题过程中，课题组成员切实将"DIIS+MIPS 交叉融合"的智库研究内循环思维落实落细落地。通过多次组织线上专题研讨会，充分吸纳交通运输领域学者和相关企业业务骨干以及兵团交通运输相关部门管理者等多方专家的意见和建议。通过将解决方案的数据支持端、信息挖掘端、问题分解端、瓶颈突破端、机理分析端、风险影响端、政策解读端和规则指导端进行端到端的全流程交叉整合，形成破解兵团交通运输基础设施建设筹融资问题瓶颈的解决方案，并从政府资源、市场要素、投资主体、模式遴选、风险防范等多个方面提出拓宽筹融资渠道、创新筹融资模式的政策建议。

4.1 充分利用政府资源

交通运输基础设施建设是政府的责任，用好政府两大类资源，有利于为交通运输基础设施建设提供重要支撑。一类是财政资金。既要避免出现使用方向不明确、管理分散、使用不集中等问题，也要考虑在使用方式上与金融机构及社会投资主体的资金进行衔接，发挥引导和撬动作用。另一类是存量资产。若政府现金有限且财政收入不高，但已建成一些质量尚佳、效益较为可观的存量交通运输基础设施，则可以通过盘活

这些存量资产，来支持新的基础设施项目建设。

4.2 切实强化市场化运作

一是扩大交通运输基础设施沿线经营性活动。鼓励社会投资方在交通运输基础设施沿线设置加油站、便利店、户外广告区，通过公开竞标等方式拓宽投资收益。二是实施交通运输基础设施市场化运营管理。鼓励社会投资方吸纳有资质的运营管理公司实施项目后期的入场养护及运营管理，逐步将政府投资修建项目的运营管理推向市场化。三是加强周边土地的综合开发利用。逐步加大交通运输基础设施周边土地的开发力度，采用"以土补路"等方式增加投资收益，通过将道路周边土地划给企业开发或允许其拍卖土地使用权等方式来保障投资者收益。

4.3 分类优选投资主体

交通运输基础设施建设的目的是提供公共产品或者准公共产品。对于提供纯粹公共产品且自身基本没有收费能力的项目，应由政府来负责建设。对于收益能力较强、市场化程度较高的项目，应发挥市场机制的作用，让企业及各类市场投资主体进行建设。对于提供准公共产品、有一定收益能力但不足以弥补投资及项目运营支出的项目，可以从技术能力（包括财务管理能力、经营管理能力和其他能力）、可持续发展能力和合约管理能力等方面选择最适合的投资主体。

4.4 科学遴选筹融资模式

对于经营性项目，其具有明确的收费基础且能够完全覆盖投资成本，可采用 BOT 模式，用经营期的收费收入收回建设投资。对于准经营性项目，其经营收费不足以覆盖投资成本、需政府补贴部分资金或资源，可考虑"BOT+ 缺口补贴"的筹融资模式。对于非经营性项目，其完全没有市场化条件，可由政府直接投资，也可采用 PPP 中的政府付费模式，由社会资本为政府提供资金和建设施工，政府后续以支付可用性服务费的方式使得社会资本收回投资。此外，还可以根据项目情况采用更灵活的集成型筹融资模式，如"PPP+BOT+EPC+ 项目捆绑打包"的筹融资模式。通过将经营性项目与非经营性项目打包，共同分担项目的效益和风险，实现政企双方诉求的平衡。

4.5 有效防范筹融资风险

一是构建合理的风险分担机制和收益分配机制。借助以量化的方式设置补贴调整机制、同股同权的股权机制等，在社会资本方经济利益和政府方公共利益之间找到平衡点。二是设置合规合理的社会资本方选择方式。通过公开招标方式选定社会资本方，强化对社会资本方财务能力、技术状况等方面的资格审查。政府和社会资本方在特许经营协议约定下，允许项目公司将不多于项目土建工程总量 1/3 的工程外包，并通过公开招标的方式确定承建商。这种约定部分土建工程外包的方式，有利于政府及项目公司控制建设施工成本和项目监管，也有利于施工单位对标管理发现自身短板，提升市场竞争力。

从审题、破题、解题到点题的整个课题研究过程，也是将双螺旋法应用于实践问题的可行性与必要性验证过程。课题的顺利结题充分验证了双螺旋法的科学价值和实践意义，在让课题组成员们加深理解和认识智库研究理论与方法的同时，更进一步强化了大家担负起高质量支撑国家重大战略决策、科学有效服务地方与行业发展需求的责任感和使命感。

本文作者

索玮岚　中国科学院科技战略咨询研究院

创新链产业链融合发展案例调研体会集锦

郭　雯　陈晓怡　李书舒　许金华

裴瑞敏　夏　炎　韩　淋　周君璧

双螺旋法为开展智库研究提供了认识论、方法论、实践论。中科院科技战略咨询研究院在开展创新链产业链融合发展研究中，选择具有代表性的科研院所、创新型企业、研究型大学开展案例调研，研判围绕产业链部署创新链，围绕创新链布局产业链的有益经验，总结通过"补链""延链""强链""提链"解决"缺芯""少核""弱基""断供"等问题的先进做法，从而为形成更加专业化、系统化和科学化的决策咨询和政策建议奠定了坚实的基础。以下是8个案例调研成果及作者撰写的双螺旋法实践应用体会。

1 统筹把握双螺旋法的五个导向[①]

在开展"徐工集团工程机械股份有限公司（以下简称'徐工集团'）推进全链路数字化转型、打造智能制造产业基地"的案例研究工作中，坚持以双螺旋法为统领，深刻认识到强化智库研究的规范性、科学性、创新性特征要坚持五个导向。

1.1 坚持需求导向，解析重点研究问题

智库研究双螺旋法的外循环结构始于解析问题。潘教峰院长指出，

---

① 本节作者：郭雯。在案例调研和文章撰写过程中，作者得到了徐工集团工程机械股份有限公司的大力支持和帮助，在此一并致谢。

"在解析问题阶段，问题分析越具体、细致、科学，之后研究的问题越能有的放矢"。智库研究项目命题往往面向国家决策需求，问题宏大、涉及面宽、学科交叉性强、复杂程度高，是否能抓住问题关键准确破题，遵循"小切口、大问题"原则，凝练聚焦重点方向、解构研究命题至关重要。在案例研究中，课题组以全链路数字化转型为切口，从打造高端数字化产品、提升数字化研发设计能力、推行数字化智能化精益生产、重塑数字化变革生态、全面拓展数字化品牌优势、提供数字化运营解决方案、探索"5G+数字化新技术场景"七个方面深入剖析了徐工集团创新链产业链融合的路径与特点。

1.2 坚持证据导向，创新突破研究方法

智库研究通常前瞻性强、挑战性高，不仅要具备扎实的理论基础，更需要紧密结合实际发现新矛盾、新问题，探索提出科技创新活动的新规律、新特征，运用双螺旋法提出满足特定研究需求的新方法、新路径。对子问题的还原重视通过数据、事实、证据等要素为解决方案提供科学依据，不仅体现了智库研究的证据导向，也充分体现了智库研究从学术理论型向实践应用型的转变。如徐工集团案例研究表明，徐工集团在产品研发数字化、生产制造精益化、营销服务智能化、运营管控智慧化方面，以全链路推进数字化转型为实施路径，以系统关键集成技术创新在产业链的深度融合应用为支撑，以打造数字化"同盟军"重构产业生态，以探索"5G+数字化新技术场景"为保障，有效促进了创新链与产业链深度融合。与此同时，课题组遵循 MIPS 研究逻辑，在对案例双链融合的机理分析、影响分析与政策分析基础上形成总报告的政策建议，充分体现了 DIIS 研究环节与 MIPS 研究逻辑的双螺旋循环迭代与螺旋上升过程。

1.3 坚持融合导向，构建多元研究体系

融合导向是研究问题、知识信息、研究方法、研究团队交叉融合的特征体现，也是智库双螺旋法中 DIIS 过程融合法的核心命题。课题研究严格遵循智库研究全过程的收集数据、揭示信息、综合研判、形成方案

4 个环节以及各环节的循环迭代研究过程。在课题设计阶段，课题负责人根据研究需要，组织了多学科融合、跨领域整合的研究团队成员 20 余人，以科技战略、创新管理、产业经济、政策科学等多元理论碰撞形成多维协同的方法体系开展研究。在课题研究过程中，选取不同领域的科研院所、领军企业、研究型大学、新型研发机构等组成 12 个典型案例，广泛搜集数据，撰写案例研究报告，充分体现不同性质主体创新链产业链融合的特征与亮点经验。同时，构建形成了全过程、多领域的外部专家综合研判体系，广泛吸取各领域专家意见撰写报告，并邀请宏观决策部门、案例单位代表与相关专家召开"科学家月谈会"，与课题组成员共同研讨，在问题导向、证据导向、科学导向下提出意见与建议，修改完善形成最终研究成果。

1.4 坚持政策导向，服务决策研究咨询

智库研究双螺旋最终都交汇于形成方案，提出符合实际发展需求的解决方案或政策建议，最终为宏观决策提供高质量、有建设性的决策支持，是智库研究的终极目标。案例研究充分体现了智库研究贯通历史、现实和未来的时空域概念。回顾历史，归纳总结徐工集团数字化转型的四个演化阶段；立足当前，深入剖析徐工集团以全链路数字化转型促进双链融合的重大举措；面向未来，总结提出智能制造企业的数字化转型发展，仍需要构建良好的创新环境和系统的创新发展政策体系。与此同时，智库研究支撑决策，时效性强、响应时间短，需要建立畅通、及时的多方报送通道和智库成果上报与意见反馈双通道保障机制，实现成果报送和及时了解反馈意见，为更好地提高研究质量、体现智库价值和服务决策需求提供支撑。

1.5 坚持协同导向，提升团队综合能力

智库项目研究过程也是智库团队人才的培养过程。潘教峰院长指出，一个高水平的智库需要构建复合型的研究团队，运用系统的组织方法去应对复杂问题挑战。在对综合复杂的智库问题进行科学、综合、系统的研究过程中，注重团队成员协同、团队成员与外部专家协同，探索形成

高水平复合型研究团队的智库研究工作模式。在徐工集团数字化转型的案例研究中，一是形成了案例研究与总体分析的矩阵式协同工作模式。案例撰写是对某一具体领域的纵深探索与深入分析，总体分析是通过对案例经验的交叉、融合、综合性研判，提炼形成双链融合的规律性特征。二是形成了课题负责人指导与团队成员交流共享的协同工作机制。课题负责人对每一篇案例研究悉心指导，在团队成员内部打磨形成标杆性案例模板并交流共享，呈现梯次有序、不断迭代、优势互补的相互学习工作模式。三是团队成员之间、团队成员与外部专家之间共同开展线上线下协同研讨。深入实施案例研究负责人和外部专家对接的小循环，开展课题组成员与相关外部专家共同对接的大循环，整体提升团队协同作战水平和文字综合能力。四是课题研究既发挥了个体特色优势，又展现了多方优势力量的系统协同。充分体现了智库平台对政策专家、管理学专家、科学家、企业家、社会公众等多主体知识与智慧的综合集成。

专栏 1：

推进全链路数字化转型建设智能制造产业基地
——徐工集团工程机械股份有限公司经验纲要

1. 打造高端数字化产品。通过对控制技术、传感技术、通信技术等领域的创新突破，实现5G远程操控技术在全地面起重机上的全球首次应用，推动矿业装备转型升级，成套设备集群化作业得到智能发展。

2. 夯实智能制造数据源头。徐工集团以数据高规范、模型高重用、平台高安全，实现研发数据设计协同、研发设计与生产制造协同、研发设计与市场服务协同。

3. 聚焦数据要素在制造环节应用。以装备"智联"牵动设备综合效率，提升生产柔性、可追溯性和生产效率，以大数据、人工智能等新技术突破大型复杂结构件变形控制的行业难题。

4．重构数字化供应链体系。通过数字化供应链系统建设与供应商、配套商等中小企业共同打造数字化"同盟军"，打通从设计端到营销端、客户端到供应端的全价值链。

5．全面输出数字化产品。打造"数字化产品"理念，构建为全球客户提供精准、增值、满意的全生命周期数字化服务系统，通过个性化服务平台和技术融合创新，为客户和服务人员提供直观可视化的全新数字服务体验。

6．提供数字化运营解决方案。以需求为导向推出"设备＋智慧运营"的数字化解决方案，打造单机智能、多机协同、智慧生态体系，构建新型客户关系模型。

7．探索"5G＋数字化新技术场景"。以"5G+MEC 技术"贯穿研发、制造、施工、服务、管理五大类应用，结合机器视觉等新兴技术提升产品加工质量水平，布局 5G 等新型基础设施提升园区监督管理能力。

2　以双螺旋法统领智库研究全流程 [①]

在开展"中国科学院上海有机化学研究所创新机制汇聚天下英才，科研成果服务国计民生"的案例研究工作中，智库双螺旋法贯穿始终，外循环的"解析问题—融合研究—还原方案"为组织智库问题研究提供了宏观框架，内循环的 DIIS 和 MIPS "双法"为子问题的微观研究提供了规范方法。

2.1 解析问题注重针对性

智库问题是跨学科、跨领域的多维度复杂问题，智库问题的解析将

---

① 本节作者：陈晓怡。在案例调研和文章撰写过程中，作者得到了中国科学院上海有机化学研究所的大力支持和帮助，在此一并致谢。

其化繁为简、降维分解为单维的子问题集合，是开启智库问题研究的关键起点，也是智库双螺旋法提出的"十个关键问题"之首。课题组在面对内涵丰富的大命题时，把主要问题进行分解，选取合适的研究方法逐一攻破，确定主线开展专题研究，不求面面俱到，唯求精准、聚焦、深入，"大问题、小切口"的做法获得了课题评审专家与课题委托方的高度认可，为后续其他研究的破题提供了科学指引。

2.2 研究方案立足规范性

智库研究正在从随机式向规范性转变，智库双螺旋法加强了研究组织的规范性。课题组依据成员的专业背景和禀赋组建了一支协同合作的跨所研究团队，在 DIIS 的每一个环节设定统一、明确的要求，保证流程的规范性和写作的规范性。如收集数据以调研机构的内部总结报告、官方宣传资料等一手资料为主，以相关新闻媒体报道为辅；揭示信息环节先拟定主题和调研提纲，再开展实地调研，以"观点＋例证"的结构总结经验做法；初稿撰写以"导语＋正文＋启示建议"为结构，完成 7000 字案例调研报告与 1000 字报告摘要；综合研判环节以专家研讨会和"科学家月谈会"为基础，收集不同类型专家意见。课题组内部建立定期的线上线下交流沟通机制，做到每十天一进展、每一月一推进，以研究组织的规范性实现了智库研究的高效率。

2.3 专家组织把握代表性

充分发挥专家智慧是智库研究中的重要一环，要求紧扣智库问题及其子问题集，遴选与问题匹配的专家，并随着研究的深化、问题的演变、方案的形成，动态组织更多专家参与研究，发挥不同类型专家的差异性作用。课题组在案例研究阶段组织典型机构的科技处、业务处等负责人进行专家研讨，介绍典型机构的一手做法。这类专家身处一线，对本机构开展的具体工作把握准确。在研究报告基本成型后，召开更高规格的"科学家月谈会"，邀请典型机构的主要领导就面上问题与政策建议提供观点。这类专家具有战略眼光与全局意识，往往能从更宏观的层面提出思考与建议。以第五次"科学家月谈会"为例，来自企业、科研院所等不同背景的战略专家展开了热烈讨论和观点碰撞，为决策咨询提供了更丰富的视角。

2.4 案例总结讲求典型性

DIIS 和 MIPS 构成的双螺旋紧密耦合、彼此嵌合、相互牵动，达成由相对分散、开放、跨领域的智库研究向可供实践的解决方案的收敛。课题组在确定以案例研究为主要研究方法后，在"收集数据—揭示信息—综合研判"各个环节进行机理、影响、政策要素分析，数据资料不翔实的案例不用，揭示信息不典型的案例不用。如课题组早期组织的专家研讨会曾邀请某研究所做报告，但与其他机构对比后发现该所在双链融合的做法和成效上并不突出，因此不再将其作为调研对象。课题组以案例的全面性、典型性与资料的可获取性为原则，最终选定了 12 个代表性案例，覆盖大院大所和国企民企，经验做法各有千秋，为总报告收敛发展路径与政策建议提供了坚实基础。在综合对比所有案例的基础上，强化每个案例的个性化特点，做到亮点突出。

2.5 报告写作做到精准性

为保障智库成果高质量产出，课题组负责人在整个研究过程中，依据智库写作"选好主题、定好提纲、搞好调研、写好初稿、用好例证、提好建议"六个环节对所有成员细致指导。首先依据前期资料提炼每个案例特点并初步拟定主题，邀请机构代表就拟定主题做交流报告。如上海有机所以精准引才用才为特色解决了若干国家重大关键问题，因此邀请对方以人才队伍建设为切口讲述研究所双链融合的经验做法。继而根据研讨报告内容和调研资料，反复推敲主题和提纲，以提纲作为智库报告的框架，确定好二级标题的观点和论据。调研作为智库写作的"粮食"和"根基"，则从问题出发、从主题出发，一方面尽可能从调研机构获取一手材料；另一方面基于对方的报告扩展搜索，抓住关键问题找到合适的例证，写好初稿。在此过程中根据调研资料的不断丰富及与调研机构的反复沟通中实现主题、提纲和初稿的循环迭代，借助机理、影响和政策分析，提出精准的建议。

2.6 政策建议着眼实效性

智库双螺旋法的一大特点是"始于研究问题，终于解决方案"。智库研究的最终目的是为决策者提供解决方案，解决方案由政策建议来体现。智库产品是否具有实践价值是衡量其质量的重要依据。课题组从需求和问题出发，深入一线调研，总结典型机构的发展经验，经过多轮修改，每一个案例调研报告都凝练出5—6条特色鲜明的经验做法，代表大学、科研院所和企业选择的发展路径。在此基础上形成的课题总报告，经过多轮专家的意见征询和反馈以及课题组的多次联合修改，经历了"螺旋式"的反复循证和不断收敛，最大程度吸纳专家智慧并达成共识，可以说是源于现实，高于现实，同时又能真正用于现实。

智库双螺旋法为智库研究提供了系统的思维方法、全面的指导方法、具体的操作方法和高效的组织方法。应用智库双螺旋法引领智库研究，以规范化流程推进高质量产出，为更高效地开展案例研究工作提供了重要指导。

专栏2：
创新机制汇聚天下，英才科研成果服务国计民生
——中科院上海有机化学研究所经验纲要

1. 建立促进交叉创新的科研特区。引进国际顶尖人才建立生物与化学交叉研究中心，打造高度自主的"科研特区"，赋予在人才引进、岗位设置、薪酬体系等方面的自主决策权，快速搭建以海外引进人才为主的跨领域交叉创新团队。

2. 引进开拓前沿方向的顶级人才。以研究优势与人才优势吸引诺贝尔化学奖得主合作，采用灵活引智方式，与其所在国外实验室共享科研成果。引进合作青年人才打造特色实验室，培养研究生与博士后，与顶级科学家合作，开拓前沿方向。

3. 设立打造贯通研究的研发中心。引进致力于贯通式研究

的领军人才，设立特色研究中心。实行首席科学家负责、合同制管理、团队整体考核的机制。与企业共建产研协同研究中心，加速创新药研发。

4．实施汇聚青年俊才的百人计划。以真正的"小同行评议"高标准引进青年俊才，但不唯标准，为引进人才提前配置实验室、科研经费、研究团队和招生名额，以宽容失败的科研氛围和前期只交流免考核的评价机制，为人才留足成长空间。

5．完善促进成果转化的激励机制。采用先进材料领域无形资产作价、生物医药领域专利许可开发等多元成果转化模式，推动地方政府落实股权奖励操作规程，为实施"先投后奖"和"先奖后投"提供政策支持。

6．共建服务国家需求的转化基地。聚焦国家"四个面向"，打造院地合作园区。面向国民经济主战场，与产业基础雄厚的地方政府共建中试基地，优势互补，促进技术突破，实现规模化发展。

3 怎样运用双螺旋法总结深圳先进院经验 [①]

在开展"中科院深圳先进技术研究院面向产业需求，立足源头创新，构建全过程创新生态链"的案例研究工作中，从调研、分析、综合、写作的全过程都按照智库双螺旋法的理论和实践要求操作，在研究过程中体会到运用双螺旋法进行课题研究要抓住"四个环节"。

3.1 逻辑机理要以主题明晰为导向

如何按照任务要求找到解题思路和逻辑机理是开展研究首先需要面临的问题。课题组充分收集政策文件、规划文本、评论解读以及相关文

① 本节作者：李书舒。在案例调研和文章撰写过程中，作者得到了中国科学院深圳先进技术研究院的大力支持和帮助，在此一并致谢。

献资料，结合智库研究特点，多层次全方位思考研究目标的逻辑机理问题，通过多次反复的思考和研讨，围绕研究主题对研究任务进行破题，选择最能够代表研究目标需求的典型案例进行研究和验证。在中国科学院深圳先进技术研究院的典型案例研究中，在前期资料收集的基础上，充分依靠专家经验，将深圳先进院的经验分解为清晰可操作的研究问题，解构研究目标的逻辑机理，找到解决问题的小切口，从小切口出发整理提炼研究目标问题相关的数据文献资料。深入分析课题要求，结合实际需求，提出目标研究的切入点，提炼出研究机理。在机理分析清楚后，研究方案顺利提出，为之后的研究进程和研究成果提供了强有力的保障。

3.2 影响分析要以数据收集为前提

在研究方案制定以后，反复多次与被调研对象沟通是研究推进的有效途径。在影响分析阶段，如何解决问题研究在时间、空间和专家判断上的不确定性，是研究遇到的一个难题。在充分利用科学知识、实践案例、统计资料等现有资料的基础上，依靠领域专家、行业专家和技术人员的专家经验对数据资料进行不断挖掘和提炼。本次研究在数据收集方面与深圳先进院进行了多方面全方位的沟通，收集国内外科技、经济与社会发展的相关数据资料，国民经济和社会发展重点领域的相关数据资料，产业界和科技界的相关数据资料，重点关注科技创新、基础研究、成果转化、人才工作、产业资本等方面的文本及数据资料。在上述资料基础上，回溯深圳先进技术研究院在参与双循环新格局的发展经验。依靠专家经验判断，不断整理提炼研究目标相关内容，对多位专家的意见进行迭代和聚焦，逐步整理形成数据材料初稿。同时，与深圳先进技术研究院进行交流沟通，对于需要核实的资料和数据进行不断的调整完善。在前期资料整体提炼核实基本完成后，对深圳先进技术研究院的现实情况进行分析讨论，重点选择发展形势分析、现状分析、新形势新要求以及发展经验特点等方面。在多次沟通对接讨论修改完善以后，与深圳先进技术研究院在内容大纲上达成一致，确定了研究报告题目。

3.3 案例调查要以综合研判为基础

在确定报告题目之后，召开了两次线下闭门研讨会以及多次线上讨论会，对深圳先进技术研究院在双循环新格局下的未来发展进行预测，包括科技、经济、社会、产业发展的趋势及影响深圳先进技术研究院发展的关键因素，未来经济社会发展的重点领域和产业的需求预测，发展前景与应用前景的预测，发展需要的体制机制、政策措施、人才建设等方面的预测。通过对产业发展的预测，前瞻产业发展的未来趋势。如何对各位专家不同角度的观点及预测进行融合整理提炼是遇到的另一个研究困难，本次研究通过对多位专家意见的反复迭代和聚焦，综合多位专家从不同角度提出的意见，对照研究目标，分析提炼出保障目标实现最有效的方法手段和实现路径。以预测目标实现为标准，通过与领域专家、行业专家和一线科研人员的反复讨论，选择工程生物产业创新中心形成"楼上创新、楼下创业"的高强度、低成本协同创新综合体；根据产业发展阶段需求不同而体现出不同的协同发展形态；"大资源、双导师、三通道"成果转化"项目策源地＋要素平台＋创新载体"垂直图谱等典型经验作为研究素材，初步形成深圳先进院的经验总结报告。

3.4 政策建议要以服务决策为目标

在形成初稿以后，如何解决政策建议的不确定性是遇到的困难和问题。由于研究任务时间紧任务重，短时间内提出相对高质量的政策建议，依靠了大量专家群决策的研究方法。如何整合提炼不同阶段，不同目标以及多位专家等相关的建议和意见，就是需要快速决策的问题。本次研究的解决思路是依靠和把握好专家判断，通过专家群决策，选择最优决策方案进行政策选择和支撑，通过多轮反复迭代，保留最具研究主题相关性和研究活力的政策建议。在研究过程中组成了课题组成员、课题组指导专家、专业技术专家、行业内领域专家以及决策部门领导等多元角度不同层次的专家咨询团队，从多角度对报告初稿进行了多次反复推敲和建议咨询，不断根据专家意见和建议进行了多次修改，尽可能多地吸收专家的咨询意见和建议，在研究报告初稿修改和调整的过程中，需要尽量体现不同角度的关注问题和主要关注点，通过反复多次专家咨询论证，不断修改研究报告初稿，对于与研究目标相关性不高的研究内容进行删除和调整，补充进前期调研有遗漏的关键信息和案例，选择报告内容和素材都紧密围绕研究目标，尽量做到将高价值信息充分体现到研究报告中，按照智库课题的行文要求和规范格式，最终形成以服务决策为目标的智库研究报告。

▰▰▰▰专栏3:

面向产业需求，立足源头创新，
构建全过程创新生态链
——中科院深圳先进技术研究院经验纲要

1. 以市场需求为导向，挖掘学科交叉与集成创新的优势特色。深圳先进院聚焦应用牵引的基础研究，以市场需求为导向，强调研发与市场的紧密连接，真正实现让科技创造价值，带动本地产业跨越式跃迁。

2. 与产业界深度互动，探索科技创新与产业协同的发展模式。探索和强化与产业界的协同创新，实现关键共性技术开发。不断地强化与产业界的交流与合作，以及由此产生的产业协同创新。

3. 全链条"双创"培育体系，打造中科创客学院和育成中心。秉承"开放共享"的理念，为企业和双创团队提供技术和设备支撑，为区域创新创业贡献优势条件。面向未来产业发展需求，合理布局学科，坚持产学研资一体，打造源头创新高地；建设中科创客学院和育成中心两大平台，整合产业资源，持续培养具有影响力的产业群。

4. 以产业化为核心的政策体系，开发科技成果转化新动力。瞄准国民经济主战场，通过打造成果转化"项目策源地＋要素平台＋创新载体"垂直图谱，建立知识产权分级分类管理机制。充分利用考核激励机制，以知识产权为桥梁和纽带推动构建"研发—教育—产业—金融—服务—使用"的利益共同体。

通过运用双螺旋法既提升了课题研究的效率，又保障了课题研究的成果产出，对于研究中遇到的困难和问题能够找到适合的解决途径，为今后参与智库课题的研究工作提供了宝贵的理论支持和实践经验。

4 运用双螺旋法透视中车集团发展 [①]

在开展"中国中车集团由'装备制造者'转向'技术主导者'，构建自主可控的产业技术创新体系"的案例研究工作中，切实体会到双螺旋法在破解战略决策问题中的独特优势，"解析—融合—还原"的思维为解决智库问题研究提供了新思路，体现了问题导向、科学导向和证据导向的研究范式。

4.1 透过现象深入抓住双链融合的本质特征

中国中车集团在创新链产业链融合发展中的经验做法非常多，如何找到研究主线是首先要克服的难题。通过机理分析，发现中车集团双链融合成功的关键是发挥新型举国体制优势，强化企业的创新主体地位，构建起"开放、协同、一体化、全球布局"的技术创新体系，总结起来就是"1+3+2"创新模式，即突出一主体，构建三平台，强化两保障，实现了创新链、产业链、技术链、人才链的有机衔接，探索出具有中车集团特色的科技创新道路。突出一主体，即聚焦国家重大战略任务，突出企业的创新主体地位。中车集团按照"全链条创新设计，

---

① 本节作者：许金华。在案例调研和文章撰写过程中，作者得到了中国中车集团的大力支持和帮助，在此一并致谢。

一体化组织实施"部署，探索研究"大型骨干企业与中央财政共同出资，共同管理，促进成果在出资方推广应用，促进重大成果转化落地"的组织实施模式。构建三平台，即构建起协同创新平台、开放创新平台、自主创新平台。中车集团在系统内同一领域的不同子企业间全面推行协同创新模式，在国家重点专项实施过程中，面向全社会组建产学研用相结合的高效协同创新团队，项目参与单位达到148家。在一些重要动车组型号研制过程中，中车集团通过大量的仿真试验、地面试验和先头试验，在标准化制定方面成为新的竞赛规则的重要制定者，以及新的竞赛场地的重要主导者。两个保障是指机制保障和人才保障，中车集团在内部试行许多新的管理机制，以"卡脖子"项目和关键核心技术攻关工程为依托，实行"揭榜挂帅""赛马"等制度，面向全球引才聚才，提出"团队＋项目＋人才"培养模式，打造团队化人才、项目化人才和个体化人才。

4.2 通过知行合一把握双链融合的内在规律

实践是理论的源泉，开展广泛调研才能提炼出主要模式经验。为此，课题组召开了多轮专家研讨会，充分调研中车集团的最新实践。在调研过程中，课题组与中车研究院的工作人员开展了多次深入交流，形成了数十份各类文献资料、报告和数据资料。通过深入调研，探索创新链和产业链的全流程创新规律，明确不同创新主体的分工定位。一般来说，企业更适合开展目标明确、周期较短的应用创新活动，在基础研究方面，要扮演好"出题人"的角色，充分调动高校和科研院所的力量，开展政产学研协同创新，建立起协同创新平台、自主创新平台和全球开放创新平台，借助平台优势，实现关键技术的持续突破。根据调研发现，中车集团在构建有利于成果转化的创新制度体系方面有独特做法，并没有试图把产业链上的所有问题都依靠自身解决，而是区分问题类型，明确企业、高校和研发机构的分工和合作机制，发挥不同创新主体的比较优势，快速提升科技创新的效率和质量。在明确的分工合作机制下，通过完善科技成果转化利益分配机制、出台金融扶持政策、推动科技服务网络发展和"卡脖子"技术产业化等措施，打通高校与企业之间的通道，实现技术创新和经济发展的有效结合。

4.3 超越经验总结直击双链融合的风险挑战

运用双螺旋法分析中车集团的经验做法，不能仅停留在经验总结上，还要深入分析企业面临的问题和挑战。通过研究发现，在产业链上游，存在轨道交通装备技术"卡脖子"问题，我国在基础材料、基础零部件、基础工艺和软件等方面相对薄弱，轨道交通装备所需的一些关键原材料需要进口，存在"卡脖子"风险，部分零部件的国产化替代率较低，一些国产产品的可靠性、一致性等指标与国际先进水平还有一定差距。尽管部分核心关键零部件已经实现自主化、国产化研制，但没有实现批量应用。此外，国家层面鼓励支持产品国产化替代和推广应用的政策措施还不够完善；在产业链上游行业面临前瞻性、基础性原创技术储备不足的风险，前瞻性、原创性技术较少，部分核心关键系统存在技术短板，全寿命周期服务能力和系统解决方案提供能力有待加强。产业链中游存在低端、重复、产能过剩等问题，难以打造单项冠军、隐形冠军。在产业链下游，行业面临轨道交通缺乏统一标准和品牌战略的挑战，各个省市的轨道交通标准都不一样，甚至一个城市各条线路的标准都不一样，缺乏统一标准。这些风险与挑战是轨道交通装备制造业进一步实现双链融合的障碍，通过分析双链融合面临的一些问题和挑战，为提出有针对性的政策建议指明方向。

4.4 坚持定性定量分析双链融合的发展规律

定性定量方法相结合是获得科学可行、有操作性的解决方案的保障。在定性研究方面，课题组组织召开了多场专家座谈会，邀请多位院士专家共同研讨，各种观点激烈碰撞交锋，最终达成共识，提出稳妥适中、操作可行的解决方案。对于研究中遇到的困难和问题，课题协调组提供了大量支持，比如提供相关专家和企业负责人的联络渠道，把关研究主题和研究思路等。分析发现，技术学习模式整合在中车集团双链融合发展中扮演了重要角色，中车集团采取"干中学""用中学""试验中学""研究开发中学"多种技术学习模式的整合之道，构建了高效运转的行业实验体系。在定量研究方面，课题组深入分析了中车集团在科技创新、专利申请方面的历史数据，借助统计方法建立数据分析模型，佐证定性研究结论。从专利数据来看，中车集团自主创新能力持续提升。在第19届中国专利奖评选中，获得中国发明专利金奖两项，外观设计专利金奖一项，均居中国企业第一位。近年来，中车集团加大了国外专利申请的力度，专利覆盖美国、欧洲主要国家、日本、澳大利亚、新西兰等。最终，中车集团抓住了我国发展轨道交通的历史机遇期，构建了新的科技体制机制，集中优势资源，在政府产业政策指导、战略方向引导、研发资源支持以及财政资金支持下，完成了从技术引进与学习吸收向技术集成与自主创新的战略转变，构建起"开放、协同、一体化、全球布局"的技术创新体系，获得了持续创新、迭代创新、自主创新的能力，成功实现了从跟跑、并跑到领跑的转变。定性与定量相结合的研究方法，为今后开展智库课题研究工作提供了经验借鉴。

▰▰▰▰ 专栏4：

由"装备制造者"转向"技术主导者"，构建自主可控的产业技术创新体系——中国中车集团经验纲要

1. 发挥新型举国体制优势，打造世界级轨道交通装备产业链。在政府产业政策引导、战略方向引导、研发资源支持以及直接性的财政资金支持下，完成从政府主导的技术引进与学习吸收迈向以中车集团为核心的企业主导型技术集成与自主创新的战略转变。

2. 构建"产、学、研、用"深度协同创新体系。在政府战略引导下，在集团层面制定了完整的"产、学、研、用"的科技创新体系战略，通过建立常设的产学研用创新平台开展深度

长期研究。

3．围绕"卡脖子"技术联合开展技术攻关。以市场为导向，坚持引进创新与自主创新相结合，围绕关键核心技术组织攻关，一方面搭建企业内部研究院，另一方面通过政府设立的重大科技专项与相关高校联合技术攻关。

4．建设多层次的企业创新生态。以研究院、国家级研发机构、国家级企业技术中心为主干，加之海外研发中心、省部级研发机构、企业技术中心、产学研联盟等各级机构，支撑中车集团建设了相对完善的一体化科技创新生态。

5．在公司范围内推行精益生产模式。中车株机公司遵循"一种模式、两种形态、三段管理、四项建设"的精益管理框架，以"工位制节拍化"作为唯一生产管控模式，运用精益生产的工具方法，对现有生产线实施精益再造。

5 从双螺旋法看复杂问题的系统研究 [①]

在开展"中国航天科技集团有限公司构建科学的技术成熟度、产业成熟度评价体系，促进创新链产业链深度融合"的案例研究工作中，重点以航天科技重大工程成熟度评价为案例，对该研究方法如何推进重大工程项目实施进行研究。在研究过程中发现双螺旋法充分体现了科学性、系统性、实践性、动态性、融合性，双螺旋法的思维在研究复杂智库问题中具有普遍适用性。

5.1 双螺旋法为研究复杂问题提供思维方法

智库研究问题是跨学科、跨领域、多层次、多维度、多时空域的复杂问题，而双螺旋法的一个关键思维是降维理念。首先，外循环的

---

① 本节作者：裴瑞敏。在案例调研和文章撰写过程中，作者得到了中国航天科技集团有限公司的大力支持和帮助，在此一并致谢。

解析问题将复杂的问题层层分解成单维或简单维度的子问题集，并建立子问题之间的内在逻辑关系。其次，在开展研究的过程中，通过过程融合法（DIIS）保证研究过程的科学、合理、可循证，通过逻辑层次法（MIPS）探讨各个子问题的内在机理、对社会经济的影响和支撑政策体系，DIIS 和 MIPS 嵌合迭代，共同完成各子问题研究。根据各子问题的内在关联关系实现各子问题之间的信息流通和逐渐融合。最后，依据还原论思维，将各个子问题的研究成果还原到最初的复杂智库问题上，形成一套针对多种不确定情景的系统方案集。双螺旋法结合系统论和演化论的理念，为复杂的智库研究问题提供了一套从解析到还原的思维方法。

在课题研究中，运用双螺旋法为问题认知提供从分解剖析到融合还原的思维框架。首先，遵循双螺旋法解析问题，在解析问题过程中，通过融合双螺旋内循环的过程融合法和逻辑层次法，最终将研究问题解析为"创新链产业链融合"问题；其次，重点调研 12 个具有代表性的国有科研机构、科研型企业和高水平研究型大学双链融合发展的经验，通过多次研讨、综合研判，对双链融合发展问题进行研究；再次，在研究的基础上，归纳总结推进双链融合需要重点做好的八大优化，还原到研究亟须解决的关键问题。这一从解析到还原的系统思维，从复杂问题的要素、结构、连接等角度解决了复杂问题研究"无从下手"的难题。

5.2 双螺旋法为研究复杂问题提供操作方法

双螺旋法的内循环由 DIIS 过程融合和 MIPS 逻辑层次组成，DIIS 和 MIPS 相互嵌合、循环迭代，共同为研究过程提供操作方法。面对一个复杂的智库问题，首先要对问题的机理进行充分认知，形成研究问题的概念及关系认知框架；在此框架下，对问题的单项影响和综合影响进行深入分析。在此过程中，遵循 DIIS 过程融合的"收集数据—揭示信息—综合研判"操作方法，实现 DIIS 和 MIPS 两个链条的环节融合。在每个环节中，针对不同的研究问题特征，分析需求，形成切实可行的操作流程，运用科学合理的工具方法。

首先，遵循 MIPS 的逻辑层次，从各个案例所反映的主要问题的机理出发，对创新链产业链融合发展进行追根溯源、挖掘规律，并在此基础上，开展影响分析和政策分析，每个逻辑层次均融合了 DIIS 中的"收集数据—揭示信息—综合研判"环节；其次，在研究过程中，遵循 DIIS 的过程，从收集数据开始，课题组根据各自研究对象，收集一手数据和资料，并进行整理分析，挖掘其中具有价值的信息，反复在课题组内部、被调研者之间进行沟通讨论，提炼案例中双链融合的主要问题、经验及可能的启示，从一个侧面为课题总体研究提供支撑，完成各个案例双螺旋内循环环节，进入外循环的"融合"和"还原"阶段。

5.3 双螺旋法为研究复杂问题提供指导方法

双螺旋法的内外循环共同为复杂问题的研究流程提供规范的组织指导。根据智库研究问题，双螺旋法"解析—融合—还原"的思维需要建立"总—分"的组织架构；并且 DIIS 和 MIPS 双螺旋需要建立不同领域专家在不同环节的动态参与机制。一般而言，可建立由课题负责人、总体组、工作组、专家组组成的研究体系架构，且可根据具体问题动态调整组织框架。其中，课题负责人负责组织架构设计和协调工作；总体组在课题负责人的带领下，负责问题分解、融合和还原工作，其间与专家组保持密切沟通与联系，保证研究的系统性；专家组负责对每个子问题遵循 DIIS 和 MIPS 的螺旋链条进行深入剖析，保证研究的科学性和专业性，并为总研究问题提供信息、思想和方案；工作组负责引导专家组研究流程，并实现专家组和总体组之间的信息传输与反馈。

在课题研究中，以智库双螺旋法为指导统筹整个课题的组织实施，将课题组分为总体组（总报告组）和案例组（分报告组），总体组负责对接各个案例研究，在案例研究过程中提供指导或纠偏，以问题导向、证据导向为原则，充分保证各个案例研究与总体问题之间的关联性，保证整个研究的系统性。在具体案例研究过程中，DIIS 和 MIPS 叠加和迭代使用，为保证每个案例研究的科学性、系统性提供指导。

此外，通过调研航天科技集团重大工程项目成熟度评价体系，发现其也基于"解析—融合—还原"系统思维。在工程立项之初，通过对大量工程实践的经验进行深入认识，构建"技术—制造—产品—系统"四维一体的项目研究架构，并对各个关键技术进行逐个突破；在解决技术成熟度的过程中，技术成熟度也与制造成熟度和产品成熟度进行对接，实现融合研究；最后根据系统成熟度还原到整个工程项目的总体目标。各个成熟度各有侧重、互为基础、互相集成，为工程应用及型号的关键技术、关键产品、关键分系统研制提供了全方位立体化的支撑。成熟度评价体系将复杂工程项目进行分解，基于逐个问题分析和技术突破的基础上开展子问题融合研究，最后在系统上集成，体现了科学性、系统性、实践性、动态性、融合性，这种系统工程思维与双螺旋法的系统思维具有异曲同工之妙。

专栏 5：
构建科学的技术成熟度、产业成熟度评价体系，促进创新链产业链深度融合
——中国航天科技集团有限公司重大工程成熟度评价经验纲要

1. 构建了"四维一体"的成熟度指标体系和科学方法。构建了"技术—制造—产品—系统"重大工程一体化发展的指标体系和科学评价方法，演化成为技术成熟度、制造成熟度、产品成熟度和系统成熟度"四维一体"的成熟度评价体系。

2. 完善"策划—实施—评价"PDCA 循环式的项目管理模式。从评价流程、评价方法和评价准则等角度，完善了重大工程项目成熟度评价的"策划—实施—评价"PDCA 循环式的管理模式。

3．健全"管理层、实施层、支撑层"相互协同的组织运行机制。识别系统组织架构边界并优化组织架构，建立"管理层、实施层、支撑层"以及"评价方、被评方、专家组、支撑组"相互协同的"三层—四主体"的组织运行机制。

4．形成"创新链—产业链"融合发展的创新生态圈。基于成熟度评价，牵引和带动产学研主体，对关键技术持续攻关，发展了"概念设计、工程实现、产业发展"互为依托、协同发展的生态圈和产业链。

6 应用双螺旋法要实现三个突破 [①]

在开展"中科院宁波材料技术与工程研究所科学布局三链融通体系，引领建设产业创新高地"的案例研究工作中，智库双螺旋法在调研、分析、综合、研判的全过程中，以机理分析、影响分析和政策分析为主线开展研究方案的设计，形成紧密相关、环环相扣、逻辑严谨且相互验证的逻辑体系。其中，智库基础创新能力建设和智库理论方法研究，是增强知识储备、夯实研究根基、提炼关键的科学问题和基础问题的关键。现从智库课题研究全过程的研究体会出发，重点思考运用双螺旋法开展智库研究的三个关键突破。

6.1 直面共性难题，确立正确研究切口

一是秉要执本。课题组首先要提炼具有决策价值的主题，并从中"大题小做"，及时准确理解中央的决策部署和战略需求，抓住重大问题和关键问题，坚持以问题导向来确定决策需要的"小做之题"。课题组具体解析了双链融合的若干共性难题，通过资料调研和情报分析，将优秀经验总结、提炼和升华为破解"双链融合"问题的关键着力点。

---

① 本节作者：夏炎。在案例调研和文章撰写过程中，作者得到了中国科学院宁波材料技术与工程研究所的大力支持和帮助，在此一并致谢。

二是提纲挈领。提纲决定智库报告研究和起草方向。课题组认为双链融合研究提纲既要做到"顶天立地",要吃透出题者的决策意图,但不要被任务要求禁锢;又要选好最具紧迫性、现实性的问题,把握这些问题的客观规律、政策建议的适应规则以及全局谋划的指导意义。在研究过程中,课题组不断凝练、修改和完善提纲,并将其演进为智库报告的整体框架,提高思想理论深度、逻辑判断深度、战略研究深度。

运用智库双螺旋法,课题组研究目标瞄准让新科技成果产出的新产品快速进入市场的政策,并形成有法律和政策支撑的科技创新链。从政策出发,课题组归纳了国家在创新领域长期面临的科技创新链条上存在诸多体制机制关卡、创新和转化各个环节衔接不够紧密等关键问题。基于此,课题组提出了以中科院宁波材料所科技成果转化的成功经验为研究突破口,重点解决"科技经济两张皮"的研究方案,通过科技成果商业化的机理分析,进一步梳理宁波材料所在转化过程中的难点、痛点和关键举措,针对国内外面临的科技成果商业化的全球性难题,从产业链的新视角开展研究,重新破题,确立研究目标,旗帜鲜明地提出中科院宁波材料所建设的思考与探索——重塑创新链、厚植产业链。

6.2 创新组织模式,探索新型研究范式

一是调研为基。早在1930年毛泽东主席在《反对本本主义》一文中就提出"没有调查,没有发言权"的著名论断。习近平总书记多次强调"干部特别是年轻干部要提高政治能力、调查研究能力、科学决策能力、改革攻坚能力、应急处突能力、群众工作能力、抓落实能力"。调查研究是智库研究的根基。深入细致分析调查中收集的数据、案例,通过分析研判,分清现象与本质、主要矛盾与次要矛盾、矛盾的主要方面与次要方面等,弄清问题性质,找出症结所在,直击问题要害。善于将研究过程中的零散认识系统化、体系化,凝练共性问题,做好趋势研判,做到具体问题具体分析。二是定量为法。要深入实际、深入基层调研,全面掌握第一手材料,在此基础上还要运用数学工具方法

进行定量化分析和验证。课题组不断创新探索定量研究方法，从典型案例企业数据统计分析到产业发展趋势研判，利用德尔菲法与专家多次交流和反复研讨，调整完善宁波材料所的组织模式，最终利用多维因果检验方法提出了寻求体制机制创新的最终方案，建立科学有效的协同创新体系。

运用双螺旋法中定性定量集成的系统方法论，课题组总结了中科院宁波材料所的创新五条法则——即关键需求、价值创造、创新带头人、创新团队和组织整合。从基础研究驱动创新过程、需求驱动创新过程、新技术与新需求互动驱动创新过程、一体化技术创新等四种创新形式出发，推进成果从创意到商业化生产销售过程的链条，反映知识技术在链条中的流动、转化和价值创造。此外，课题组根据创新过程的多阶段性和长期性的特征与风险，凝练出中科院宁波材料所在双链融合发展中采用的功能互补、相互协同的模块优化方式，验证了双螺旋法中机理分析和影响分析高度耦合的创新研究模式，是智库方法论中新型的创新研究范式。

6.3 掌握系统方法，形成科学智库成果

一是辞约而旨达。智库课题最后完成阶段也是最关键的阶段，智库成果的形成方式通常是智库报告的撰写，尽量用简约而明确的语言表达主要观点，吸引决策者按照自己拟定的方向去理解和接受所阐述的内容。课题组在形成智库成果的过程中不断思考：我国创新缺什么？缺少对创新深刻的理解、缺少对创新过程难度的透视、缺少真正有利于创新的政策、缺少国家层面的宏观把控、缺少对创新活动有效的组织、更缺少完整的研发基础和环境。智库方法论的提出，让课题组能够重新认识和思考创新的内涵和机理，实现从认识论到实践论的统一。

首先，智库成果是要形成思路清晰、主题鲜明的研究报告，不仅反映整个课题的主要核心内容和创新，还要表达课题组在"破题—解题—答题"的全过程中，如何对智库命题进行收集数据、揭示信息、综合研判和形成方案的系统化研究思路和框架。可见，仅靠材料的堆积和观点

的罗列是远远不够的，深刻理解、逻辑阐述和基础理论积累沉淀是智库研究的先决条件。其次，智库研究的命题从破题到解题，需要系统性思维贯穿始终。其中，关键难点是智库研究方法与专业方法的综合集成和灵活运用，将智库方法嵌入课题研究的不同阶段和不同环节，通过不断思考、循环验证、形成方案的反复迭代过程，最终形成智库研究的协同创新体系。再次，智库研究的命题从解题到答题，智库报告的撰写十分重要，写作过程需要反复自我否定、自我驱动、自我质询。牢记技术需求和阶段目标是核心，系统性的解决方案是关键。具有科学性、前瞻性、预见性、可操作性和可适应性的政策建议的提出与落实，是智库研究成果的研判标准。

二是辞真而意深。智库研究是综合性的、复杂系统性的研究，面向国家重大战略问题，具有学科交叉性、关联性和不确定性的特点，需要持续积累数据库、方法库和人才库等资源，持续保障研究标准化、规范化和科学化等优势。智库报告的撰写不仅需要使用科学数据支撑观点，还需要使用通俗易懂、耳熟能详的语言表达观点。因此，智库之于舆论引导也是十分重要的。在数字时代，智库研究既要有"酒深不怕巷子深"的过硬产品，也不能满足于"闭门造车"，将所生产的"智库产品"局限于只影响少数人。高端智库越来越注重利用各种信息传播渠道、接地气的语言以及专业客观的姿态，主动对国家和民众关心的重大问题和热点议题进行分析和阐述，为民众提供思想观点，为决策者提供解决方案，通过研究立场和研究成果的传播，主动引导舆论，增进社会共识。

最后，智库研究需要系统性的研究思路和完善的方法论体系，关键是形成科学的、权威的、有影响力的智库成果。不仅要用好技术预见等有效的研究方法和工具，还要融合汇聚人工智能、大数据等新技术和新成果，创新发展智库研究的新方法、新模型、新工具，形成智库研究的高水平研究平台，不断提高智库研究成果的科学性和质量，为国家宏观决策提供科学咨询建议和系统解决方案。

━━━━**专栏6：**
科学布局三链融通体系，引领建设产业创新高地
——中国科学院宁波材料技术与工程研究所经验纲要

1．构建"一所多制"的创新载体，打造高效科研组织模块。坚持成果要落地、能落地、落地能结果的原则，提供原创与竞争前沿技术、成套与系统性技术、规模与产业化技术、人才培养与技术支撑。实行"一院多所多中心"的组织管理架构，形成原始创新、成果转化、支撑服务、高效管理四位一体的创新管理新模式。

2．完善人才培养引进体系，建立从"相马"到"赛马"的人才机制。通过全面实施各级人才规划、强化组织领导、打造开放平台、健全引才网络、完善引培计划、创新人才政策、规范人才管理、实施安居工程等举措，打造"人尽其才、人乐其用"的立体人才架构。

3．健全创新生态系统，提升原创成果转化效率。打通"研究—成果—产品—市场—产业竞争优势"全价值链转化的通道，围绕材料的规模制造装备、制造工艺、材料应用技术、材料应用产品的全产业链协同攻关，形成贯穿基础研究、重大共性关键技术攻关和应用示范的科研创新链。

4．融合创新链产业链人才链通道，形成立体研发合作网络。与企业和地方政府之间形成密切的立体合作网络，创立了一套行之有效的多链融合合作模式。与行业领军企业结为战略合作伙伴、与业内中小企业共建技术中心、接受企业委托技术攻关、坚持科研人员每年到企业挂职制度等，积极推行与各级政府和企业"互访"制度等。

7 定框架、重方法、控节点、保质量 ①

回顾对"中国机械科学研究总院集团有限公司聚力工业母机技术创新，打造'专精特新'创新型企业"的案例研究过程，是对智库双螺旋法的一次深入应用实践。智库双螺旋法作为智库研究的范式，为艰深复杂、影响重大的智库问题研究提供了思维方法、指导方法和操作方法。笔者在分析框架制定规划、项目进度推进管理、研究成果质量把控等方面学习、体验、收获良多，特别是深刻领会到课题实施要谋定而后动、谋定而快动，定框架、重方法、控节点、保质量环环相扣，才能有效保障完成"高新深实准"的智库研究报告，发挥政策价值和决策影响。以下是对课题实施的几点体会。

7.1 精准解题，布局谋篇

面对复杂而影响重大的智库问题，智库研究的整体开展遵循着"解析—融合—还原"的过程逻辑，即智库研究双螺旋结构的外循环。这一整体逻辑过程将复杂的智库问题分解为一系列子问题，然后结合各类知识对子问题进行融合研究，最后进行综合还原，提出解决问题的方案。这一外循环过程在创新链产业链融合发展案例调研工作中体现得淋漓尽致。课题启动之初，精准解析意图需求，明确主题方向，提出研究方法，制定框架提纲，为课题实施确定总体指南。针对构建新格局面临的主要问题和对策这一研究主题，课题组以创新链产业链融合发展破题，选择有针对性、实操性强的典型案例研究方法，遴选具有不同典型产学研结合模式的 12 个机构，深入剖析主要做法、成功经验、问题挑战，最终总结凝练形成双链融合的路径经验与政策建议。整个课题研究过程以问题导向、证据导向、科学导向为原则，从精准解题入手，布局谋划合理可行的研究方案和总体框架，是最终达成研究目标的基础和关键。

---

① 本节作者：韩淋。在案例调研和文章撰写过程中，作者得到了中国机械科学研究总院集团有限公司的大力支持和帮助，在此一并致谢。

7.2 方法指导，贯通始终

DIIS 和 MIPS 分别从研究环节和研究逻辑角度出发，将收集数据、揭示信息、综合研判与机理分析、影响分析、政策分析紧密耦合，形成符合实际、高质量、有建设性的智库问题解决方案或政策建议。在中国机械总院案例调研工作中，以双螺旋法指导课题实施全过程，得出有价值的智库研究结论与政策建议。在集团专家初步提供的研究素材基础上，补充开展资料调研和情报分析，综合分析凝练研究主题，通过多次充分与专家互动沟通、协调统一，以及在课题负责人的指导建议下，确定"聚力工业母机技术创新，打造'专精特新'创新型企业"的报告主题。通过综合分析和研判多方素材，总结出建设"一院两制"科技创新体系、强化科技研发投入力度、发挥突破共性关键技术平台作用、以技术与资本"双轮驱动"推进机制转换和成果转化等中国机械总院建设创新型央企的四大成功经验，搭建起案例报告的"四梁八柱"。在上述研究基础上总结凝练发展突出问题，从长期稳定支持攻克"卡脖子"核心技术，以产业基础高级化为核心聚焦解决关键共性技术问题，以"挂帅揭榜"应对战略性攻关任务、以"揭榜挂帅"应对前瞻原创性攻关任务，以"三个1/3"整体资金投入平衡创新的稳定与竞争，为创新人才解压松绑，真实客观评价科技成果等方面提出政策建议。

7.3 统筹推进，严控节点

智库研究不仅是专业化的研究工作，也是系统性的组织和综合集成工作。在此次课题实施中，课题组明确组织分工与进度安排，严格按照项目节点有序推进。课题组首先将总体任务拆解细化，明确团队成员定位分工，在课题负责人总体把关指导下，一人独立负责一个案例，保证课题实施推进上下互通、整体协同。随后，组织各案例代表专家研讨会，围绕主题介绍各案例机构的先进做法、取得成效、存在问题和政策建议，为案例下一步的深入分析研究打下坚实基础。会后，由案例负责成员与对口专家多次沟通、充分互动，按照既定的框架提纲不断充实完善，凝练拔高，在课题负责人的全程把关下，先后完成三稿案例报告。最后，课题组将各案例汇总，凝练总稿，由课题负责人总体把关，各成员协同修订，补充完善成稿。在整个研究过程中，课题组根据进度微调阶段目标要求，定期检查项目节点里程碑，并通过线上线下充分沟通讨论，高效协同并进地完成课题研究工作，充分发挥了团队作战的水平能力。

7.4 把控质量，提升价值

产出高质量的智库成果，提供前瞻咨询建议和系统解决方案是智库的使命定位，"高新深实准"是指导智库研究报告写作的五字真言。在此次课题研究中，课题负责人全程跟踪指导案例写作，团队成员与来自科研院所、领军企业、研究型大学的多领域专家反复互动、多次迭代修改案例报告，汇总提炼双链融合的典型经验和政策建议，在贯穿全过程的严格质量把控下完成案例翔实、分析深入的研究报告。在中国机械总院案例研制过程中，基于专家提供的研究素材，补充开展情报调研和综合分析，在三稿案例写作及修改过程中，与专家多次沟通，核对相关材料，凝练提升观点，基于翔实深入的案例分析，得出扎实结论与有用建议，保障案例调研报告的质量。在完成智库研究课题要求的同时，课题组充分利用多种智库成果上报通道机制，进一步提升课题研究成果的影响力。例如，邀请多家案例调研单位一把手领导参加座谈，从战略高度论述关于创新链产业链融合发展路径与政策建议的重要论点，课题组将其梳理形成系列对上决策报告，再次提升并充分发挥了课题研究成果的政策价值和决策影响。

通过参与创新链产业链融合发展案例调研工作，笔者在智库研究理论方法学习与实践、智库研究项目组织与实施、智库研究报告写作与综合分析、专家互动交流、团队协同作战等多方面都得到了锻炼和考验。特别是深刻体会到，智库双螺旋法是基于长期战略决策研究和咨询工作及坚实的智库理论方法创新基础，形成的一套智库研究范式，在此次课题研究中得以充分运用、贯彻始终，保障最终完成高质量、有建设性的智库研究成果。

█████ **专栏 7：**

聚力工业母机技术创新，打造"专精特新"创新型企业
——中国机械科学研究总院集团有限公司经验纲要

1. 建设"一院两制"科技创新体系，夯实科技型央企创新发展制度根基。全面实施"一院两制"科技创新体系建设，出台《"一院两制"科技创新体系建设的指导意见》等系列政策文件。建立由高水平科研团队组成、运行管理机制相对独立的科技创新模式，构建"1+N"研发平台，形成总部引领的多专业、多学科、跨地域集团化创新网络体系。

2. 强化科技研发投入力度，持续建设高水平现代科研创新机构。加强攻关资金支持力度，采取集团创新资金集中投入措施，保障攻关任务实施。拓展建设一批国内基础性、公益性和战略性研发机构，面向未来持续部署科技创新平台优化整合与提升建设。

3. 发挥央企和行业平台作用，突破共性关键技术发展瓶颈。以航空航天、国防军工、能源电力、轨道交通等领域高端需求为导向，聚焦先进制造工艺与装备、基础核心零部件等重点方向，组织攻关"卡脖子""短板"技术装备，明确部署关键核心技术攻关任务清单。

4. 推进机制转换和成果转化，以硬科技为核心构建"专精特新"企业。持续深入推进以混改为核心的国企改革，提能力、转机制、增活力。通过股改、核心员工持股等形式激励创新热情。依靠技术与资本"双轮驱动"，通过资本手段加强创新持续投入保障，加速科研成果产业化，以硬科技成果培育产业化公司。

8 智库案例研究中的 DIIS 应用 [①]

在开展"中国科学技术大学立足原始创新、培育未来产业、塑造竞争优势"的案例研究工作中，深刻体会到智库案例报告的完成需要遵循一定的逻辑。"收集数据—揭示信息—综合研判—形成方案"四个环节不是孤立、线性的，每一环节是下一环节的基础，也是对上一环节的深化，环环相扣、反复迭代，共同支撑起智库研究的全过程。收集数据是智库案例研究的基础，文献调研应当准确、全面、系统，实地调研应当客观、准确；揭示信息时善用"发散、跳出"思维深度挖掘资料信息，大胆假设、小心求证；综合研判的形成凝结了整个课题组和专家组的智慧，是一个"否定之否定"的动态螺旋上升过程；形成方案要结合案例的特点提炼，建议要具体、前瞻、可操作。

8.1 收集数据是整个智库案例研究的基础性步骤，是信息揭示、综合研判的基础前提

收集数据的过程按照调研方法的不同可分为文献调研、实地调研，文献调研应当准确全面、系统，实地调研应当客观、准确。结合本案例在本环节应当注意：

（1）全面进行文献调研，做出初步预判。在案例研究中，首先会进行文献调研，且通常需要经过多次、多个地方的查找调研，根据文献调研做出初步预判。在本案例中，首先收集了中科大的主要科研成就、优势学科等基本资料，再逐步细化到对公共事务学院、中科大技术创新与支持中心、先研院、科大控股等二级机构的信息检索。经过前期资料收集，了解到中科大的技术转移机构包括技术转移办公室、知识产权研究院（当时隶属于公共事务学院）、中科大资产经营有限公司（科大控股）和先进技术研究院（新型研发机构性质）等。结合这些资料形成调研前的初步假设，即"与其他高校仅有技术转移办公室相比，中科大的技术

---

① 本节作者：周君璧。在案例调研和文章撰写过程中，作者得到了中国科学技术大学的大力支持和帮助，在此一并致谢。

转移机构很全，链条覆盖也比较完整"，是否符合实际，需要进行下一个步骤——实地调研来检验。

（2）带着问题实地调研，重视调研提纲。实地调研是在已有文献调研的基础上核实资料信息，通过对调研对象的实地走访、座谈等进一步挖掘信息的一种资料收集方式。按照研究议题所掌握资料的程度，可以将实地调研分为探索性实地调研和验证性实地调研。探索性实地调研通常是处理较为新颖的课题，或者前期资料很少、可供预判的信息很少的情况；验证性实地调研一般是资料较为丰富，或者研究者对调研对象情况比较了解等。对于探索性实地调研，前期调研要多听、多记，主动了解受访对象对此问题的看法；对于验证性实地调研，则最好在调研前形成文字性调研材料，按照预设的判断进行调研。在本案例中两种情况都有涉及：对于中科大技术创新与支持中心的前期认识较少，调研时主要依据受访对象的介绍、提供的资料等，最终形成的案例报告的主要观点也基于对受访者提供资料的总结凝练；对于先研院，由于前期已有一定新型研发机构的研究基础，在调研前已形成内容较为丰富的提纲，最终的观点形成预判观点。

8.2 在揭示信息时善用"发散、跳出"思维，深度挖掘资料信息，大胆假设、小心求证

在经过了文献调研、实地调研之后，如何根据已掌握的资料充分揭示显性信息、深度挖掘隐含信息，是信息揭示这一步需要完成的任务。特别是对隐性信息的显性化，对研究人员思维能力的要求较高，所挖掘的信息也往往能成为智库报告中的"亮点"。以本案例为例，中科大作为一个高校，通常情况下被认为是教书育人、搞基础研究的地方，与技术转移转化、支持地方产业发展很难联系起来。这时候如果将思维发散，跳出大学本身，纵观其在整体、区域中的作用，或许能揭示更多有价值的隐含信息。跳出中科大的地理边界即其所处的合肥市、安徽省，思考其在整个区域发展中扮演的角色。经过资料检索，在《合肥综合性国家科学中心建设方案》中发现，作为这个省份中最有分量的大学，中科大

参与建设了国家实验室、大科学装置等。结合发散思维，大胆提出"中科大助力合肥综合性国家科学中心建设"构想。最终，这一假设，即得到了调研对象的认可，并体现在成稿报告中。

8.3 综合研判的形成凝结了整个课题组和专家组的智慧，是建立在资料收集和信息揭示基础上形成的观点总述，是一个"否定之否定"的动态螺旋上升的过程

在收集数据后一般会形成初次研判，随后根据初次研判的内容持续收集数据、调研，并形成新的研判。新形成的研判可能是对之前的深化，也可能对之前的否定，最终的观点正是在这一过程中逐渐清晰化和条理化，离最终形成方案也更近一步。综合研判通常不能一次形成，过程中可能需要结合专家论证、小范围研讨等补充研判，可能会根据研判结论进行新一轮调研，收集新的信息，这是一个不断对前一次观点进行证实或证伪的反复迭代、螺旋上升的过程。在本案例中，最初的研判将调研对象定位于中科大技术创新与支持中心，经过与中科大成员、课题组成员等进行讨论后，认为信息量太少、形成的观点不足以支撑整个报告。通过资料调研和实地调研，在反复研判后，将调研对象定位扩大到先研院和整个大学的技术转移链条，思路逐渐打开，这就是一次"否定之否定"的过程。

8.4 解决方案的提出是整个智库报告的精华，建议从案例出发，案例与其他做法不同的地方需要重点关注，从而提出具体、前瞻、可操作性的方案

通常从一个案例中可以凝练出多个观点，不同的撰写者提出的解决方案也大不相同。提出的解决方案应当具有问题导向性，做到前后一致，即报告前面提出的问题，报告后面一定要有对应的解决措施，并且措施要尽可能具体、可操作。例如在报告建议中提出"加快推动体制机制改革"，而不给具体细化的方案，就会显得报告空泛，也不利于落地操作。如何将方案具体化，需要重点关注案例与其他机构做法不同的地方。在本案例中，中科大先研院在资产管理机制方面提出"以成果转化的方式

获得国有股权、五年不纳入保值增值考核范围"，这就是和以往新型研发机构不同的做法，在建议中可以考虑纳入。此外，在高质量的智库报告中提出的方案往往具有一定前瞻性。在本案例中，中科大先研院对于人才的考核是按照成果转化和项目进行的，但是在调研中了解到这一做法正在试点中。因此，可以大致判断方向是正确的，也具有一定的前瞻性，在建议中就可以酌情提出。

8.5 特别要注意智库报告写作风格，争取形成内容准确、观点新颖、文字优美的报告

一个智库报告形成，良好的文字表达必不可少。建议写作完成后通读几遍，自己先修改不通顺的句子和逻辑，必要时可请有经验的领导、同事帮忙提建议，可以打印下来逐字逐句阅读，反复修改几次，力争达到文本"信、达、雅"。在本案例中，课题负责人提出了具体的修改建议。比如，建议每部分文字大致相当、每段段首提炼关键句等。写作水平的提高非一日之功，反复琢磨修改的智库报告对于写作水平的提高大有裨益。相信坚持以 DIIS 方法论为指导，在智库研究中勤练习、多思考，定能不断推动智库案例研究水平迈上新台阶，为宏观决策提供高质量的支撑。

▰▰▰ 专栏8：
立足原始创新、培育未来产业、塑造竞争优势
——中国科学技术大学经验纲要

1. 构建高效技术转移协同体系。形成以校长办公会全面协调统筹学校技术转移管理工作、校内外多部门分工协作、多层级联动的技术转移统筹协调机制。

2. 打造全流程成果转化与创新创业服务链条。以建设新型研发机构为抓手，提供高水平、高质量的技术服务、孵化服务和创业辅导服务，建设面向应用的工程化、产业化人才培养基

地，推进科教融合自主创新、校企合作开放创新。

3.共建科技创新与知识产权专业服务机构。中科大技术创新与支持中心是一家以提供产权信息服务为核心业务的科技创新服务机构，实现重大项目专利导航和高价值专利培育，为成果转化和产业发展提供知识产权保障。

4.布局国家实验室、大科学装置、交叉前沿与产业创新平台。参与建设国家实验室、大科学装置等代表最高水平的重大科技基础设施，搭建公共技术研发平台，为合肥综合国家科学中心建成全链条式产业创新体系贡献力量。

5.积极推进体制、机制、管理、政策创新。打造有利于激发人才活力的创新环境。资产管理方面，以成果转化的方式获得相应股权，并且五年不纳入考核；人事管理方面，实行全员聘用制度和有竞争力的薪酬，开展人员职称自主评审。

6.打造汇聚国内外优质科研资源的创新生态圈。通过与企业搭建基础研究联合实验室、与科大系企业建立合作生态、联合产业链上下游单位成立产业技术联盟等方式，实现对国内外优质创新资源的有效导入、汇聚和整合，打造开放型技术创新生态。

本文作者

郭　雯　中国科学院科技战略咨询研究院

陈晓怡　中国科学院科技战略咨询研究院

李书舒　中国科学院科技战略咨询研究院

许金华　中国科学院科技战略咨询研究院

裴瑞敏　中国科学院科技战略咨询研究院

夏　炎　中国科学院科技战略咨询研究院

韩　淋　中国科学院科技战略咨询研究院

周君璧　中国科学院科技战略咨询研究院